100 GRANDES
LÍDERES

OS HOMENS E AS MULHERES
MAIS INFLUENTES
DA HISTÓRIA

BRIAN MOONEY

100 GRANDES LÍDERES

OS HOMENS E AS MULHERES MAIS INFLUENTES DA HISTÓRIA

Tradução:
Teodoro Lorent

MADRAS®

Publicado originalmente em inglês sob o título *100 Great Leaders – History's most influential men and women*, por Arcturus Publishing Limited.
Todas as imagens ©Hulton Getty Images Ltd., exceto p. 10, 46, 50, 86, 246, 282 © Topham Picturepoint; p. 134, 330 © Topham/AP; p. 318, 334 © TopFoto; p. 22, 322 © The British Library/HIP; p. 42 © Topham/ Fotomas; p. 262 © Topham/ Imageworks; p. 402 © TopFoto/ UPP.
© 2004, Arcturus Publishing Limited.
Direitos de edição e tradução para o Brasil.
Tradução autorizada do inglês.
© 2010, Madras Editora Ltda.

Editor:
Wagner Veneziani Costa

Produção e Capa:
Equipe Técnica Madras

Tradução:
Teodoro Lorent

Revisão da Tradução:
Robson Gimenes

Revisão:
Silvia Massimini Felix
Flávia Ramalhete

Dados Internacionais de Catalogação na Publicação (CIP)
(Câmara Brasileira do Livro, SP, Brasil)

Mooney, Brian
100 grandes líderes: os homens e as mulheres mais influentes da história/Brian Mooney; tradução Teodoro Lorent. – São Paulo: Madras, 2010.
Título original: 100 great leaders

ISBN 978-85-370-0623-8

1. Biografia 2. História do mundo I. Título.

10-10170   CDD-920.02

Índices para catálogo sistemático:
1. Grandes líderes: Biografia: Coletâneas
920.02

Todos os direitos desta edição, em língua portuguesa, reservados pela

MADRAS EDITORA LTDA.
Rua Paulo Gonçalves, 88 — Santana
CEP: 02403-020 — São Paulo/SP
Caixa Postal: 12183 — CEP: 02013-970
Tel.: (11) 2281-5555 — Fax: (11) 2959-3090
www.madras.com.br

ÍNDICE

ESTADISTAS

COMANDANTES MILITARES

LÍDERES RELIGIOSOS

REFORMISTAS

LIBERTADORES NACIONAIS

REVOLUCIONÁRIOS

EXPLORADORES

INDUSTRIAIS

HATSHEPSUT

Hatshepsut foi a primeira rainha do Egito (c.1509-c.1469 a.C.) e uma das grandes faraós do Egito. Ela foi a primeira regente poderosa registrada na história e governou o Egito em um período de paz e expansão comercial. Enviou uma missão de descoberta que desceu o Mar Vermelho e construiu dois obeliscos insuperáveis no Templo de Amon, em Karnak – eventos registrados em belos relevos no seu templo avarandado em Deir el-Bahri.

O ambicioso programa de construção de Hatshepsut foi muito além do de seus predecessores.

DESDE OS PRINCÍPIOS MAIS REMOTOS, as mulheres no Egito eram vistas com grande consideração. No início da 18ª Dinastia, havia uma enorme tendência matriarcal. Hatshepsut era a filha do grande guerreiro e rei Tutmés I. Seu meio-irmão, Tutmés II, sucedeu Tutmés I depois que seus outros irmãos morreram prematuramente. Os bustos retratados mostram Tutmés II como sendo um dócil e submisso rapaz, ao passo que Hatshepsut, vários anos mais velha que ele, mostra uma cabeça ereta, nariz arrojado e aquilino, boca firme e com o queixo se projetando de forma considerável, ostentando um ar de vigor e determinação. Ela se casou com seu meio-irmão, reduzindo-o a um zero à esquerda, e tornou-se a pessoa mais influente no governo.

Depois de apenas alguns anos, seu reino unificado terminou com o assassinato de Tutmés II, provavelmente por uma conspiração. Hatshepsut logo se tornaria a regente de seu filho, Tutmés III, gerado por uma mulher do harém e, enquanto ele servia como sacerdote do deus Amon, ela assumiria o controle do trono e seria aceita como faraó.

Nas inscrições em seus monumentos, as designações de masculino e feminino da sua personalidade são alternadas. Ela é tanto o filho como a filha de Amon, o deus do reino. Estátuas e relevos mostram-na com uma barba falsa e com trajes masculinos. Apesar das formas masculinas e femininas serem intrincadamente misturadas, na maioria das vezes os pronomes pessoais e possessivos referentes a ela são femininos, com ocasionais expressões de causar perplexidade, tais como "Sua Majestade ela mesma".

Como faraó, o reinado de Hatshepsut foi longamente pacífico e isso contribuiu para que ela realizasse grandes planos de comércio exterior. Sua expedição que desceu o Mar Vermelho até a região do Punt (provavelmente a atual Somália) pode ser comparada com as grandes viagens ultramarinas da época da Europa renascentista. Seu belo templo mortuário avarandado, em Deir el-Bahri, apresenta relevos que exibem essa expedição. É raro encontrar qualquer evento único na história antiga que tenha sido tão bem ilustrado como a expedição de Hatshepsut. As várias fases foram registradas, desde o agrupamento da frota na costa do Mar Vermelho até o retorno triunfante à capital Tebas.

Cinco enormes navios para a jornada foram construídos em partes e transportados por via terrestre, sendo montados na costa do Mar Vermelho. Um dos objetivos principais da expedição era obter árvores aromáticas; elas cresciam apenas no sudoeste da Arábia e na Somália. Observando os relevos no templo em Deir el-Bahri, que mostram cabanas redondas em palafitas acessadas por escadas com coqueirais e árvores aromáticas, olíbanos e mirras, além de um fértil rio com uma grande variedade de peixes, dá para se supor que Punt é a Somália. As ilustrações também exibem girafas, hipopótamos, macacos e cães. A expedição foi recebida pelo príncipe de Punt, Parehu, e sua obesa e corcunda esposa, Eti.

A liberdade de comércio foi estabelecida. As mercadorias egípcias foram trocadas por 31 árvores aromáticas vivas, sacos de resina para incenso, ouro, prata, marfim, ébano, canela, cosméticos, macacos, babuínos, cães, escravos e peles de leopardo. A rainha de Punt e vários chefes acompanharam a expedição de volta ao Egito. A chegada em Tebas foi um grande dia de gala. Hatshepsut ofereceu os produtos a Amon, e as árvores aromáticas foram plantadas na entrada do seu templo em Deir el-Bahri.

O ambicioso programa de construção de Hatshepsut foi muito além do de seus predecessores. Ela construiu em todo o Egito, indo até a Núbia. Tebas foi a cidade que recebeu os maiores cuidados. O templo em Deir el-Bahri era chamado de "Santo dos Santos" e considerado como a declaração mais completa em forma material erguida por Hatshepsut sobre seu reinado. Ela ergueu uma tumba para si mesma no Vale dos Reis, à medida que o Templo de Amon era ampliado.

O orgulho de sua obra, em Karnak, eram dois obeliscos de granito vermelho, escavados das pedreiras de Assuã durante sete meses, insuperáveis quanto às formas, cores e beleza das gravuras impressas. Os relevos no templo, em Deir el-Bahri, mostram uma enorme embarcação feita de madeira de sicômoro carregando os dois obeliscos e sendo rebocada por vários barcos que descem o Nilo. É um feito incrível saber que esses dois obeliscos, que tinham quase 100 pés* de altura, foram colocados e retirados da balsa e, em seguida, montados no templo, em Karnak. Os obeliscos são revestidos com hieróglifos da mais fina qualidade, nos quais Hatshepsut declara que eles foram erguidos para a glória de Amon e em memória de Tutmés I, cada "bloco de granito, inteiro e sem emendas". As colunas e os picos dos obeliscos eram dourados.

Enquanto isso, Tutmés III havia crescido e se tornado o enérgico líder do Exército. Por volta do 18º ano do reinado de Hatshepsut, vários de seus aliados mais influentes sumiram do mapa, sendo que por volta do 20º ou 21º ano, c.1469 a.C., a própria Hatshepsut desapareceu da história. Ela tinha cerca de 40 anos e reinara durante 22 anos.

UMA MESTRA DA CONSTRUÇÃO

Hatshepsut obteve um poder sem precedentes para uma rainha. Seu reinado foi relativamente pacífico, com poucas guerras, permitindo que se concentrasse em melhorias para seu povo. Ela deu início a projetos de construção indo muito além dos de seus predecessores, incluindo o magnífico templo em Deir el-Bahri. O templo é considerado como a maior realização de Hatshepsut e um de seus monumentos mais duradouros, contendo cenas e inscrições dos projetos e eventos mais importantes do seu período de vida.

Apesar de um dos obeliscos no Templo de Amon ter caído, o outro voltado ao norte permanece em sua posição original, ou seja, o obelisco mais alto que permanece ereto no Egito.

---

* N.T.: Equivale a 30,48 metros.

PÉRICLES

Péricles (c.495-429 a.C.) foi um estadista e general ateniense e durante seu governo a civilização grega atingiu o apogeu. A influência que ele teve sobre a vida grega foi tão grande que o período do seu governo ficou conhecido como sendo a Era de Péricles.

Durante seu período no poder, Péricles transformou a cidade-Estado de Atenas em um superestado.

CRONOLOGIA

c.495 a.C.: Nasce em Atenas.
472 a.C.: Produz *Os Persas*.
461 a.C.: Lidera o voto contra o Areópago.
451 a.C.: Nova lei de cidadania.
431 a.C.: Guerra do Peloponeso.
429 a.C.: Morte de Péricles.

ELE CRESCEU À SOMBRA DA GUERRA em uma família de militares; tinha apenas 3 anos quando os persas fizeram sua primeira tentativa de conquistar os gregos e foram derrotados de forma avassaladora em Maratona, sendo que seu pai, Xantipo, era o comandante do Exército, que surpreendeu os persas em Micala, em 479 a.C., depois de invadirem a Grécia pela segunda vez e saquearem Atenas. Os persas seriam derrotados outra vez, sete anos depois, em Salamina, em 472 a.C. Foi essa batalha que indiretamente proporcionou a Péricles, nessa época um jovem culto intelectualmente, sua primeira oportunidade.

Em 472 a.C., Péricles patrocinou uma produção dramática de grande êxito para o festival de Dionísio – um dos mais importantes eventos anuais de Atenas. Era a peça teatral *Os Persas*, de Ésquilo, o primeiro dos grandes dramaturgos de tragédias, que ganhou o primeiro lugar e que rendeu a Péricles um grande destaque popular.

Seu primeiro envolvimento real com a política havia ocorrido uma década antes, em 461, quando se uniu a um político radical chamado Efialtes para organizar um voto em uma assembleia popular, que retiraria o Areópago, antigo conselho de nobres, de seu contínuo poder. Era um momento importante da democracia ateniense, que seria tão relevante para os dias de hoje como foi na época; a partir de então, as leis seriam determinadas pelo voto do povo, em vez dos poderes hereditários.

O movimento culminou em um retrocesso com o assassinato de Efialtes, empurrando Péricles para o centro da política ateniense. Em 458 a.C., foi eleito estrategos, efetivamente o senhor da cidade-Estado – uma posição em que entraria e sairia durante grande parte dos próximos trinta anos. Durante esse período no poder, ele transformou Atenas em um "superestado", expandindo seu império e seu poder marítimo – às vezes como líder de seus próprios exércitos –, negociou uma derradeira paz com a Pérsia e instituiu o pagamento para o serviço judiciário. Isso permitiria que os pobres, que não tinham como deixar seus trabalhos, participassem da vida pública. Em 451 a.C., Péricles introduziu uma nova lei de cidadania que permitiria que os filhos de pais não atenienses se tornassem cidadãos. Péricles instigou também um grande programa de reconstrução dos templos e edifícios públicos, que transformou Atenas na cidade mais magnífica do mundo antigo.

Péricles era uma pessoa que agia por si só. Ele comandou a assembleia popular com sua soberba oratória, mas permanecia afastado da sociedade e avesso às reuniões sociais; sabe-se de relatos que ele foi a apenas uma em toda a sua vida adulta – e que saiu de lá bem mais cedo. Ele recusava as ofertas de "presentes", o que era normal no meio político. No entanto, fez tudo o que queria em sua vida privada. Divorciou-se de sua esposa e escandalizou a discreta sociedade ateniense ao se juntar com a bela anfitriã estrangeira Aspásia, tratando-a de igual para igual – apesar de não serem casados. Sócrates a descrevia como uma das mulheres mais inteligentes e brilhantes da sua época.

Seus últimos anos foram marcados por guerras, geradas por ele mesmo; o esplendor e o poder que ele tinha alcançado para Atenas geraram inveja por parte das outras cidades-Estado gregas, especialmente Esparta e, com isso, veio a Guerra do Peloponeso, em 431 a.C. Os campos ao redor de Atenas estavam arruinados e a peste dominava a cidade, desestruturando a confiança ateniense. Péricles foi deposto do poder e sujeitado a um julgamento dissimulado, mas conseguiu ser reeleito em 429 a.C.

Péricles morreu da peste logo em seguida – um ano antes de o Partenon ser inaugurado. Entretanto, seu verdadeiro monumento foi criar um ambiente cultural e intelectual que nutriu diferenciados gênios como Anaxágoras e Sócrates, Eurípedes, Ésquilo e Sófocles, Píndaro e Fídias, Antífona e Aristófanes, Demócrito e Hipócrates, Heródoto e Tucídides. Todos eles viveram ou foram a Atenas na Era de Péricles, sendo que muitos deles foram seus amigos.

UM ORADOR GREGO

EXTRATOS DO DISCURSO FÚNEBRE DE PÉRICLES PARA OS MORTOS NO PRIMEIRO ANO DA GUERRA DO PELOPONESO:

"O homem que pode ser realmente considerado como um bravo é aquele que conhece melhor o significado do que é doce e do que é terrível na vida; e segue determinado rumo ao encontro do que está por vir."

"Nosso amor pelo que é belo não leva à extravagância; nosso amor pelas coisas da mente não nos torna frágeis."

"Consideramos a riqueza como algo que deve ser devidamente usado, em vez de algo para nos vangloriarmos."

ASOKA

Asoka (300-232 a.C.) foi o primeiro dos grandes governantes da Índia. Depois de renunciar à violência e se converter ao Budismo, Asoka reinou sobre seu império com um inabalável respeito pela santidade da vida humana. De forma vigorosa, ele introduziu uma nova filosofia social.

Os éditos de Asoka, longe de serem simplesmente pura propaganda, tinham uma agradável aura de sinceridade.

CRONOLOGIA

300 a.C.: Nasce.
273 a.C.: Asoka ascende ao trono.
269 a.C.: Asoka é coroado rei.
264 a.C.: Guerra contra o reino dos kalingas.
260 a.C.: Asoka se torna monge budista.
232 a.C.: Morre.

A SOKA FOI O TERCEIRO REI da Dinastia Máuria, que reinou por quase todo o subcontinente indiano, desde sua capital do norte em Pataliputra, atual Patna. Ele vivia com fartura e de forma consumista até que foi para a guerra conquistar o reino da costa leste dos kalingas, a atual província indiana de Orissa. Os horrores da guerra na qual, de acordo com ele, mais de 100 mil foram mortos causaram-lhe tamanho impacto que ele acabou renunciando à violência e se tornando um monge budista. Nas três décadas seguintes, como monge e como rei, ele governou de forma benigna um império próspero e pacífico.

Nosso conhecimento sobre Asoka veio até nós por meio de uma série de editais em que ele descreve a teoria e a prática de uma nova ética social. Os éditos, em prácrito para a população indiana, e em grego e aramaico para o povo da região noroeste do seu império, foram escritos nas superfícies das pedras ou nos pilares.

A pedra de Dhauli, perto de Bhibaneswar, registra os pesares e arrependimento do rei pelos mortos na guerra contra os kalingas. Os éditos demonstram sua total aceitação do darma budista, a lei da piedade, vida justa e moralidade; ele promoveu o que chamava de "conquista do darma" (lei universal). "A lei da piedade; isto é, obediência para com o pai e a mãe; generosidade para com os amigos, parceiras, parentes, brâmanes e ascetas; respeito pela sacralidade da vida; renúncia à violência e extravagância e à violência da linguagem."

Asoka eliminou tudo o que era desnecessário em termos de matança de animais, incluindo a pesca. Ele nomeou ministros para assegurar que o darma fosse cumprido, e enviou missionários ao estrangeiro, indo até a Síria e o Egito para pregar sua mensagem.

Em uma planta feita para seus escritórios provinciais, Asoka declara: "Há, entretanto, certas disposições que fazem com que o sucesso seja impossível e que são a inveja, a falta de perseverança, a perversidade, a impaciência, a necessidade de disciplina, a ociosidade, a indolência. Portanto, tu deves desejar ficar livre de tais disposições".

Ele mantinha restrições similares para si mesmo: "Do mesmo modo, arranjei para que em todas as horas e em todos os lugares – mesmo que eu estiver fazendo as refeições ou nos aposentos das senhoras, em meu quarto ou em meu aposento privado, em minha carruagem ou nos jardins do palácio – os relatores oficiais deverão me manter constantemente informado sobre os assuntos do povo, pois os assuntos do povo eu estou pronto para cuidar em qualquer lugar e 'Devo trabalhar para o benefício público'".

Isso não se tratava de pura propaganda. Os éditos tinham uma agradável aura de sinceridade e Asoka fazia o que pregava. Ele saía em frequentes jornadas pelo seu império para espalhar seus ensinamentos. Cuidava do bem-estar de seus súditos, construindo extensas redes de estradas, plantando figueiras de grande sombra ao longo das vias, proporcionando poços de água na beira das estradas, montando casas gratuitas para o descanso dos viajantes, cultivando plantas medicinais e fundando hospitais – tanto para os enfermos e seus súditos como para os animais.

Asoka parecia estar particularmente ciente das necessidades das mulheres e da labuta que enfrentava o cidadão pobre do campo. Patrocinou o princípio da liberdade religiosa, dizendo que ele havia conseguido mais por meio da persuasão do que impondo o controle. Poucos líderes depois dele – talvez nenhum – conseguiram governar com tamanho registro de tolerância.

Embora o reinado de piedade de Asoka não tenha durado muito depois de sua morte, foi ele quem proporcionou à Índia um período de paz e prosperidade sem precedentes, e ajudou a garantir que o Budismo e seus ensinamentos se espalhassem ao redor do mundo.

OS ÉDITOS

Os Éditos da Rocha Principal e os Éditos do Pilar são os mais abrangentes de todas as doutrinas budistas de Asoka e enfatizam a importância da tolerância religiosa e ideológica, não violência, justiça e harmonia nos relacionamentos. Os Éditos Menores relatam o compromisso de Asoka com o Budismo.

O nome completo de Asoka era Asokavardhana. Na maioria das inscrições, era chamado de rei Priyadarsin.

O pilar do capitel do leão de Asoka encontrado em Sarnath é o emblema nacional da Índia.

QIN SHI HUANGDI

Qin Shi Huangdi (259-210 a.C.) unificou os Estados guerrei-ros da China sob a Dinastia Qin ou Ch'in, fundou o Império Chinês e tornou-se seu primeiro imperador.

Um ditador cruel, antes dos 40 anos Qin já havia unificado os Estados guerreiros chineses em um único império.

CRONOLOGIA

259 a.C.: Nasce Ying Zheng.
246 a.C.: Herda o trono com a morte de seu pai.
238 a.C.: Torna-se rei.
221 a.C.: Recebe o título de Qin Shi Huangdi ("Primeiro Imperador").
210 a.C.: Morre de causas naturais.

O FUTURO IMPERADOR nasceu em 259 a.C. no Estado de Ch'in, na região noroeste da China. Seu nome era Ying Zheng e era oficialmente o filho de Zhuang Xiang, o futuro rei de Qin, um dos sete Estados feudais da China. Seu pai se tornou rei em 246 a.C., quando Zheng tinha 13 anos, mas morreu logo em seguida e, durante os próximos sete anos, sua mãe e um rico mercador, Lü Puwei, serviram como regentes. Como consequência de um escândalo sexual envolvendo sua mãe e um amante que se fingia de eunuco, e uma tentativa de revolta, Zheng tomou o controle do seu reino e passou a expandi-lo. Sua primeira atitude ao se tornar rei foi executar o amante de sua mãe e enviar Lü ao exílio.

Ele foi um ditador extremamente cruel e, com o auxílio de bons generais, chantagens e ameaças, antes dos 40 anos já havia conseguido unificar os Estados guerreiros da China, transformando-os em um único império; em 221 a.C., recebeu o título de Qin Shi Huangdi – "Primeiro Imperador de Qin".

Na maioria dos registros, Qin Shi Huangdi foi considerado uma máquina mortífera. Ele distribuía punições de extrema crueldade e organizou uma das primeiras fogueiras públicas para a queima de livros da história, em 213 a.C., quando todas as obras que não estavam inclusas na biblioteca imperial e consideradas de natureza "não técnica" receberam ordens para ser queimadas – uma tentativa brutal de eliminar os ensinamentos dos estudiosos confucianos, que se opunham às reformas do imperador. Milhares de dissidentes acadêmicos foram queimados vivos. No final de sua vida, sobreviveu a três tentativas de assassinato e vivia com medo de morrer. Ele viajava com duas carruagens idênticas e nunca dormia no mesmo lugar. Embarcou em extensas jornadas pelo seu império, mas sempre se trancava em seus palácios, distanciando-se cada vez mais do seu povo. Ele enviava seus agentes e ia pessoalmente em busca de elixires da vida eterna; foi atrás dos alquimistas com a mesma esperança em mente.

Mas também realizou feitos extraordinários para a China; acima de tudo, estabeleceu as estruturas de um Estado moderno. Aboliu o poder territorial feudal e dividiu o país em 36 Estados governados separadamente; instituiu uma única moeda para seu império, padronizou os pesos e medidas, um sistema jurídico uniforme e uma única língua escrita. Ele também estimulou a religião. Construiu uma rede de estradas e canais e, para proteger o país contra os saqueadores hunos, montou forças militares defensivas e ordenou a construção da maior parte da Grande Muralha da China.

Ele proclamou que sua dinastia duraria 10 mil gerações, quando de fato sobreviveu apenas quatro anos depois da sua morte; no entanto, o Estado centralizado que montou serviu de base para a China Imperial até o final de 1911 e que, em muitos aspectos, vive da mesma maneira até os dias de hoje.

O EXÉRCITO DE TERRACOTA

Além do legado do nome da China, assim chamado em homenagem à Dinastia Ch'in ou Qin, outros legados de Qin ficaram ocultos por mais de 2 mil anos. Em 1974, agricultores cavavam um poço no subúrbio da capital atual, X'ian, perto da tumba do Primeiro Imperador, quando se depararam com um cemitério de um exército completo feito de terracota. Posteriormente, os arqueólogos descobriram quatro câmaras subterrâneas, contendo 7 mil soldados e cavalos em tamanho real – enterrados para proteger o imperador em sua vida após a morte. Qin Shi Huangdi foi responsável pela construção da maior parte – cerca de 1.900 quilômetros (quase 1.200 milhas) – da Grande Muralha da China, uma das maiores obras feitas pelo homem até hoje.

AUGUSTO

Augusto, o primeiro imperador de Roma (63 a.C.-14 d.C.), restaurou a unidade e a ordem em Roma e fundou um império que acabou durando mais que qualquer outro na história europeia. Seu reinado serviu como uma ponte entre duas épocas e gerou um período de incomparável paz, prosperidade e cultura – a Era de Augusto.

"Encontrei Roma como uma cidade de tijolos e deixei-a como uma cidade de mármore."

CRONOLOGIA

63 a.C.: Nasce em Roma, em 23 de setembro.
47 a.C.: Criado no Colégio dos Pontífices.
44 a.C.: Nomeado herdeiro de César.
43 a.C.: Segundo Triunvirato.
31 a.C.: Batalha de Ácio.
27 a.C.: O Senado confere a ele o título de César Augusto.
14 d.C.: Morre em Nola, Itália, em 19 de agosto.

CAIO OTÁVIO, COMO ERA CHAMADO QUANDO NASCEU, era um soldado desconhecido, acadêmico e religioso de 20 anos, quando recebeu a notícia alarmante de que seu tio-avô, Júlio César, havia sido assassinado e mais perturbadora ainda foi a notícia de que César o havia nomeado como seu sucessor. Isso levaria dezessete anos de luta e intriga até que seu poder fosse consolidado.

Ele mudou seu nome para Júlio César Otaviano para receber o apoio popular do seu tio-avô e pai adotivo, tornou-se cônsul e inicialmente lutou contra Marco Antônio, o ambicioso amigo de César, e seu aliado, o general Marco Lépido, mas acabou formando uma aliança com eles. Essa junta militar de três homens, o Segundo Triunvirato, começou com uma violência brutal, uma condenação em que milhares de oponentes, entre eles 200 senadores e o orador Cícero, foram assassinados. Era uma paz fraturada. Depois de reprimir uma revolta do filho sobrevivente de Pompeu, Sexto, Otaviano em seguida se livrou de Lépido. Marco Antônio, que se encontrava no Oriente, sempre impunha o derradeiro desafio, que chegou a um confronto depois que ele se casou com Cleópatra, a rainha do Egito. Otaviano derrotou suas forças conjuntas na batalha naval de Ácio, em 31 a.C., e consolidou seu poder, controlando o Oriente.

O Senado conferiu o título de César Augusto para Otaviano em 27 a.C. e, com mais poderes e honras à vista, ele passou os próximos 41 anos virtualmente como o incontestável governante de Roma e seus enormes territórios. No entanto, teve o cuidado de nunca cair nas armadilhas de um monarca, mascarando de forma hábil seus poderes ditatoriais por meio de vários acordos constitucionais, negociando com o Senado e fazendo arranjos proconsulares; com um abuso da linguagem que não estranharia nem a Rússia de Stálin, Augusto se referia a si mesmo como o "primeiro cidadão".

Era uma figura complexa: cruel no princípio e rígido, mesmo com seus próprios filhos – "um terrorista frio e calculista", dizia um opositor –, mas também magnânimo, tolerante, educado, acessível, correto e trabalhador. Em análise final, ele foi um político hábil e manipulador e um mestre da propaganda.

Como grande construtor, Augusto literalmente transformou Roma. "Encontrei Roma como uma cidade de tijolos e deixei-a como uma cidade de mármore", dizia ele. Também deixou uma impressionante rede de estradas. Foi patrono das artes e amigo dos poetas Ovídio, Horácio e Virgílio, como também do historiador Lívio.

Estrategicamente, mudou o foco do império para o Oriente, expandindo estradas, forças e tropas militares até nas fronteiras das províncias, que se beneficiaram muito com seu reinado. O resultado foi a *Pax Romana* que, baseada em comunicações facilitadas e em um próspero comércio e apoiada pelo que viria a ser um exército profissional, proporcionaria ao oeste da Europa, ao Oriente Médio e à costa norte da África o mais longo período de unidade, paz e prosperidade jamais registrado em toda a sua história.

Em casa, reorganizou praticamente todos os aspectos da vida romana. Colocou em ordem todo o aparato do governo, criou mais serviços públicos permanentes, sobre o qual teria o controle, e instigou novas leis, inclusive na tentativa de melhorar a moralidade pública, por meio de leis mais severas impostas sobre o casamento e proibindo a exibição de extravagâncias. Augusto se casou três vezes; sua terceira esposa foi Lívia Drusilla. Seus últimos anos foram marcados por sucessivas mortes daqueles que ele selecionava como seus sucessores. Foi, por fim, substituído por seu enteado Tibério, filho bastardo de Lívia.

"EXTRAORDINARIAMENTE BELO"

A aparência de Augusto foi uma dádiva natural aos escultores, cunhadores de moedas e medalhas – "extraordinariamente belo... seu cabelo um pouco encaracolado e pendendo para o tom de dourado", escreveu Suetônio, seu biógrafo. "Ele tinha olhos claros e brilhantes, e gostava de demonstrar que tinha um poder divino."

Augusto foi o autor de muitas obras (todas perdidas) – incluindo um panfleto contra Brutus, um tratado sobre filosofia e inúmeros relatos e poemas sobre o início de sua vida.

Alguns de seus monumentos arquitetônicos ainda podem ser vistos em Roma: o Teatro de Marcelo; a colunata do Fórum com seu Templo de Marte, o Vingador; e seu próprio mausoléu.

CONSTANTINO, O GRANDE

Constantino, o Grande (280-337), imperador romano, foi o primeiro governante romano a converter e legalizar o Cristianismo, como também foi o fundador de Constantinopla (Istambul, nos dias atuais). Ele montou os alicerces da civilização europeia cristã.

As realizações duradouras de Constantino foram a Europa Cristã e o Império Bizantino.

CRONOLOGIA

280: Nasce em Naisso, em 27 de fevereiro.
306: Proclamado coimperador.
312: Batalha da Ponte de Mílvia.
313: Édito de Milão legalizando de fato o Cristianismo.
325: Concílio da Igreja em Niceia.
326: Fundação de Constantinopla.
337: Morre em 22 de maio, duas semanas depois de ser batizado.

NASCIDO EM NAISSO, a moderna Niš na Sérvia, Flávio Valério Constantino era filho de um comandante militar, Constantino Cloro, que chegou a ser coimperador, e de uma mulher de descendência humilde, Helena, que foi canonizada como santa. Constantino morreu em 306, em York, na Inglaterra, onde conduzia uma campanha contra os pictos, acompanhado de seu filho, que foi imediatamente proclamado coimperador em seu lugar. Constantino levaria dezoito anos, no entanto, antes de finalmente conseguir se estabelecer como o único governante, em 324.

A conversão de Constantino ao Cristianismo se deu de uma forma quase gradual, mas o que o despertou foi que ele acreditava em uma visão que teve, em 312, um dia antes da Batalha da Ponte Mílvia, na qual Cristo lhe havia dito que fizesse uma inscrição com as duas primeiras letras do seu nome (XP, em grego) nos escudos de suas tropas. Constantino obedeceu à visão e entendeu que sua vitória decisiva contra seu rival Maxêncio foi um sinal do "Deus dos cristãos". A perseguição aos cristãos foi suspensa e Constantino e seu coimperador Licínio decretaram o que viria a se chamar o Édito de Milão, um édito de "tolerância" em 313, que de fato legalizou o Cristianismo em todo o Império Romano. Constantino se tornou cristão, mas Licínio não.

Logo, deu-se início a uma luta armada pelo poder entre Licínio e Constantino, da qual Constantino saiu vitorioso em 324, como imperador tanto do Ocidente como do Oriente, e como o campeão do Cristianismo. Ele passou a se envolver mais nos assuntos eclesiásticos e convocou o Concílio de Niceia, para fazer com que os Pais da Igreja entrassem em consenso sobre um ensinamento unificado. De Niceia surgiu o Credo Niceno, que ainda representa uma oração importante para todos os cristãos. Um árduo construtor, Constantino fundou as basílicas de São Pedro e São João de Latrão, em Roma, e, em um momento decisivo, construiu uma nova capital monumental para o império na pequena cidade de Bizâncio. Foi chamada de Constantinopla em sua homenagem e hoje é a gloriosa cidade de Istambul.

Constantino só foi batizado na Igreja em seu leito de morte, um sinal, dizem seus críticos, de sua abordagem cínica e indiferente ao Cristianismo. De fato, há várias evidências de que era sincero com sua fé: ele havia decretado o domingo como um dia de descanso, fez com que seus filhos fossem educados como cristãos e as cartas encontradas e que se referiam à Igreja no norte da África confirmam seu profundo compromisso pessoal. Além disso, o batismo tardio era muito comum no início da Igreja Cristã.

Entretanto, Constantino era um produto da sua época e conseguia ser também cruel e brutal. Mesmo depois da sua conversão, ele fez com que seu cunhado Licínio fosse executado, e que o filho de Licínio, Liciniano, fosse açoitado até a morte. Constantino também fez com que sua esposa, Fausta, fosse sufocada em um banho superaquecido, e que Crispo, o filho deles, fosse executado. Ele mantinha certa ambivalência em relação às práticas pagãs, tanto como um expediente e um sinal de genuína tolerância; era também generoso e fez muito pelas crianças, mulheres e escravos.

Em outros campos, Constantino não foi um grande inovador, mas restaurou a economia do império com uma pequena dose de prosperidade; introduziu a nova cunhagem de ouro e impôs um novo imposto nada popular. Ele reformou tanto a administração pública como o Exército profissional; seu reinado foi marcado por um contínuo êxito militar. No entanto, as realizações duradouras de Constantino foram a Europa Cristã e o Império Bizantino.

O SANTO SEPULCRO

A mãe de Constantino, Helena, fez uma peregrinação a Jerusalém, em 326; em uma tradição mais cultivada que verdadeira, ela é venerada por ter desenterrado a cruz que Cristo foi crucificado no local onde seu filho fundou a Basílica do Santo Sepulcro. A basílica ainda está lá – no decorrer dos séculos tem sido objeto de lutas infindáveis entre as diferentes Igrejas Cristãs.

A Igreja Cristã conseguiu resgatar sua pureza depois de ter sido legalizada por Constantino? A Igreja perdeu a independência que antes desfrutara e passou a ser um instrumento da política imperial e parte do estabelecimento – um status estranho que a persegue por séculos e que persiste até os dias de hoje em alguns países, incluindo a Inglaterra.

JUSTINIANO I

Justiniano I (483-565) foi um imperador bizantino que recebeu o título de Grande por ter restabelecido o antigo Império Romano no Ocidente, no entanto, sua realização duradoura foi codificar a lei romana. O Código Justiniano serve até hoje como base da lei para a maioria dos países europeus.

Justiniano foi um prodigioso construtor: superando os demais, redefiniu e aperfeiçoou a arquitetura bizantina.

CRONOLOGIA

483: Nasce em Taurésio, Dardânia (Sérvia).
518: Nomeado sucessor de Justino.
527: Justiniano é eleito imperador.
532: Reprime a insurreição de Nika.
533: Recaptura o norte da África.
534: O Código Justiniano é promulgado.
536: Roma é retomada.
540: Cai a capital gótica de Ravena.
565: Morre em Constantinopla, em 14 de novembro.

N ASCIDO FLÁVIO PEDRO SABÁCIO de uma humilde descendência camponesa, onde se encontra a Sérvia nos dias atuais, Justiniano conseguiu sua ascensão graças ao seu tio, o imperador Justino I, do qual adotou seu nome. Educado em Constantinopla, capital do Império Bizantino, tornou-se o administrador de Justino e foi nomeado seu sucessor em 518. Foi eleito imperador após a morte de seu tio, em 527.

O enérgico Justiniano preparou para si mesmo uma ambiciosa missão – reconquistar os territórios perdidos para os invasores, restaurar o fragmentado Império Romano e reviver sua glória. Itália, Espanha e as antigas províncias de Roma no norte da África estavam nas mãos das tribos dos vândalos e dos góticos, os eslavos estavam invadindo pelo norte e a Pérsia pressionando no Oriente. Justiniano teve êxito em sua escolha para comandante militar: o general Belisário foi o comandante-chefe durante a maior parte do reinado de Justiniano, e ficou acima das expectativas para as ambições do novo imperador.

Liderando uma tropa de apenas 18 mil homens, Belisário reconquistou o norte da África dos vândalos, em 533. Em seguida, ele alcançou o sul da Itália e retomou Roma das mãos dos ostrogodos, em 536; no entanto, apesar de a maior parte da península ter retornado ao poder romano em 540, somente em 552 é que as últimas fortalezas góticas foram derrotadas. O sudeste da Espanha foi vencido com maior facilidade e, no final do reinado de Justiniano, o Mediterrâneo já era na sua maioria um mar romano novamente. Campanhas contra os persas detiveram seus avanços e a fronteira romana foi mais uma vez garantida até as orlas do Mar Negro. Justiniano teve menos êxito em casa; em 532, Belisário reprimiu de forma sanguinária a chamada Revolta de Nika, comandada pelas equipes rivais de corredores de carruagens – os Azuis e os Verdes – que haviam orquestrado uma grande insurreição.

A visão de Justiniano de um império poderoso clamava por um sistema jurídico equilibrado. Ele nomeou uma comissão imperial, liderada pelo jurista Treboniano, para coletar e organizar centenas de anos de leis romanas. A tarefa levou dez anos e resultou no Código Justiniano, que foi publicado em quatro edições separadas e, em seguida, promulgado em sua totalidade, em 534. O resultado, que incluía um manual para os estudantes de direito, significava que, pela primeira vez, as leis romanas eram catalogadas de forma lógica, para que cada cidadão pudesse encontrar com maior facilidade as leis do império referentes a qualquer assunto. A codificação foi a maior contribuição de Justiniano.

Justiniano foi também um prodigioso construtor e, superando os demais, redefiniu e aperfeiçoou o estilo da arquitetura bizantina. Ele cobriu o império com esplêndidos monumentos, de Ravena até Damasco, sendo que o orgulho entre eles é a Igreja da Nossa Senhora em Jerusalém, que atualmente se chama Mesquita de Al-Aqsa, e a grande Basílica de Santa Sofia (Hagia Sophia), em Constantinopla. O próprio imperador se encontra em um retrato, trajando sua toga no meio do palácio real, em um magnífico mosaico em San Vitale, em Ravena.

Justiniano se casou com uma bela ex-dançarina, Teodora, em 523. Fofocas libidinosas e escândalos a perseguiam, mas Teodora apoiou de forma crucial o imperador em tempos de crise, especialmente durante a Revolta de Nika, em 532.

Apesar de as grandes conquistas de Justiniano não terem sido seguidas por seus sucessores, e sua reunificação do Império Romano ter sido passageira, seu legado no direito e na arquitetura bizantina continuariam a existir.

UM IMPERADOR INVEJOSO

Belisário, que alcançou a eminência lutando contra os persas, retomou Roma dos vândalos para Justiniano em duas ocasiões. Ele controlou a cidade por um ano e nove dias (536-537) contra uma tropa gótica ainda maior, defendendo a Muralha Aureliana de forma gloriosa, quebrando estátuas e atirando-as contra os invasores.

Justiniano tinha inveja de Belisário. Temendo que seu general tomasse o trono, fez com que ele retornasse mais cedo da Itália. Em 542, ele o acusou de traição e o retirou do seu comando. Belisário foi reintegrado ao posto e enviado de volta a Roma, mas foi preso novamente acusado de conspiração, em 562. No entanto, foi solto e permitiram-lhe viver uma vida pacífica em sua aposentadoria. O general morreu em 565, no mesmo ano do imperador.

O reinado de Justiniano foi marcado por uma sucessão de terremotos e outros desastres naturais. A peste bubônica, que viria a assolar a Europa em gerações futuras, surgiu pela primeira vez em Constantinopla, em 542.

CARLOS MAGNO

Carlos Magno (742-814) foi o primeiro governante da Europa. Rei dos francos e, em seguida, o Sacro Imperador Romano, durante quarenta anos de campanhas militares expandiu o império que se estendia do Atlântico ao Danúbio e da Holanda até Provença.

Carlos Magno estabeleceu o Império Franco cristão sobre os povos pagãos da Europa.

CRONOLOGIA

742: Nasce em Aachen, atual Alemanha, em 2 de abril.
768: Torna-se governante dos reinos francos em conjunto com o irmão.
773: Invade e conquista a Lombardia.
775: Começa campanha na Saxônia.
787: Mantém próprio Sínodo de Frankfurt por não ter sido convidado ao Concílio de Niceia.
788: Conquista a Baviera.
796: Campanhas na Hungria.
800: Coroado primeiro Sacro Imperador Romano.
814: Morre em Aachen, em 28 de janeiro.

CARLOS MAGNO ERA UM HOMEM MUITO ALTO: mais de 1,80 metro de altura, encorpado, olhos brilhantes, nariz alongado, bigodes longos e cabelos claros. Seu pai, Pepino, o Breve, tinha dificuldade em manter o Império Franco que o avô de Carlos Magno, Carlos Martel, unificou. Pepino havia deposto o rei merovíngio da Gália e assumido o posto de rei dos francos, e com sua morte em 768, o reino foi dividido entre Carlos Magno e seu irmão, Carlomano.

Carlomano morreu em 771 e Carlos Magno reunificou o reino, ignorando os direitos de seus sobrinhos. Carlos Magno foi, acima de tudo, um grande líder guerreiro que, em 53 campanhas, expandiu o Império Franco no que quase representa a Europa atual, estabelecendo o Cristianismo sobre os pagãos da Europa Central. As guerras lhe davam mais poder porque ele distribuía terras e espólios aos seus seguidores. Recompensados, seus vassalos eram apontados como governadores regionais. Os mensageiros checavam para se certificarem que não eram opressores e, tendo em vista que a maioria da sociedade era analfabeta, muitos clérigos eram nomeados como funcionários. Em 774, Carlos Magno invadiu a Lombardia (norte da Itália), cujo rei apoiava a viúva de Carlomano e, em 775, ele deu início à sua campanha contra os saxões, que durou mais de trinta anos. Em 778, dominou Zaragoza para ajudar os rebeldes do califa de Córdoba. Ele depôs seu primo, o duque da Bavária, em 788, e começou a dominar outras tribos germânicas, antes de se apossar da Hungria e da Áustria.

Carlos Magno fortaleceu a aliança entre o papado romano e o reino dos francos. Ele se considerava como o escolhido de Deus para cuidar do bem-estar terreno e espiritual do seu povo. Tinha uma enorme consideração pelo papado e o protegia das incursões territoriais. Todas as igrejas em seus reinos usavam a mesma liturgia romana, um poderoso fator de unificação. Desse modo, reagiu furiosamente contra os decretos do Concílio de Niceia, de 787, que resolveu a questão iconoclasta. Ele não havia sido convidado para o concílio, então organizou seu próprio sínodo, em Frankfurt, para decidir o assunto. Em 800, o papa Leão III foi deposto e fugiu para a corte de Carlos Magno. Naquele mesmo ano, Carlos Magno reabilitou o papa que, em troca, o coroou como o primeiro Sacro Imperador Romano, no dia de Natal. Mas foi apenas em 812 que o imperador bizantino Miguel I reconheceu o título de Carlos Magno, como o Imperador do Ocidente, indicando que o Império Bizantino era o verdadeiro herdeiro de Roma.

Carlos Magno falava latim e um pouco de grego e foi um grande patrono da educação, embora provavelmente fosse analfabeto. Alcuíno, um notável acadêmico da Nortúmbria, foi persuadido a presidir a escola do palácio, onde tanto meninos como meninas eram educados. Manuscritos ornamentados com minúsculos detalhes carolíngios de marfim refletiam seu apoio às artes. Ele foi pioneiro na arquitetura romanesca, embora sua grande catedral em Aachen lembre a igreja bizantina de San Vitale, em Ravena, que ele havia visitado e admirado. Construiu uma ponte sobre o Rio Reno e um canal ligando os Rios Reno e Danúbio. Morreu em 814 aos 70 anos, deixando a Europa com o sonho da unidade. Logo após sua morte, o Tratado de Verdun dividiu o império de Carlos Magno de três formas: as futuras França e Alemanha e o "Reino Médio" (Alsácia-Lorena), que se tornou um problema que persistiu até o século XX.

A MINÚSCULA CAROLÍNGIA

A minúscula carolíngia era um alfabeto simples e manejável, que pretendia ser reconhecido em todo o Sacro Império Romano de Carlos Magno.

abcd
klmno
uvw

Foi desenvolvido por Alcuíno, um acadêmico da Nortúmbria. Um dos mais importantes homens das letras da sua época, Alcuíno foi o diretor das escolas catedrais de York e Aachen, antes de se tornar abade de São Martinho, em Tours. Sob o comando de Alcuíno, esse mosteiro se tornaria o centro da renascença literária e espiritual. Embora a minúscula carolíngia fosse descartada em prol do alfabeto gótico depois da divisão do império, esse belo alfabeto foi redescoberto durante a Renascença italiana e tornou-se a base do alfabeto romano até os dias atuais.

Maomé II

Maomé II (1432-1481), conquistador de Constantinopla e sultão da Turquia Otomana, foi o verdadeiro fundador do poder imperial otomano, que durou mais de quatrocentos anos.

Cronistas do cerco de Maomé em Constantinopla falaram de "rios de sangue" durante a tomada da cidade.

CRONOLOGIA

1432: Nasce em Edirne, em 30 de março.
1444: Sultão criança.
1446: Murad II toma a coroa de volta.
1451: Maomé se torna sultão após a morte do pai.
1453: Conquista Constantinopla.
1473: Batalha de Bashkent.
1481: Morre perto de Constantinopla, em 3 de maio.

OS TURCOS OTOMANOS, originalmente nômades da Ásia Central, já haviam conquistado grandes faixas de territórios no leste do Mediterrâneo e nos Bálcãs pela época do nascimento de Maomé, em 1432. Quarto filho de Murad II e de uma jovem escrava, foi posto no trono em 1444, com apenas 12 anos. Entretanto, os otomanos ainda estavam vulneráveis a um ataque da Europa cristã; o pai de Maomé teve de abandonar seu retiro e voltar ao trabalho para derrotar o exército das Cruzadas na Batalha de Varna. Ele então assumiu o trono de volta e permaneceu até sua morte, em 1451.

Enquanto isso, Maomé nutria a ambição de conquistar Constantinopla, uma fortaleza estratégica nas margens de dois mares e na fronteira entre dois continentes, que servia como um posto avançado do Império Romano do Oriente, desde que fora fundada por Constantino, o Grande, em 324, e o quartel-general da Igreja Cristã do Oriente. Os otomanos tinham sua capital em um local mais simples, em Edirne, 200 milhas a noroeste da Cidade Dourada.

O sultão de 20 anos preparou o cerco e o ataque com uma determinação obcecada e uma agilidade incrível – ele reforçou seu exército e negociou tratados favoráveis com Veneza e Hungria. Mandou erguer uma fortaleza às margens da grande muralha da cidade em Rumeli Hisar, preparou os canhões de maiores calibres que nunca foram disparados e montou uma frota para controlar o Estreito de Bósforo. O cerco durou de 2 de abril até 29 dc maio de 1453, e no final, nem o maior dos canhões nem uma visão de um cristão ferido atingiu os defensores. No entanto, as ordens de Maomé para que a frota avançasse sobre terra atrás de Pera até chegar ao Chifre de Ouro foram uma tacada de mestre: a cidade perdia seu porto. No dia do ataque final, Maomé pessoalmente liderou seus soldados, os janízaros, pelas brechas na muralha da cidade. A cidade foi saqueada, e as narrativas da época falavam de rios de sangue. O último imperador romano, Constantino XI, morreu lutando; era o final do Império Romano. O próprio Maomé foi direto à Catedral de Hagia Sophia, a igreja-mãe da Cristandade oriental, e a converteu em uma mesquita.

A tomada de Constantinopla rendeu imensa glória e prestígio a Maomé: ele se tornou o grande vitorioso do Islã, herdeiro de Alexandre, o Grande, dos césares romanos e paxá, "Soberano das Duas Terras e dos Dois Mares". Maomé retribuiu Constantinopla na mesma moeda: estabeleceu uma cidade totalmente cosmopolita e multicultural, com tolerância religiosa tanto aos judeus como aos cristãos. Construiu mesquitas e universidades, codificou as leis e fez com que os comerciantes, acadêmicos e artistas fossem bem-vindos; e, assim, as tradições bizantinas imperiais, com seus legados greco-romanos, foram levemente destiladas em uma nova realidade turca otomana.

Quanto ao restante de seu reinado, Maomé continuou expandindo o Império Otomano em uma sequência de expedições militares bem-sucedidas, alcançando a Crimeia e o sul da Itália. Ele selou o domínio otomano de Anatólia e dos Bálcãs em uma vitória decisiva sobre o líder turco Uzun Hasan, na Batalha de Bashkent, em 1473, e planejava invadir a Itália quando morreu.

UM TIRANO CULTO

Apesar de ter sido cruel e distribuído punições severas, Maomé era um homem de muita cultura e uma pessoa com uma mente extraordinariamente aberta. Lia muito e também escrevia poesia.

Ele pediu ao patriarca Gennadios Scholarius para que escrevesse um tratado sobre a fé cristã e que a traduzisse para o turco.

Convidou o artista Gentile Bellini, de Veneza, para decorar as paredes de seu palácio com afrescos. Bellini pintou um quadro de Maomé que se encontra na National Gallery, em Londres.

Os janízaros de Maomé eram soldados de elite, que andavam à pé, as tropas de choque, que venceram o Império Otomano. A palavra deriva de yeni ceri, que em turco significa "novas tropas".

SULEIMAN I

Suleiman I, o Magnífico (1494-1566), foi o maior dos sultões otomanos. Ele expandiu o Império Otomano de Bagdá à Europa Central e estabeleceu novos padrões para a civilização otomana em direito, literatura e arquitetura.

Sob o comando de Suleiman, os turcos otomanos se tornariam uma potência no Mediterrâneo.

CRONOLOGIA

1494: Nasce em Trabzon (Trebizonda), em 6 de novembro.
1521: Invade Belgrado.
1520: Torna-se sultão.
1526: Derrota a Hungria na Batalha de Mohács.
1529: Monta o cerco a Viena.
1538: A armada otomana derrota espanhóis e venezianos.
1566: Morre em Szigetvár, Hungria, em 6 de setembro.

FILHO DO SULTÃO SELIM I e de uma escrava, Suleiman ganhou experiência como governador provincial antes de suceder seu pai como sultão, em 1520. Ele herdou um excelente exército, que usou de maneira efetiva durante a maior parte do seu reinado. Conduziu seu exército otomano para dentro da Europa: Belgrado foi invadida em 1521 e os húngaros foram derrotados na Batalha de Mohács, em 1526, depois de Suleiman ter cruzado o Rio Drava em uma ponte feita com barcos, que ele mandou queimar em seguida. As tropas de Suleiman foram e voltaram várias vezes à Hungria, durante seu reinado, para resolver as rivalidades dinásticas na terra conquistada. Em 1529, Suleiman não obteve êxito ao tentar cercar Viena, a capital da Europa Oriental, de seu rival Habsburgo, o imperador Carlos V. Mas, consequentemente, Suleiman receberia um tributo do imperador Carlos e forjou uma forte aliança com a França; fez com que os otomanos fossem considerados na Europa.

Suleiman travou três grandes campanhas contra a Pérsia e conquistou o Iraque, acrescentando a fascinante cidade de Bagdá ao seu império. Sob o comando de Suleiman, os otomanos se tornaram uma potência no Mediterrâneo. No início de seu reinado, tomou Rodes das mãos dos cavaleiros da Ordem de São João de Jerusalém, mas logo percebeu que precisaria de uma marinha para atingir suas ambições. Ele construiu uma com a ajuda de corsários argelinos sob a liderança de Khayr ad-Din, conhecido no Ocidente como Barbarossa, que foi nomeado almirante da armada otomana em 1534. A armada otomana derrotou as armadas combinadas de Veneza e da Espanha, em 1538, e ajudou a estender o Império Otomano pela maior parte do norte da

África. Barbarossa morreu em 1546, entretanto sua poderosa marinha continuou a arrancar recompensas – Trípoli em 1551 e Djerba em 1560. No entanto, sofreu duas grandes derrotas: não conseguiram conquistar Orã e foram expulsos de Malta pelos cavaleiros da Ordem de São João.

Em casa, Suleiman nomeou uma sucessão de hábeis grão-vizires e contratou arquitetos para embelezar Constantinopla e cidades como Bagdá, com mesquitas, pontes e aquedutos. Seu arquiteto-chefe, Sinan, construiu a Mesquita de Suleiman e seu complexo de universidades, bibliotecas, lojas e hospitais e a Mesquita Shehzade, edificações que transformariam a clássica Constantinopla em uma Istambul islâmica. Sinan construiu ou restaurou 477 prédios, dos quais 319 se encontravam em Constantinopla. A corte de Suleiman era famosa pelo seu esplendor e por seus elaborados rituais orientais, e sua sala do trono dourada e enfeitada com joias deixava os visitantes deslumbrados. As grandes celebrações públicas para marcar a circuncisão de seus filhos, em 1530, duraram 55 dias. A poesia também floresceu durante seu reinado e muitas leis novas foram promulgadas, rendendo a Suleiman o título póstumo de "Provedor de Leis". Foi em todos os aspectos uma era de ouro.

O POETA GUERREIRO

Suleiman foi um grande poeta, deixando para a história não menos que 2 mil gazais e poemas curtos, a maioria deles para sua esposa polonesa, Hurren, a quem permaneceu devoto e fiel. Ela foi poderosa no palácio.

Um de seus versos dedicado a ela declara: "Verde do meu jardim, meu doce açúcar, meu tesouro, meu amor".

Baqi (1520-1599), o sultão dos poetas, era o favorito de Suleiman.

O principal negócio do Estado otomano foi a guerra. Sua classe governante era conhecida como soldados (askeris) e o Exército foi uma instituição dominante. Os otomanos usaram mercenários e escravos, tais como os janízaros, que por mérito puderam ascender a um elevado status.

"Dia e noite nosso cavalo fica selado e nossa espada preparada", vangloriou uma vez Suleiman. Essa vanglória não foi à toa: Suleiman morreu em 1566 em sua 13ª campanha e sétima na Hungria, enquanto cercava a fortaleza húngara de Szigetvár.

TOKUGAWA IEYASU

Tokugawa Ieyasu (1543-1616), samurai senhor da guerra e estadista, fundou a Dinastia Tokugawa de xoguns do Japão, que deu fim a mais de um século de feudalismo e que durou mais de 250 anos.

Ieyasu construiu o maior castelo do mundo no seu tempo – Edo –, no local onde se encontra a atual Tóquio.

CRONOLOGIA

1543: Nasce em Okazaki, Japão, em 31 de janeiro.
1550: Enviado como refém à família Imagawa, em Sumpu.
1560: Imagawa é assassinado, Ieyasu volta para casa.
1586: Ieyasu estabelece novo quartel-general em Sumpu.
1600: Ieyasu triunfa na batalha em Sekigahara.
1603: Nomeado Xogum.
1605: Afasta-se e transfere o título ao seu filho.
1616: Morre em Sumpu, em 1º de junho.

N O INÍCIO DO SÉCULO XVI, o Japão era uma anarquia de clãs feudais, no qual o futuro xogum era preparado desde criança. Matsudaira Takechiyo nasceu no clã militar dos Matsudaira, em Mikawa, perto da moderna cidade de Nagoia, e, quando completou 7 anos, foi enviado como refém para selar uma aliança com a família vizinha Imagawa, que tinha sua base militar em Sumpu (Shizuoka).

Ele cresceu em Sumpu, onde recebeu educação e treinamento militar; também nutriu uma paixão por falcoaria. Posteriormente, começou a liderar as expedições militares para Imagawa Yoshimoto; no decorrer dos anos se tornaria um destemido guerreiro samurai. Ele também se casou e teve o primeiro de muitos filhos.

Imagawa Yoshimoto morreu na batalha contra o clã dos Nobunaga em 1560 e, com isso, Ieyasu aproveitou a oportunidade para fugir e retornar às terras de sua família em Mikawa. Ele fez uma aliança com a família Nobunaga, mudando seu nome para Tokugawa Ieyasu, e começou a construir uma base poderosa e seu exército. Ieyasu expandiu gradualmente seu território, dominando o território de Nobunaga, depois da sua morte, em 1582, e conquistando também as antigas terras de Imagawa. Transferiu sua sede para Sumpu, a cidade onde fora mantido refém e, em 1583, já era o senhor de cinco províncias.

Por uma década, viveu na sombra do senhor da guerra que dominava o Japão, o sucessor de Nobunaga, Toyotomi Hideyoshi, e permaneceu ligado a ele, inclusive dividindo seus espólios quando conquistou parte dos domínios de Hojo, que incluíam a vila de pesca de Edo (a atual Tóquio). Evitando o envolvimento com as duas expedições militares desastrosas de Hideyoshi na Coreia, Ieyasu construiu um Estado bem governado e produtivo e, quando Hideyoshi morreu em 1598, Ieyasu tinha o maior e mais eficiente exército e os melhores domínios do Japão. Houve um enfrentamento final entre os antigos lugares-tenentes de Hideyoshi e Ieyasu em 1600, em Sekigahara, cerca de 80 quilômetros a nordeste de Kyoto, em que o exército do leste de Ieyasu triunfou.

Ieyasu foi um grande organizador e passou a reorganizar seus territórios, redistribuindo terras, substituindo os senhores da guerra e colocando seus mais fiéis vassalos para controlar a parte central do Japão. A impotente mas ainda prestigiosa corte imperial confirmou sua posição em 1603, nomeando-o xogum.

Ele afastou-se da posição dois anos depois e o título foi transferido ao seu filho, Hidetada, estabelecendo assim o direito hereditário de Tokugawa. No entanto, como um velho estadista, garantiu grande autoridade pessoal e responsabilidade direta nos assuntos internacionais.

Também tinha alguns negócios inacabados e, para ter certeza absoluta de que a herança seria de seu filho, em 1614 e 1615 mobilizou seus exércitos para dois ataques finais nos frontes de Hideyoshi. Ele destruiu seu grande castelo em Osaka e matou o último Toyotomi. Morreu em 1616, depois de garantir a dinastia da sua família e a derradeira paz.

UM TESTE DE LEALDADE

Ieyasu foi forçado a matar sua primeira esposa e ordenar o suicídio de seu filho como prova de lealdade a Nobunaga. Essa demonstração de baixo valor com a vida humana comparada com a honra teve um enorme impacto em Ieyasu: em uma ocasião ordenou a execução de um prisioneiro porque ele o havia insultado quando era criança.

No papel que desempenhava em assuntos exteriores, Ieyasu deu boas-vindas aos novos comerciantes europeus; entretanto, teve enorme suspeita dos missionários cristãos e, em 1614, ele os baniu.

Na época da sua morte, Ieyasu havia mandado construir o maior castelo do mundo, em Edo – uma rede repleta de canais, muralhas de pedra, barbacãs e armazéns. O governo dos xoguns do Japão (1600-1868) é chamado de Período Edo, em homenagem à capital de Tokugawa, Edo (Tóquio).

CARLOS V

Carlos V (1500-1558) foi o maior governante da Europa de-
pois de Carlos Magno. Como sacro imperador romano e rei da
Espanha, esse monarca Habsburgo reinou sobre o primeiro império
"onde o sol nunca se punha" – na Europa, no norte da África, na
América Espanhola e no Extremo Oriente. Sua maior realização
foi controlar esse vasto e variado império por mais de quarenta
anos contra a crescente onda de insurreição protestante, hostilida-
de francesa, antagonismo papal e incursões islâmicas.

"Há aqueles que dizem que eu desejo governar o mundo, mas meus pensamentos e atos demonstram o oposto."

CRONOLOGIA

1500: Nasce Carlos em Ghent, em 24 de fevereiro.
1507: Coroado duque da Borgonha.
1516: Torna-se rei de Castela e Aragão.
1517: Viaja à Espanha pela primeira vez.
1518: Eleito sacro imperador romano.
1519: Revolta dos "Comuneros" na Espanha.
1525: Francisco I da França prisioneiro em Madri.
1527: Saque de Roma pelas tropas imperiais.
1535: Tomada da Tunísia.
1556: Abdica e retira-se para a Espanha.
1558: Morre em Yuste, Espanha, em 21 de setembro.

CARLOS V HERDOU seus reinos borgonhês e austríaco, e seu queixo caído, de seu avô, o sacro imperador romano Maximiliano de Habsburgo, e seu império espanhol de sua insana mãe, Joana, filha dos monarcas espanhóis Fernando e Isabel. Ele foi criado por sua tia Margarida da Áustria, onde hoje se situa a Bélgica, e seu tutor foi Adriano de Utrecht, um teólogo que posteriormente se tornou papa.

Ele começou seu reinado como Carlos I da Espanha, em 1516 e, desde então, sua vida passou a ser quase uma jornada incessante de viagens. Foi à Espanha pela primeira vez em 1517, mas teve de sair dois anos depois para ser coroado rei da Alemanha e eleito sacro imperador romano. No entanto, os problemas de seu reinado estavam apenas começando; os espanhóis se rebelaram contra seu rei estrangeiro, enquanto os protestantes alemães enfrentavam problemas no norte da Europa.

Carlos reagiu severamente contra os rebeldes "comuneros" na Espanha, mas foi forçado a ser mais pragmático com os protestantes na Alemanha. Seu objetivo era restaurar a unidade religiosa na Europa e, embora rejeitasse inicialmente as tentativas de Martinho Lutero de reformar a Igreja Católica, acabou sendo forçado logo em seguida a conceder alguns direitos aos protestantes.

Disputas territoriais com a França sobre a Borgonha e a Itália dominaram a maior parte do reinado de Carlos, envolvendo-o em cinco guerras. As tropas espanholas e alemãs de Carlos chocaram a Europa ao marcharem contra o aliado da França, o papa Clemente VII, e saquear Roma em 1527. O Tratado de Cambrai, em 1529, resultou em um compromisso: Carlos deveria renunciar aos direitos sobre a Borgonha e Francisco I a Milão e Nápoles. A paz foi feita com o papa, que coroou Carlos como sacro imperador romano, em Bolonha.

Uma ressurgente Turquia islâmica, liderada por Suleiman, o Magnífico, impôs uma grave ameaça ao império de Carlos no Oriente, e ele lutou contra isso tanto em terra como no mar. Na década de 1530, enviou um exército para defender Viena contra uma possível invasão turca e também despachou suas frotas para dominar a Tunísia e a Argélia.

Carlos tinha um interesse pessoal nas possessões da Espanha na América do Sul. Uma fonte de imensa riqueza, em sua visão se tratava de um desafio à sua obrigação cristã. Ele aceitava os argumentos do teólogo e jesuíta Bartolomeu de Las Casas contra a escravidão.

Tentou garantir sua sucessão preparando para que seu filho Felipe se casasse com Maria I da Inglaterra, mas os ingleses recusaram-se a entregar a coroa a Felipe, e Maria não teve filhos. Em 1555, em um comovente discurso proferido em Bruxelas, Carlos anunciou sua decisão de abdicar ao trono e deu suas terras na Holanda, Espanha e nas Índias ao seu filho Felipe e a coroa imperial ao seu irmão Fernando. Sua tentativa de uma unidade universal havia falhado. O império que ele conseguira manter unificado por mais de quatro décadas acabou sendo dividido. Sofrendo de gota e insônia, partiu para a Espanha acompanhado por duas de suas irmãs, e morreu em seu palácio em Yuste, Extremadura, no oeste da Espanha, em 1558.

UMA VIDA SOBRE A SELA

Carlos V passou um em cada quatro dias viajando durante seus 43 anos de reinado. Foi à Alemanha nove vezes, sete vezes à Espanha, sete vezes à Itália, quatro vezes à França e duas vezes à Inglaterra e à África. Passou doze anos na Holanda. Dizia: "Minha vida tem sido uma longa jornada".

Carlos foi também um grande patrono das artes. Ele comissionou vários retratos do artista italiano Ticiano, que foi honrado como conde palatino e cavaleiro da Espora de Ouro. Um dia, enquanto estava no estúdio de Ticiano, Carlos se ajoelhou para pegar seus pincéis do chão – um gesto extraordinário para um monarca naquela época.

Carlos dizia: "Há aqueles que dizem que desejo governar o mundo, mas meus pensamentos e atos demonstram o oposto".

FELIPE II

Felipe II (1527-1598), rei da Espanha, reinou sobre o primeiro império global: seus domínios se estendiam da Europa às Américas até o Extremo Oriente. Ele tinha um talento para lidar com a burocracia e diziam que governou seu império com "duas polegadas de papel".

O complexo do palácio de Felipe, no El Escorial, foi descrito como a "oitava maravilha do mundo".

CRONOLOGIA

1527: Nasce em Valladolid, Espanha, em 21 de maio.
1543: Primeiro de quatro casamentos.
1549-1551: Primeira viagem à Itália e à Holanda.
1553-1559: Segunda viagem ao norte da Europa e à Inglaterra.
1559: Tratado de Cateau-Cambrésis com a França.
1563: Começa a construção do palácio e mosteiro de El Escorial.
1568: Começa a Revolta na Holanda.
1571: Turcos otomanos derrotados em Lepanto.
1580: Conquista Portugal.
1588: Envia a Armada para lutar contra a Inglaterra.
1598: Morre no El Escorial, Espanha, em 13 de setembro.

FELIPE II ERA O FILHO MAIS VELHO do sacro imperador romano e rei da Espanha, Carlos V, e de sua esposa Isabel de Portugal. Seu pai esteve viajando a maior parte de sua juventude e ele foi educado por tutores. Casou-se quatro vezes. Em 1543, ele se casou com sua prima Maria de Portugal e tornou-se de fato regente da Espanha. Maria deu à luz um filho, D. Carlos, que posteriormente foi acusado de conspirar contra seu pai e acabou morrendo em circunstâncias misteriosas. Sua segunda esposa foi Mary Tudor e Felipe morou brevemente como seu esposo na Inglaterra. Na época da abdicação de seu pai, Carlos V, em 1556, Felipe já era duque de Milão, rei de Nápoles e da Sicília, governante da Holanda, e logo herdaria as terras nas Américas e no Extremo Oriente.

Ele lutou na Batalha de Saint-Quentin contra os franceses, em 1557, alcançando uma vitória que abriria o caminho para o Tratado de Cateau-Cambrésis, em 1559, que terminaria com os sessenta anos de guerra com a França. Felipe, então, casou-se pela terceira vez com Isabelle de Valois da França. Eles tiveram duas adoráveis filhas, Isabella, que depois se tornou, junto com seu marido, governante da Holanda, e Catalina. Seu quarto casamento em 1570 foi com sua prima austríaca, Ana, que deu à luz o futuro Felipe III.

Felipe se encontrava na vanguarda da tentativa da Igreja Católica em retomar sua ascensão depois da Reforma Protestante; ele era um católico fanático e a Inquisição foi sua principal arma. Sua dura repressão contra a rebelião na Holanda deflagrou uma guerra de oitenta anos, que resultou na divisão entre o norte da Holanda (protestante) e o sul da Bélgica (católico). Na Espanha, a ortodoxia religiosa de Felipe fez com que oprimisse os mouros convertidos ao Cristianismo (mouriscos). Milhares foram exilados depois de 1571.

Felipe entrou em guerra contra os infiéis no Mediterrâneo onde seu meio-irmão, D. João da Áustria, criou uma aliança cristã que derrotaria os turcos otomanos na batalha naval de Lepanto. A religião serviu de base em sua decisão de enviar sua "Invencível Armada" para destronar a rainha Elizabeth I, em 1588, e fazer com que a Inglaterra voltasse ao Catolicismo, mas a grande frota foi dispersa e destruída por violentas tempestades. Felipe foi também ao auxílio da Santa Liga Católica na França, que lutava contra o rei huguenote (protestante) Henrique IV, de 1590 até 1598. Ele reivindicou seus direitos ao trono de Portugal em 1580.

Apesar de todo o seu envolvimento em guerras, Felipe foi um pai e marido terno e amável. Enquanto estava em Lisboa, tentando reivindicar seu direito ao trono português em 1580, ele escreveu cartas carinhosas às suas filhas. Felipe amava a arte e, como seu pai, foi patrono de Ticiano. Também desenvolveu uma paixão pela contestável obra do mestre holandês Hieronymus Bosch, mas achava a originalidade de El Greco demais para seu entendimento. Construiu e expandiu os palácios ao redor de Madri. Sua maior contribuição artística foi a construção do El Escorial (1563-1584), um mosteiro, um palácio e um mausoléu real repleto de pinturas, livros e relíquias sagradas. Felipe morreu em paz em seu leito no El Escorial, segurando o crucifixo de seu pai, olhando para o altar-mor da igreja.

UM REI BIBLIÓFILO

Felipe tinha mania por coleções: possuía milhares de moedas e medalhas, pedras preciosas, armas e armaduras. Deixou mais de 10 mil livros na biblioteca do El Escorial e milhares de relíquias sagradas, incluindo um suposto fio da barba de Cristo e corpos inteiros de vários mártires do início do Cristianismo. Felipe governou seus domínios ao redor do globo do centro da Espanha, em Castela. Desconfiado de seus conselheiros e secretários, insistia que todas as decisões importantes deviam ser tomadas por ele. "O que seu pai ganhou com a espada, Felipe mantinha com sua caneta", comentou um contemporâneo.

Suas viagens na juventude ao norte da Europa o levaram a criar os jardins flamengos em seus palácios nos arredores de Madri e Segóvia. Infelizmente, muitas de suas plantas e árvores (importadas da Holanda, França e América) morreram porque seus jardineiros espanhóis se esqueceram de irrigá-las.

El Escorial foi considerado por seus contemporâneos como a "oitava maravilha do mundo" e para Felipe como "a dona de seu coração".

Filipinas, conquistada em 1566, leva o nome em homenagem a Felipe II.

ELIZABETH I

Elizabeth I (1533-1603), rainha da Inglaterra, é sem dúvida alguma considerada uma das maiores monarcas do Reino Unido, que trouxe estabilidade ao país depois do tumulto de reinados anteriores e que deixou a estrutura política ao mundo que fala o inglês.

"Sei que tenho o corpo de uma frágil e delicada mulher, mas tenho o coração e o estômago de um rei..."

CRONOLOGIA

1533: Nasce no Palácio de Greenwich, em 7 de setembro.
1554: Prisioneira na Torre de Londres por sua meia-irmã, a rainha Mary.
1558: Sobe ao trono por ocasião da morte de Mary.
1568: Sua prima Mary, rainha dos escoceses, foge para a Inglaterra.
1570: Excomungada pelo papa Pio V.
1584: *Sir* Walter Raleigh recebe a patente para colonizar a América.
1587: Mary, rainha dos escoceses, é executada.
1588: Derrota da Armada Espanhola.
1601: Seu favorito, o conde de Essex, rebela-se e é executado.
1603: Morre em Richmond, em 24 de março.

ELIZABETH ERA A FILHA ÚNICA do casamento de Henrique VIII com Ana Bolena, de quem ele nutria a esperança de um herdeiro masculino. Por causa desse casamento, ele se divorciou de Catarina de Aragão e rompeu com Roma. Ana Bolena, por sua vez, foi executada. Henrique se casou, então, com Jane Seymour, que lhe deu um filho, o futuro Eduardo VI. A princesa Elizabeth recebeu uma soberba educação humanista, entretanto sua posição na corte era frequentemente plena. Durante o reinado do seu irmão, Eduardo VI, ela se envolveu com o ambicioso lorde Seymour e, durante o reinado de sua irmã Mary, ela já havia se tornado uma mediadora natural da oposição protestante.

Quando subiu ao trono, em 17 de novembro de 1558, Elizabeth já havia adquirido grande conhecimento em assuntos do Estado, orientada desde o princípio por seu conselheiro, *sir* William Cecil, que se tornaria lorde Burghley. Sua primeira ou talvez maior realização foi o estabelecimento da Igreja da Inglaterra, alienando os católicos romanos, que tinham como aliada sua prima, a católica Mary, rainha dos escoceses (mãe de seu sucessor, Jaime I), enquanto sua posição moderada fez com que perdesse sua popularidade com os irmãos protestantes mais engajados.

Colocando Cecil de lado, a figura dominante no início de seu reinado foi o lorde Robert Dudley, que ela nomeou conde de Leicester e que, ao que tudo indica, foi o verdadeiro amor de sua vida. No entanto,

Leicester havia sido acusado de ter assassinado sua esposa e não era um parceiro adequado; e assim, durante as primeiras décadas de seu reinado, Elizabeth conduziu uma série de fantásticas, elaboradas e longas cortes com uma fila de pretendentes estrangeiros, o mais famoso deles sendo o duque de Alençon, irmão do rei francês. Posteriormente, quando se tornou claro que ela nunca se casaria, floresceu o culto da Rainha Virgem; e, quando *sir* Walter Raleigh tentou estabelecer a primeira colônia na América, ela foi nomeada como Virgínia em sua homenagem. Foi nesses derradeiros anos que se criou o arquétipo da Rainha Virgem rodeada de cortesãos com dotes poéticos. A última década de seu reinado foi dominada pelo conde de Essex, tão jovem que poderia ter sido seu filho; no entanto, isso afundou quando ele tentou um levante em 1601 e foi executado.

Em casa e no estrangeiro, a política de Elizabeth era caracterizada pela cautela, parcimônia e uma notável relutância em não sacrificar a vida humana. Ela deu um relutante apoio tanto a Henrique IV, o rei protestante da França, como aos protestantes da Holanda, na luta contra o reinado de Felipe II da Espanha. No mar, ela tolerou, e às vezes lucrou muito, com as explorações dos corsários, tais como *sir* Francis Drake. Por fim, Felipe II foi aguilhoado para lançar sua malfadada armada espanhola em 1588. Foi nessa ocasião que Elizabeth proferiu o discurso que iria defini-la tanto como mulher como governante: "Sei que tenho o corpo de uma frágil e delicada mulher, mas tenho o coração e o estômago de um rei, e de um rei da Inglaterra também...".

A última década do reinado de Elizabeth foi marcada por algo parecido a uma sensação de desgaste, gerado em parte pela queda econômica, por uma série de más colheitas e pelos gastos ruinosos da campanha inglesa para dominar a Irlanda.

PERÍODO ELIZABETANO

Elizabeth era extremamente erudita e uma brilhante linguista. A Inglaterra elizabetana foi considerada uma idade de ouro. Mas ela mostrou pouco interesse pela arte dramática, e histórias que ligavam-na a Shakespeare são muitas vezes apócrifas: a maioria de suas peças foi escrita depois de sua morte.

A imagem mais popular de Elizabeth é alegremente ordenando execuções. Isso pode ter sido verdade se fosse seu pai, Henrique VIII, porque Elizabeth nunca usou a execução como ferramenta política: apenas um de seus criados foi demitido (um secretário suspenso mantendo o salário total), e nenhum executado, e levou mais de vinte anos até que ela se decidisse sobre a execução de Mary, a rainha dos escoceses.

O papa Sisto V, patrocinador da Armada Espanhola, disse em relação a ela: "Ela é certamente uma grande rainha e, se fosse católica, ela seria nossa mais bem-amada. Olhe como ela governa bem! É apenas uma mulher, apenas uma senhora de metade de uma ilha, e ainda assim ela se faz temida pela Espanha, pela França, pelo império, por todos".

OLIVER CROMWELL

Oliver Cromwell (1599-1658) foi um proprietário de terras, que chegou ao Parlamento para desafiar a autoridade real, provocando duas guerras civis nas quais o Novo Exército Modelo, que ele ajudou a montar, triunfou contra os monarquistas. Fez com que o rei Charles I fosse julgado e decapitado, enquanto ele se tornava um ditador virtual como lorde protetor da Inglaterra, Escócia e Irlanda.

"Prefiro ter um simples capitão que saiba a causa que luta do que o que os senhores chamam de um cavalheiro."

CRONOLOGIA

1599: Nasce em Huntingdon, em 25 de abril.
1620: Casa-se com Elizabeth Bourchier.
1628: Eleito como membro do Parlamento por Huntingdon.
1640: Representa Cambridge nos Parlamentos Curto e Longo.
1642: Rompe a guerra civil.
1644: Vitorioso em Marston Moor.
1645: Vitorioso em Naseby.
1649: Execução de Charles I e o Cerco a Drogheda.
1650: Derrota o futuro Charles II em Dunbar e Worcester.
1653: Declarado lorde protetor.
1654: Reúne seu primeiro Parlamento do Protetorado.
1658: Morre em Londes, em 3 de setembro.
1661: Corpo exumado da tumba e enforcado em Tyburn.

NASCIDO EM HUNTINGDON, educado na Universidade de Cambridge e exercendo direito por um breve período em Londres, Cromwell foi um ilustre fazendeiro e puritano calvinista durante sua fase adulta. Ele se tornou membro do Parlamento para seus constituintes locais de Huntingdon em 1628, e em seguida por Cambridge, mas continuou tocando suas propriedades agrárias até emergir como um dos principais protagonistas em uma disputa entre o Parlamento e o rei Charles I. O rei havia convocado o Parlamento em 1640, depois de onze anos de trégua, exigindo aumento de impostos para suas lutas contra a Escócia, e Cromwell se tornou um de seus mais ardentes críticos. Os parlamentaristas não gostavam das afinidades católicas do rei e, acima de tudo, demandavam uma reforma constitucional e mais poder. Os monarquistas se mantiveram fiéis ao rei, insistindo que ele tinha direitos divinos para reinar, com ou sem o Parlamento.

Mesmo com o percalço político, em 1642, rompeu a guerra civil. Cromwell tomou imediatamente o Castelo de Cambridge e montou uma tropa de cavalaria local. Ele provaria ser um mestre no posicionamento da cavalaria em batalha, treinando-os tão bem que conseguiam carregar as armas na batalha e, em seguida, reagruparem sem se dispersar. Ele não teve experiência militar prévia, no entanto começou rapidamente a conquistar vitórias contra os monarquistas no leste da Inglaterra, e acabou sendo promovido a coronel em 1643 e a tenente-general em 1644. A cavalaria de Cromwell derrotou as forças parlamentares em uma vitória decisiva em Marston Moor e ele se tornou o chefe da cavalaria no Novo Exército Modelo, que aniquilou os monarquistas em seu primeiro teste importante, Naseby, em 1645. Cromwell provou ser tanto um comandante inovador no campo de batalha como um brilhante organizador; no final da primeira guerra civil, era o comandante do Exército parlamentar e, de fato, o homem mais poderoso do país.

Havia uma trégua antes de romper a segunda guerra civil, em 1648, em que Cromwell acabou com uma rebelião em Gales e derrotou o exército invasor dos aliados do rei da Escócia. O rei Charles foi entregue, julgado e executado em Londres, em 30 de janeiro de 1649. Cromwell já era de fato o chefe de Estado e, embora não fosse o primeiro a almejar a execução do rei, foi um dos 135 representantes que assinaram a sentença de morte e ele podia ter impedido.

Cromwell lidou com rebeliões que apoiavam o filho do rei na Irlanda e na Escócia com força total, duas vezes derrotando o futuro Charles II: do mesmo modo que acabou com um motim em seu próprio exército. Cromwell ganhou sua reputação de homem cruel na Irlanda, especialmente por causa do massacre da tropa rendida em Drogheda e de soldados e civis em Wexford, em 1649. A matança foi um choque até naquela época, mas Cromwell justificou seus atos como sendo uma vingança pelos massacres similares feitos pelos irlandeses com os ingleses protestantes e escreveu que "tentaria evitar o derramamento de sangue no futuro".

Com os monarquistas derrotados, uma comunidade foi estabelecida para unificar Inglaterra, Escócia e Irlanda, uma república apenas no nome. Ofereceram a coroa a Cromwell, mas ele recusou. Em vez disso, desde 1653, ele governou como lorde protetor, com os poderes de um ditador militar e sem as responsabilidades de um rei. Como lorde protetor, lidou com as guerras estrangeiras de forma firme e restaurou o *status* da Grã-Bretanha como uma potência europeia de liderança, mas voltou-se contra o Parlamento, suspendendo a sessão em duas ocasiões e governando por um período por intermédio de seus comissários militares. Ele impôs algumas medidas puritanas nada populares, tais como o fechamento de teatros. Com divergências claras com a hierarquia da Igreja da Inglaterra, ele era tolerante com todas as religiões, exceto com o Catolicismo, e permitiu que os judeus voltassem à Inglaterra depois de um intervalo de 365 anos. A literatura, ciência e educação floresceram sob seu protetorado.

Cromwell morreu de malária, durante uma forte tempestade em Londres, no aniversário de suas vitórias em Dunbar e Worcester, em 3 de setembro de 1658.

"CONTANDO TODA A VERDADE"

A expressão "contando toda a verdade" surgiu das instruções que Cromwell havia dado ao pintor de retratos Lely: "Pinte o meu quadro do jeito que sou e sem melhorias... mas realce todas estas rugas, espinhas, verrugas e tudo".

A primeira incursão militar de Cromwell foi contra sua antiga universidade quando, após tomar o Castelo de Cambridge, ele liderou um pequeno contingente para evitar que as faculdades de Cambridge dessem sua placa comemorativa em apoio à causa do rei.

Suas tropas se tornaram conhecidas como Ironsides, depois que seu oponente, o príncipe Rupert, apelidou-o de "Old Ironsides".

Cromwell disciplinou seus soldados fazendo com que rezassem e cobrava deles multas por blasfêmia e bebedeira. Eles atacavam os inimigos cantando hinos e salmos.

Cromwell não tem uma tumba. Em 1661, no 12º aniversário da execução do rei Charles, seu corpo embalsamado foi tirado do seu túmulo, sob a Abadia de Westminster, e foi pendurado de forma ritualística em uma forca em Tyburn por regicídio. Sua cabeça foi arrancada e exibida em uma estaca no topo do Westminster Hall por 24 anos, até ser consumida pelo vento. Entretanto, há uma estátua de Cromwell em Londres, perto do Parlamento.

Luís XIV

Luís XIV (1638-1715), o Rei-Sol e regente absoluto da França, que gerou grande glória ao seu país e que tentou dominar a Europa por meio da guerra. A cultura francesa floresceu durante seu reinado de 72 anos, no entanto Luís empobreceu o país e semeou as sementes da Revolução.

A sede de Luís por expansão levou a França a quatro grandes guerras, deixando a nação à beira da ruína.

CRONOLOGIA

1638: Nasce em Saint-Germain-em-Laye, em 5 de setembro.
1643: Aos 4 anos, sucede a seu pai, Luís XIII.
1660: Casa-se com Maria Teresa da Espanha.
1682: Sede do governo transferida para Versalhes.
1683: Morre a esposa; casa-se com madame de Maintenon.
1685: Anulação do Édito de Nantes.
1714: Tratado de Utrecht.
1715: Morre em Versalhes, em 1º de setembro.

LUÍS HERDOU O TRONO DE SEU PAI quando tinha apenas 4 anos. Sua mãe, Ana da Áustria, agia como regente com seu ministro, o cardeal Mazarino, que ajudou a educar o rei-menino. Depois de duas rebeliões contra a coroa, conhecidas como Fronde, em 1648 e 1653, Luís suspeitava da nobreza e desejava que a França tivesse ordem, estabilidade e um forte governo. Ele se casou com sua prima espanhola, Maria Teresa, e em 1661, após a morte de Mazarino, Luís chocou a França quando decidiu governar sozinho. Ele se considerava como um representante de Deus. Um resultado disso foi sua decisão de retirada da liberdade religiosa dos protestantes franceses (huguenotes) em 1685, com a anulação do Édito de Nantes. Os huguenotes se recusaram a se converter ao Catolicismo e mais de 200 mil acabaram indo para o exílio.

No seu auge, Luís trabalhava vigorosamente, cerca de oito horas por dia, e desenvolveu dois poderosos instrumentos de poder: um corpo diplomático profissional e um exército permanente. Como resultado, a França se tornou um modelo de burocracia para a Europa do século XVIII, e com o auxílio do conselheiro financeiro do rei, Colbert, uma economia bem administrada.

Em 1682, Luís anunciou oficialmente que a sede do governo e da corte passaria a ser em Versalhes, onde havia gasto milhões para transformar um modesto *château* em um grandioso palácio. Esse palácio, com seus esplendorosos salões de espelhos e magníficos jardins, foi uma afirmação artística, como também foi uma forma de reforçar o prestígio da França e uma maneira de ficar de olho na nobreza. Luís fora inspirado para construí-lo em parte pela inveja que sentira no magnífico palácio e jardins em Vaux, um *château* que pertencia a um antigo ministro das Finanças, Fouquet. O rei supostamente se sentiu ofendido quando viu as maravilhosas mobílias, fontes e as mil laranjeiras em Vaux; Fouquet foi julgado por corrupção e traição e mandado ao exílio. Enquanto isso, Luís se apossou do decorador, arquiteto e jardineiro de Fouquet — Le Brun, Le Vau e Le Nôtre – para trabalhar em Versalhes. Um patrono entusiasta de todo tipo de arte, incluindo música e literatura, Luís fundou academias de pintura, escultura, ciência e arquitetura, assim como a *Comédie Française*.

Seu objetivo era glorificar a França e transferir a base do poder europeu dos Habsburgo para os Bourbon franceses. Ele se juntava com suas tropas em suas campanhas militares toda a primavera, desfrutando a vida sob barracas e revisando suas tropas. Sua sede por glória e expansão levou a França a quatro grandes guerras: na Holanda espanhola, Holanda, Renânia e, finalmente, a Guerra de Sucessão Espanhola (1701-1714), contra a coalizão das potências europeias. No Tratado de Utrecht, que pôs fim a essa guerra, o neto de Luís, Felipe, foi reconhecido como herdeiro do trono espanhol e a França foi deixada à beira da ruína.

Luís foi o patrono dos escritores Corneille, Molière e Racine e do músico Lully. Com uma sucessão de amantes, ele era indiferente ao código moral da época, mas depois da morte de sua esposa, em 1683, casou-se com uma viúva devota, madame de Maintenon, que encorajou seu interesse pela religião. Ele começou a circular com um livro de orações e um rosário. Catástrofes na guerra e as mortes de vários de seus herdeiros mais próximos foram as causas dos sofrimentos públicos e particulares. Esse monarca absolutista, obcecado pela grandiosidade e bajulado pelas cortesãs, viveu isolado do convívio com o povo mais simples, e, por ocasião da sua morte em 1715, multidões zombaram quando seu corpo foi levado para St. Denis.

À PROCURA DA GLÓRIA

Ele foi batizado Louis Dieudonné (Luís Dádiva de Deus) porque seus pais se sentiram abençoados com seu nascimento, depois de um casamento de mais de vinte anos sem filhos. O nome realmente teria um impacto no jovem Luís, que cresceria para se tornar a personificação do monarca absolutista. "L'État c'est moi" ("O Estado sou eu"), declarou em uma ocasião, e também costumava se chamar "le Grand Monarque" ("o Grande Monarca").

Quando tinha 30 anos, escreveu em suas Memórias: *"Acima de qualquer dúvida, minha paixão de reinar é a procura pela glória... O amor pela glória tem a mesma sutileza que a maioria das paixões ternas".*

No entanto, ele deixou este conselho ao seu bisneto, que encontraria sua morte sob a guilhotina durante a Revolução: "Não imitem meu amor pela construção e pela guerra, e aliviem a miséria do meu povo".

PEDRO, O GRANDE

Pedro, o Grande (1672-1725), czar Pedro I, virou os olhos da Rússia para o Ocidente e fez de seu país uma potência europeia. Um homem gigante, capaz de uma crueldade assombrosa, Pedro introduziu a tecnologia e os costumes europeus e fundou a cidade de São Petersburgo.

Em 1721, Pedro foi proclamado imperador, estabelecendo assim o Império Russo.

CRONOLOGIA

1672: Nasce em Moscou, em 9 de junho.
1682: Torna-se czar junto com seu irmão Ivan V.
1689: Adquire controle total.
1697: Grande Embaixada, turnê pela Europa.
1700: Derrota em Narva.
1703: Funda São Petersburgo.
1709: Vitória em Poltava.
1721: O Tratado de Nystadt cede a costa báltica à Rússia.
1725: Morre em São Petersburgo, em 8 de fevereiro.

FILHO DO CZAR ALEXIS, que morreu quando Pedro tinha 4 anos, Pedro cresceu em uma atmosfera de sangrenta intriga na corte, mas passou a maior parte da sua infância tranquilo em uma vila no campo fora de Moscou, protegido dos perigos que rondavam o Kremlin. Ele se tornou cogovernante com seu meio-irmão Ivan em 1682, sob a regência de sua meia-irmã Sofia, e tomou controle total do trono em 1689.

Quando jovem aprendeu a treinar seu próprio "exército", construir casas, caçar e navegar. Sempre prático, passou toda a sua vida adquirindo conhecimento e habilidades. Em 1697, embarcou em uma Grande Embaixada, uma turnê pelas capitais europeias, na qual trabalhou como construtor de navios em Londres e Amsterdã, onde também visitou o Parlamento e recebeu um grau honorário de direito da Universidade de Oxford. Além de construir navios, aprendeu sobre navegação e relojoaria, teve lições de desenho e impressão, manufatura de papel, carpintaria e alvenaria, corte de gordura de baleia, estudou anatomia humana e cirurgia, e tornou-se um excelente jardineiro. Mais importante ainda, Pedro contratou 800 artesãos para trabalhar na Rússia e ajudar a modernizar seu atrasado país oriental.

Ele se apressou em voltar a Moscou, em 1698, para acabar com uma rebelião dos *streltsy* de Moscou, mosqueteiros da guarda do soberano, e em seguida voltou sua atenção a suas ambições de política externa. Ele havia herdado um reino sem costa marítima e estava deter-minado a conseguir para a Rússia faixas com saída para o mar. Montou a primeira marinha da Rússia e transformou um exército de esfarrapa-dos em uma força armada moderna. Primeiro, seguiu em direção aos turcos no sul para forjar uma passagem ao Mar Negro e, em seguida, preparou-se para a guerra contra a Suécia com o objetivo de obter con-trole da parte leste do Báltico. A Grande Guerra do Norte durou de 1700 a 1721 e começou com uma devastadora derrota em Narva. Pedro prosseguiu e conseguiu vencer uma das maiores vitórias militares da história da Rússia, derrotando o exército sueco em Poltava, em 1709. Sob o posterior Tratado de Nystadt em 1721, uma abatida Suécia entre-gou suas províncias bálticas para a Rússia.

Pedro marcou sua mudança de estratégia para o Ocidente ao fun-dar São Petersburgo na costa báltica em 1703; construída com um ele-vado custo de vida humana, ela se tornaria sua "janela para a Europa" e, em 1712, a capital russa.

Pedro foi proclamado imperador em 1721, estabelecendo assim o Império Russo. No âmbito doméstico, Pedro consolidou o poder do czar, subordinando tanto os nobres quanto a Igreja ao trono, e refor-mando o governo central e provincial. Ele encorajou a indústria, imple-mentou um novo calendário, simplificou o alfabeto russo, introduziu os algarismos arábicos e fundou escolas e uma Academia de Ciências. O primeiro jornal russo, *Vedomosti*, foi publicado durante seu reinado. Mas muito da servidão do campo permaneceu inalterado, e várias rebe-liões foram dissolvidas de forma cruel. Embora fosse considerado um grande reformador, no final, muitas das reformas de Pedro careciam de substância; sua realização mais duradoura foi a expansão territorial do Império Russo — acima de tudo, a conquista dos bálticos.

Pedro estava em constante mudança. Nunca ficava no mesmo lugar por mais de três meses. Morreu fazendo jus ao seu nome: ele havia mergulhado no Golfo da Finlândia para ajudar a resgatar al-guns soldados que estavam se afogando e contraiu uma febre da qual não se recuperou.

UMA IMAGEM DE HUMILDADE

Pedro gostava de viver humildemente. Ele construiu e morou em inúmeras cabanas de madeira, e na corte sempre aparecia deliberadamente trajado de modo simples, com roupas surradas. Também passou a impor os costumes do Ocidente em sua nobreza com suas próprias mãos: demandando o estilo barbeado do homem ocidental, ele pessoalmente cortou a barba de seus boiardos e as franjas de suas longas túnicas.

O apetite de Pedro pelo aprendizado nunca o abandonou; durante toda a sua vida, adquiriu 14 habilidades específicas. Entre as mais incomuns, sabia arrancar um dente, montar um canhão e consertar botas. Tinha uma vitalidade inesgotável e foi um árduo trabalhador.

Pedro era também capaz de uma crueldade fora do comum. Ele pessoalmente administrou uma tortura sádica em um rebelde streltsy *em 1698 e não demonstrou comoção ao ver seu filho sendo levado à morte. Tinha mais de 2 metros de altura, uma capacidade extraordinária para beber e um temperamento feroz.*

Sua segunda esposa, Catarina, uma antiga criada da Letônia, foi uma das poucas pessoas que conseguiu tolerá-lo. Eles tiveram 12 filhos, dos quais apenas duas filhas, Ana e Elizabeth, sobreviveram.

JAN SOBIESKI

Jan Sobieski (1624-1696) foi o último grande rei da Polônia, cuja grande realização foi romper com o cerco turco de Viena em 1683. Enquanto era o rei Jan III, foi o herói cristão da Europa contra os otomanos, mas deixou seu próprio reino em um estado deplorável.

A vitória de Sobieski contra os turcos otomanos em Viena foi uma das batalhas mais decisivas na história europeia.

CRONOLOGIA

1624: Nasce em Olesko (Ucrânia), em 9 de junho.
1666: Comandante de campo do exército polonês.
1668: Comandante-chefe do exército polonês.
1673: Batalha de Chocim.
1674: Eleito rei.
1683: Batalha de Khalenberg, Viena é salva.
1696: Morre em Wilanow, perto de Varsóvia, em 17 de junho.

JAN SOBIESKI NASCEU em meio a um bombardeio durante o ataque tártaro, em Olesko, próximo a Lwów, em uma antiga família nobre, e foi criado em um mundo acostumado com a guerra: seu avô materno e seu irmão foram ambos enforcados no campo de batalha pelos tártaros e seu tio morreu no cativeiro tártaro. O sudeste da Polônia, onde fora criado, ficava próximo à fronteira do crescente Império Otomano, que no decorrer dos anos ia avançando às fronteiras do sul da Europa. Não é de surpreender que Sobieski escolhesse a carreira militar desde muito jovem, ingressando primeiro no Exército, em 1648.

Ele se destacou na guerra polaco-sueca de 1655-1660; lutando contra os cossacos e os tártaros em 1667; e foi nomeado o primeiro comandante de campo e, em 1668, comandante-chefe do Exército polonês. Em 1673, por coincidência o dia seguinte à morte do rei da Polônia, Miguel Wisniowiecki, Sobieski obteve uma impressionante vitória sobre os turcos em Chocim, às margens do Rio Dniester (atualmente na Ucrânia), aniquilando todo o exército otomano. Desse modo, como um dos mais bem-sucedidos generais do país, no ano seguinte ele foi eleito à sucessão do rei Miguel, como o rei Jan III da Polônia. Continuou sendo um rei-soldado e devotou muito do seu tempo e energia modernizando o exército polonês.

No exterior, ele primeiro auxiliou os franceses, que eram aliados dos turcos, para que pudesse se concentrar na expansão de territórios na Prússia Oriental. Estimulado em parte pela França, Sobieski tentou um acordo de paz com os turcos, mas por fim retrocederia sua visão instintiva de que os otomanos representavam um perigo mortal à Polônia e à Europa. Desse modo, romperia com a França e, em 1683, faria um pacto mútuo de defesa com o sacro imperador romano Leopoldo I, no qual ambas as soberanias se comprometiam a ir ao auxílio uma da outra no evento de um ataque otomano em suas capitais. Alguns meses depois, um enorme exército otomano, sob o comando do grão-vizir Kara Mustafá, marchou em direção à Viena, a capital de Leopoldo, com a intenção de acabar com o poder dos Habsburgo.

Sobieski se apressou em defender Viena e, como um líder militar do mais alto escalão, comandou todo o regimento e conquistou uma brilhante vitória contra o exército turco sob as florestas de Viena, em Kahlenberg, em 12 de setembro de 1683. Sobieski e seus hussardos conduziram um ataque espetacular na tenda do grão-vizir, dando início à batalha. Foi uma das batalhas mais decisivas na história europeia, o início da retirada otomana que continuaria por mais duzentos anos.

Apesar de uma recepção não tão grata por parte de Leopoldo, Sobieski continuou sua campanha e perseguiu os otomanos até a Hungria, mas, depois de alguns anos mais de campanha, ele não conseguiu passar dos principados romenos da Moldávia e Valáquia, e fracassou em tentar expandir o poderio polonês até as margens do Mar Negro.

No fim das contas, Sobieski perseguiu os otomanos à custa de outros interesses da Polônia mais próximos de casa; ele entregou a Ucrânia para os russos por quase nada e deixou a Lituânia cair na anarquia. Sobieski deixou para trás um reinado frágil e dividido que foi tomado por seus vizinhos e varrido do mapa da Europa em menos de um século.

UM MARIDO APAIXONADO

Sobieski se casou com uma das mulheres mais incríveis de sua época, a belíssima viúva francesa Marie-Casimire de la Grange d'Arquien – Marysieñka. Suas correspondências com ela foram preservadas; é um registro fascinante sobre seu reinado e profundamente apaixonante.

"Nosso Senhor e Deus, abençoado em todas as eras, trouxe-nos impensável vitória e glória para nossa nação. Todas as armas, todos os campos, grandes presas caíram em nossas mãos... pólvora e munição suficiente para um milhão de homens", Sobieski escreveu para sua esposa depois da vitória em Viena.

Na mesma carta, Sobieski contou que os otomanos estavam acampados sob 100 mil tendas. Algumas dessas, incluindo bandeiras e troféus dos otomanos, continuam expostas no Castelo de Wawel, na Cracóvia.

CATARINA, A GRANDE

Catarina, a Grande (1729-1796), uma imperatriz usurpadora e libertina, reinou por 34 anos, e concluiu a transformação da Rússia em uma grande potência e um Estado próspero e moderno.

Rumores sobre os excessos sexuais de Catarina foram enormemente exagerados no decorrer dos anos.

CRONOLOGIA

1729: Nasce em Estetino (Szczecin), Polônia, em 2 de maio.
1745: Casa-se com o grão-duque Pedro.
1762: Sobe ao trono após o golpe palaciano que derruba Pedro.
1783: Anexação da Crimeia.
1795: Partilha final da Polônia.
1796: Morre em São Petersburgo, em 17 de novembro.

ORIGINALMENTE SOFIA FREDERICA Augusta von Anhalt-Zerbst, a futura imperatriz russa era filha de um simples príncipe alemão. Em 1745, ela se casou com o grão-duque Pedro, herdeiro do trono russo e neto de Pedro, o Grande, depois de ter sido rebatizada na Igreja Ortodoxa como Catarina. O casamento foi um fracasso, mas Catarina era ambiciosa e entregou-se de corpo e alma à corte e à sua nova vida na Rússia. De forma discreta, angariou apoio em São Petersburgo e, por meio do primeiro dos muitos amantes que viria a ter, um astuto oficial, Grigory Orlov, garantiu a lealdade da Guarda Imperial. Em 1762, alguns meses depois de subir ao poder como czar Pedro III, seu nada popular marido alcoólatra foi derrubado em um golpe no palácio e, em seguida, assassinado; o caminho estava aberto para que a antiga princesa alemã subisse ao trono russo.

Catarina flertava com ideias liberais: ela se correspondia muito com os grandes filósofos franceses, Voltaire e Diderot, entretendo o último em sua corte em 1773. Entretanto, apesar de algumas iniciativas promissoras e uma comissão de reforma montada em 1767, suas políticas internas serviam apenas para fortalecer o poder czarista, dar maior influência à nobreza e tornar o governo mais eficiente. Longe de cumprir as ideias do Iluminismo e emancipar os escravos, Catarina de fato fez muito pior e usou a força militar em 1775 para oprimir uma revolta camponesa liderada pelos cossacos. Ela aumentou seu tesouro confiscando as terras da Igreja.

Foi na sua política externa, e suas conquistas, que ela fortaleceu sua fama de grandeza. Sob o comando de Catarina, a Rússia travou duas guerras contra os otomanos e se expandiu quase até os portões de Constantinopla, dominando a Crimeia e seus portos no Mar Negro, em 1783. Mais perto de casa, a Rússia de Catarina descaradamente participou da partilha dos territórios tomados da Polônia.

A cultura estrangeira e russa floresceu sob o reinado de Catarina. Ela foi uma grande construtora e transformou São Petersburgo em uma majestosa capital de granito, deixando para a história o núcleo do que é atualmente o Museu Hermitage e uma das coleções de arte mais valiosas do mundo. Catarina promoveu tanto as artes como as ciências e fundou o primeiro colégio para meninas da Rússia.

O maior amante de Catarina, Grigory Potemkin, foi também seu maior conselheiro. Um simples aristocrata que havia se destacado na guerra contra a Turquia, Potemkin de um olho só tornou-se amante de Catarina, em 1774. Seu relacionamento íntimo continuou por muito tempo, mesmo depois de a paixão ter esfriado. Catarina governava a Rússia, diziam, enquanto Potemkin governava Catarina; ele selecionou todos os seus próximos dez amantes, exceto um. A anexação da Crimeia dos turcos, em 1783, foi obra dele. A imperatriz o tratou de igual para igual até sua morte em 1791.

Catarina ficou de luto por ele por muitos dias, mas viveu até 1796, sendo que seus últimos anos foram marcados pela execução de seu colega monarca, o rei Luís XVI da França, e a marcha dos exércitos revolucionários.

OS AMANTES DE CATARINA

A imperatriz Catarina lidava com a Polônia com uma mão hábil: instalou um de seus muitos ex-amantes, Stanislaw Poniatowski, como rei, e ele obedecia a todas as suas vontades.

A imperatriz Catarina estava longe de ser bonita e, de acordo com sua própria descrição, ela tinha uma mente "infinitamente mais masculina que feminina". Tomou amantes bem jovens até a época da sua morte com a idade de 67 anos. Havia rumores de que ela tivesse morrido em decorrência de uma falha de uma máquina chamada de "manivela da Catarina", enquanto tentava fazer amor com um cavalo, um rumor possivelmente de pouco fundamento.

Em 1787, o marechal de campo, príncipe Grigory Potemkin, levou Catarina, sua corte e embaixadores para uma grande turnê no rio para inspecionar as novas províncias crimeias da Rússia. Ele arranjou para que os camponeses se vestissem com roupas alegres e que saudassem a comitiva real por meio de vários vilarejos móveis, que ele montava e desmontava à medida que a comitiva prosseguia descendo o rio. O show das "vilas de Potemkin" foi projetado para enganar os embaixadores.

FREDERICO, O GRANDE

Frederico, o Grande (1712-1786), rei da Prússia, travou guerra para expandir sua nação e transformá-la em uma potência europeia, e introduziu reformas liberais no âmbito doméstico, o que fez com que ganhasse o título de "déspota iluminado".

"Meu povo e eu temos um acordo... Eles podem dizer o que querem e eu faço o que quero".

CRONOLOGIA

1712: Nasce em Berlim, em 24 de janeiro.
1730: Feito prisioneiro por seu pai na fortaleza de Küstrin.
1740: Sobe ao trono como rei Frederico II.
1741: Primeira vitória em Mollwitz.
1756: Invade a Saxônia.
1759: Derrotado pela Rússia na Batalha de Kunersdorf.
1763: O tratado de Paz de Hubertusburg termina com a Guerra dos Sete Anos.
1772: Primeira partição da Polônia.
1786: Morre em Sans Souci, em 17 de agosto.

FREDERICO CRESCEU em dois mundos contrastantes. Ele apanhava constantemente de seu pai, o rei Frederico Guilherme I, e foi forçado a presenciar a execução de seu amigo, o tenente Hans von Katte, com quem havia tentado fugir para a Inglaterra e, em seguida, foi aprisionado por seu pai. Encorajado por sua mãe, e contrastando a rígida atmosfera militar prussiana do regime familiar do pai, Frederico desenvolveu um gosto pelas artes, música e literatura francesas. Ele se correspondia e se encontrava com o mais importante filósofo francês, Voltaire, tocava flauta, escrevia música e poesia e era homossexual; por fim, ele também se envolveria nos negócios do pai e se tornaria um brilhante soldado e administrador. Era também uma pessoa com grande determinação.

Apenas alguns dias após assumir a posição de seu pai como rei Frederico II, ele mergulhou a Prússia na guerra. Estava determinado a usar o exército altamente treinado que herdara de seu pai e, durante um quarto de século, foi seu principal instrumento de política. O primeiro alvo foi a Silésia governada pelos Habsburgo, que Frederico tomou da nova imperatriz da Áustria, Maria Teresa. Ele lutou duas guerras pela posse desses ducados agrícolas e estrategicamente ricos em mineração, entre 1740 e 1742 e entre 1744 e 1745. Sua primeira batalha, Mollwitz, foi quase um desastre; ele fugiu do campo antes que seu disciplinado exército pudesse alcançar a vitória. No entanto, desde então, Frederico marcou uma sequência de vitórias impressionantes, sempre surpreen-

dendo exércitos cada vez maiores por meio de uma ação ofensiva cora-
josa. O intelectual tocador de flauta crescera e se tornara um brilhante
combatente militar.

Em 1756, o rei Frederico deu início a uma nova guerra ao invadir a Saxônia, uma manobra que historiadores comparam aos ataques
preventivos da Alemanha nas guerras do século XX. A justificativa de
Frederico era que fora cercado e ameaçado, e que tinha de atacar para
sobreviver. A invasão colocou a Prússia de Frederico contra os exércitos
da Áustria, Rússia, Suécia, Saxônia e França, e arrastou a Europa para
a Guerra dos Sete Anos. Frederico venceu a maioria, mas nem todas
as batalhas, e saiu vitorioso de um provável desastre, em grande parte
graças à oportuna morte em 1762 de sua arqui-inimiga, a imperatriz
Elizabeth da Rússia. Ele não conquistou novos territórios e esgotou seu
exército e Estado, mas saiu com a reputação de um grande líder militar. Auxiliado apenas pelo Tesouro Britânico, colocou a Prússia como
o grande rival da Áustria na luta pelo domínio da Europa Germânica
e, em termos de manobra diplomática depois da guerra, ele separou a
Polônia da Rússia, em 1772, e ganhou a Prússia polonesa e Torún. Em
1779, ele se apossou de mais terras da Áustria, os principados francô-
nios da Baviera. No final, ele havia triplicado a população da Prússia e
quase dobrado o tamanho do seu território.

No âmbito doméstico, ele foi um governante absolutista, mas
também aceitou os princípios do Iluminismo e praticou a tolerância de
forma ávida, permitindo uma imprensa livre, liberdade de expressão e
liberdade religiosa. "Meu povo e eu chegamos a um acordo que satisfaz
a ambos", declarou uma vez. "Eles podem dizer o que querem, e eu faço
o que quero."

Frederico deu continuidade ao trabalho de seus predecessores na
modernização da administração do Estado prussiano. Editou um novo
código de direito prussiano, o *Codex Fridericanus*, que fez com que juízes passassem por exames rigorosos, proibiu a tortura e pôs fim à pena
de morte; no entanto, temendo a reação dos poderosos nobres proprietários de terra, ele não cedeu à abolição da escravatura. O rei foi também
patrono das artes e estimulou a ciência e o aprendizado, montando os
alicerces para a educação primária universal. Mas no final era o exército
que mais importava na Prússia de Frederico: gastava 50% do orçamento
do Estado e teve um aumento de 80 a 190 mil homens no decorrer de seu
reinado. Frederico morreu em 1786, em Sans Souci, no palácio rococó
que ele construiu perto de Berlim.

A REALEZA E O ESTADO

A obra literária de Frederico, o Grande, preenche 30 volumes. Neste tratado, escrito em 1752, ele mostra sua visão sobre a realeza e o Governo:

"Política é a ciência de sempre usar os meios mais convenientes de acordo com os próprios interesses de cada um."

"Um governo bem administrado deve seguir um conceito básico tão bem integrado que possa ser comparado com um sistema filosófico. Todas as ações tomadas devem ser bem pensadas, e os assuntos financeiros, políticos e militares devem seguir uma linha em direção a um único objetivo, que é o fortalecimento do Estado e a perpetuação do seu poder."

"O soberano é o primeiro servidor do Estado."

"Católicos, luteranos, reformados, judeus e outras seitas cristãs vivem neste Estado, e vivem juntas em paz... não é de interesse algum da política se o governante tem uma religião ou se não tem nenhuma. Todas as religiões, se examinarmos de perto, são fundadas em superstição mais ou menos absurda. É impossível que um homem sensato, que disseca seus conteúdos, não consiga enxergar esse erro; mas esses preconceitos, esses erros e mistérios, foram feitos para o homem e deve-se conhecer o suficiente para respeitar o público e não insultar sua fé, seja qual for a religião em questão."

GEORGE WASHINGTON

George Washington (1732-1799) comandou o exército das co-lônias rebeldes da América do Norte na luta pela independência da Grã-Bretanha e tornou-se o primeiro presidente dos Estados Unidos.

O êxito de Washington no terrível inverno, em Valley Forge, provou ser vital para a vitória final americana.

CRONOLOGIA

1732: Nasce em Wakefield, condado de Westmoreland, Virgínia, em 22 de fevereiro.
1755-1759: Comanda o Regimento da Virgínia.
1775-1783: Comandante-chefe do Exército Continental.
1789-1797: Serve como primeiro presidente dos Estados Unidos.
1799: Morre em Mount Vernon, Virgínia, em 14 de dezembro.

NASCIDO NA VIRGÍNIA em 1732, filho de um fazendeiro de tabaco e neto de um imigrante de Northamptonshire, George Washington queria apenas ser rico, mas foi destinado a ser venerado. Com mais ambição que educação, ele se tornou um habilidoso e ávido topógrafo e especulador de terras. Seguindo o exemplo, inicialmente, de seu meio-irmão mais velho e culto, Lawrence, que se casara com a elite da Virgínia, Washington herdou a propriedade de Mount Vernon, logo após a morte prematura de Lawrence, que sofria de tuberculose. O serviço militar lhe rendeu maior ascensão social e incalculável experiência em diplomacia fronteiriça, de fortificação e finanças. Aposentando-se do serviço ativo aos 27 anos para se casar com a rica viúva Martha Custis (1731-1802), o proprietário de terras e de escravos tornou-se mais ocupado ainda com as melhorias na propriedade e na Assembleia Legislativa da Virgínia. Tentativas britânicas em limitar a aquisição de terras, relacionadas aos interesses de segurança fronteiriça, causaram profunda irritação pessoal em Washington, levando-o a se envolver na política oposicionista. A chegada da guerra revolucionária colocou-o no comando do exército rebelde, parte em deferência à sua prévia experiência militar e parte como reconhecimento da necessidade de ligar a Virgínia com a causa rebelde.

Como general, Washington provou ser mais um teimoso sobrevivente de derrotas do que um arquiteto de vitórias. Não era um gênio militar, mas um excelente administrador, conseguiu juntar uma tropa miscigenada de rebeldes patriotas, apesar das carências crônicas de suprimentos, armas e recorrentes incertezas de apoio do Congresso Continental e dos governos estaduais. Obtendo êxito ao expulsar os britânicos de Boston, ele abandonou Nova York com muita habilidade para reagrupar-se em White Plains e obter êxito tático em Trenton e Princeton, que provou ser vital para levantar o moral da tropa e conseguir o tão necessário suprimento. Depois de sofrer grandes derrotas em Brandywine e Germantown, o sucesso de Washington em simplesmente conseguir manter sua tropa unida durante um terrível inverno em Valley Forge, entre 1777 e 1778, foi crucial para a vitória final, mas desde então seu comando passou a ser limitado apenas à orientação estratégica, enquanto a campanha no sul se tornava prioridade e a intervenção da forças francesas finalmente provou ser decisiva na derrota dos comandos divididos dos britânicos. Em setembro de 1781, Washington saiu do seu quartel-general, em Nova York, para assumir o comando pessoal das tropas franco-americanas, que obteve êxito forçando a rendição dos britânicos cercados em Yorktown, efetivamente pondo um fim à guerra.

Depois de negada a tão esperada aposentadoria no campo, Washington foi convocado para servir como presidente, o primeiro da convenção constitucional de 1787 e, em seguida, da nova nação que se formara. Como tal, ele estabeleceu um serviço civil e estabilidade financeira eficientes. Reeleito para um segundo mandato, em 1794, Washington assumiria também o comando pessoal em conter a "Revolta do Whisky" contra o poder dos impostos do governo federal. Quando veio a guerra entre a Inglaterra e a França, ele manteve a neutralidade dos Estados Unidos diante das pressões em apoio à França vindas de Jefferson e de seus partidários. O crescente partidarismo no âmbito doméstico fez com que Washington recusasse um terceiro mandato presidencial, estabelecendo assim uma convenção que duraria até os quatro mandatos vencidos por Franklin D. Roosevelt.

Washington explicou essa decisão em um discurso presidencial de despedida (outro precedente), deplorando o aumento de partidos políticos e advertindo contra as confusões nas relações exteriores. Retornando brevemente ao comando, quando houve uma ameaça de guerra contra a França, entre 1798 e 1799, Washington morreu em 14 de dezembro de 1799, em Mount Vernon, e lá foi enterrado. Quando a notícia de sua morte chegou à Inglaterra, seus antigos inimigos honraram-no com 20 salvas de tiros de canhão pela frota do Canal.

UM CAVALHEIRO "INGLÊS"

Ironicamente, o pai da grande república tinha as qualidades de um cavalheiro inglês, relutante em aceitar a presidência, mas habilidoso em seu desempenho, zeloso com sua honra pessoal, mas indiferente ao público, mais feliz em seus imensos acres do que nos conselhos do poder. De forma adequada, a bandeira com as estrelas e as faixas que simbolizava a independência do seu país é baseada no brasão heráldico de seus ancestrais ingleses.

A estatura icônica de Washington como sendo a personificação da virtude americana foi rapidamente realçada com o surgimento de A Vida e as Ações Memoráveis de George Washington, *de Mason Locke Weem (1806), que circulou pela primeira vez a lenda da cerejeira. Posteriores e renomados biógrafos incluem Washington Irving (1855-1859) e o futuro presidente Woodrow Wilson (1896).*

Thomas Paine, que serviu no exército de Washington, dedicou sua declaração dos Direitos do Homem a ele, mas disse que ele foi "traidor na amizade privada... e um hipócrita na vida pública".

O historiador Samuel Eliot Morison resumiu a carreira de Washington como sendo de "um simples cavalheiro da Virgínia que se disciplinou tanto que não conseguia liderar um povo insubordinado e dividido em uma união duradoura e liberdade organizada".

ABRAHAM LINCOLN

Abraham Lincoln (1809-1865) foi o 16º presidente dos Estados Unidos. Embora fosse o responsável pela abolição da escravatura, Lincoln enfrentou o conflito mais sangrento da história americana; não foi para corrigir um erro histórico, mas para preservar um princípio histórico, a unidade de uma nação.

"Que o governo do povo, pelo povo e para o povo não desapareça da face da Terra."

CRONOLOGIA

1809: Nasce em Hodgenville, Kentucky, em 12 de fevereiro.

1834: Ingressa no poder legislativo de Illinois.

1847-1849: Como congressista se opõe à Guerra Mexicana e propõe emancipação.

1858: Debates de Lincoln-Douglas.

1860: Eleito presidente.

1863: Em janeiro, a Primeira Proclamação da Emancipação entra em vigor.

1864: Reeleito presidente.

1865: Em 9 de abril, Robert E. Lee se entrega à Corte de Appomattox, Virgínia. Em 15 de abril, Lincoln é assassinado pelo ator John Wilkes Booth no Teatro Ford, Washington, D.C.

APESAR DE APERFEIÇOADA, a lenda sobre Lincoln persiste mais do que a vida do próprio Lincoln. Ele realmente nasceu em uma cabana de madeira e foi quase que educado totalmente de forma autodidata. Depois de se qualificar como advogado, entrou na política como um *whig** no poder legislativo de Illinois (1834-1841), antes de chegar ao Congresso (1847-1849), em que propôs uma lei para a emancipação gradual e compensatória dos escravos.

Abandonando a política para continuar exercendo uma próspera carreira na advocacia, Lincoln retornou à briga, quando o Ato de Kansas-Nebraska (1854) abriu os territórios do oeste à escravidão. Confiando suas fortunas no novo Partido Republicano, Lincoln estabeleceu sua reputação nacional, em 1858, depois de debater a questão da escravatura com seu oponente (e bem-sucedido) do Partido Democrata no Senado dos Estados Unidos, Stephen A. Douglas. Em 1860, Lincoln alcançou a presidência em uma disputa de quatro que lhe rendeu apenas 39% do voto popular. Na época em que tomou posse, sete Estados sulistas já haviam cortado as relações com a União para formar a Confederação. Lincoln usou seu discurso de posse com a promessa de aceitação da escravatura onde já existia, mas confirmando também sua determinação em apoiar a solidariedade da União. Mais quatro Estados se afastaram,

---

* N.T.: Partidário do partido político americano favorável à revolução contra a Inglaterra.

mas Lincoln conseguiu ter êxito em manter a lealdade de mais quatro recrutas em potencial para a rebelião.

Embora possuísse muito mais recursos industriais e homens que a Confederação, Lincoln sofreu no início de sua investida de guerra nas mãos de generais incompetentes. Quando o supercauteloso George B. McClellan (1826-1886) fracassou na sua perseguição a Robert E. Lee, depois de derrotar sua incursão em direção ao norte em Antietam, em setembro de 1862, Lincoln foi então capaz de capitalizar seu êxito limitado e declarar a Proclamação da Emancipação. Isso libertaria os escravos nas áreas rebeladas e faria com que os homens livres pudessem ser aceitos no serviço militar, embora a escravidão não tivesse oficialmente acabado até a aprovação da Décima Terceira Emenda Constitucional, em 1865.

Depois de sofrer mais derrotas em Fredericksburg e Chancellorsville, a União por fim prevaleceu ao barrar o segundo avanço confederado em Gettysburg, em julho de 1863. O breve e brilhante discurso de despedida proclamado por Lincoln naquele sangrento campo de batalha, em 19 de novembro daquele mesmo ano, foi posteriormente aclamado como um marco da oratória americana, embora inaudível para muitos que lá estavam e de ter sido pouco mencionado pela cobertura da imprensa do evento.

Depois que Ulysses S. Grant tomou Vicksburg, dividindo as forças confederadas no oeste, Lincoln o nomeou para o comando supremo. Grant delegou a campanha do oeste para Sherman, designou Sheridan em um enorme ataque destrutivo que varreu a Geórgia, e ele mesmo foi quem cercou as tropas de Lee na Virgínia, embora não conseguisse derrotá-lo de forma decisiva no campo de batalha. As vitórias da União mostraram ter sido suficientes para garantir a reeleição de Lincoln, em 1864, com 55% dos votos. A visão do que seria a reconstrução no pós-guerra de um Sul derrotado marcou o segundo brilhante discurso de posse de Lincoln ("Sem má intenção com ninguém, com caridade a todos..."), que provou ser totalmente tolerante para um Congresso vingativo, mas o assunto permaneceu sem ser resolvido quando a mão de um assassino se abateu sobre o presidente uma semana antes da rendição de Lee.

Com um humor talentoso e uma eloquência sem enfeites, Lincoln foi criticado em sua vida como sendo capcioso, calculista, hesitante e demagogo — *raposa-populi* como a revista *Vanity Fair* definiu-o em 1863. Para se tornar presidente, ele teve às vezes de soar mais radical do que realmente era; para sobreviver como presidente, ele foi compelido a agir de forma mais cautelosa do que realmente desejava.

DISCURSO DE LINCOLN

O discurso de Lincoln em homenagem à Assembleia Nacional de Gettysburg, em 19 de novembro de 1863, seguido de um sermão de duas horas proferido por Edward Everett, um dos oradores mais famosos da época. "Gostaria de poder me vangloriar por ter chegado perto da minha ideia central em duas horas como ele fez em dois minutos", escreveu Everett posteriormente para Lincoln.

O DISCURSO DE GETTYSBURG

"Há 87 anos, nossos pais geraram neste continente uma nova nação, conceberam a Liberdade e se dedicaram ao princípio de que todos os homens são iguais.

"Agora estamos envolvidos em uma grande guerra civil, testando para saber se essa nação, ou qualquer nação, tão bem concebida e tão dedicada, poderá perdurar. Encontramo-nos em um grande campo de batalha dessa guerra. Estamos aqui reunidos para dedicar uma parte desse campo como um derradeiro lugar de repouso para aqueles que aqui deram suas vidas para que a nação pudesse viver. É mais do que apropriado e justo que façamos isso.

"Mas, em um sentido mais amplo, não podemos dedicar – não podemos consagrar – não podemos santificar – este chão. Os valentes homens, vivos e mortos, que aqui lutaram o consagraram, muito além do que poderíamos acrescentar ou diminuir com nosso fraco poder. O mundo pouco registrará e se lembrará o que aqui dissemos, mas jamais esquecerá o que aqui eles fizeram. Cabe a nós, os vivos, no entanto, dedicar-nos aqui ao serviço inacabado pelo qual eles aqui combateram até este ponto de forma tão nobre. Cabe a nós que aqui estamos nos dedicar à grande tarefa que permanece diante de nós – que esses honrados mortos nos ajudem a aumentar nossa devoção à causa pela qual eles deram sua última medida total de devoção – que nós aqui presentes assumamos que estes mortos não tenham morrido em vão – que esta nação, com a graça de Deus, venha a gerar uma nova liberdade – e que o governo do povo, pelo povo, para o povo não desapareça da face da Terra."

VITÓRIA

A rainha Vitória (1819-1901) governou por 63 anos um esplêndido império em expansão. Apesar de ser uma monarca constitucional que não tinha poder formal, Vitória deu seu nome a uma época
e foi uma das figuras mais conhecidas no mundo do século XIX.

A rainha Vitória combinava os papéis de monarca e de matriarca com um grande entusiasmo pela vida.

CRONOLOGIA

1819: Nasce no Palácio de Kensington, Londres, em 24 de maio.
1837: Sobe ao trono em 20 de junho.
1838: Coroada.
1840: Casa-se com o príncipe Albert, em 10 de fevereiro.
1861: O príncipe Albert morre em 14 de dezembro.
1876: Declarada imperatriz da Índia.
1887: Jubileu de Ouro.
1897: Jubileu de Diamante.
1901: Morre em Osborne House, Ilha de Wight, em 22 de janeiro.

A PRINCESA VITÓRIA era filha do irmão de George IV, o príncipe Edward, duque de Kent, e da princesa Vitória de Saxe-Coburgo. Ela nasceu na Inglaterra — por pouco, pois sua mãe viajava de volta da Alemanha de carruagem, quando estava com oito meses de gravidez. Após a morte de seu pai, Vitória foi criada com muita atenção pela mãe, que sonhava com o poder por meio de sua filha; no entanto, a primeira coisa que Vitória fez durante sua ascensão, com apenas 18 anos, foi garantir sua própria autoridade e independência.

Embora acreditasse que não era um trabalho que caberia a uma mulher, a jovem rainha começou a ter um papel ativo no comando de seu país e aprendeu a desempenhar esse papel com seu idoso e conservador primeiro-ministro, lorde Melbourne, um *whig*, que ela "amava como um pai". Quando o governo dele caiu nas mãos dos *tories*, ela precipitou uma séria crise constitucional ao se recusar a indicar as damas dos *tories* ao seu convívio familiar. A influência de Melbourne diminuiu de intensidade quando Vitória se casou com seu primo em primeiro grau, o príncipe Albert de Saxe-Coburgo-Gotha. Era um casal extremamente apaixonado, pelo menos no lado de Vitória, e juntos deram um exemplo sem precedentes de uma vida familiar real tranquila e respeitável. Eles tiveram quatro filhos e cinco filhas.

Vitória estava em sua fase mais ativa reinando com a colaboração de seu "amado Albert". Ela apoiava com ardor todos os seus projetos, desde a reconstrução de seus palácios de férias de Osborne House, na Ilha de

Wight, e Balmoral na Escócia, até o estrondoso sucesso do vasto projeto público a Grande Exibição, ocorrida no Palácio de Cristal, em 1851.

A baixa estatura de 1,52 metro de Vitória foi abençoada com uma constituição física robusta, mas não era o caso de Albert, que se desgastava sendo, de fato, seu secretário particular. O choque que causou sua morte aos 42 anos, em 1861, fez com que a rainha, mais devota ao seu sofrimento do que à paixão, entrasse em profunda reclusão por muitos anos. Sua consciência firme de responsabilidade a manteve envolvida secretamente nos assuntos do governo, entretanto ela negligenciava suas obrigações públicas de realeza, tais como a Cerimônia de Abertura do Parlamento, e isso a tornava cada vez menos popular. Uma das poucas pessoas que ela permitia se aproximar dela de forma excepcional era um de seus criados escoceses, John Brown. Ele a tratava de forma brusca e com uma sinceridade estimuladora que chocavam os outros. Uma especulação invejosa e maliciosa florescia ao redor dessa amizade, provavelmente pelo fato de atravessar as normas aceitáveis da época.

Sua popularidade voltou a crescer, à medida que ela saía da reclusão, encorajada pelo charme e lisonjeio de seu primeiro-ministro Benjamin Disraeli, ao qual ela dava mais preferência do que ao seu predecessor William Gladstone (porque, dizia Disraeli, Gladstone a tratava menos como uma mulher e mais como um departamento do governo). Em 1876, Disraeli persuadiu o Parlamento a proclamar Vitória como imperatriz da Índia e, com seus Jubileus de Ouro e de Diamante, essa figura miúda, sombria, troncuda e venerada se tornara um símbolo do poder imperial, reconquistando sua popularidade.

A rainha Vitória combinava a figura de monarca e de matriarca, e era uma grande entusiasta da vida. Na época de Albert, ela dançava, viajava pelas novas ferrovias na Alemanha e na França, e se alegrava durante suas férias juntos em Osborne e Balmoral. Uma observadora séria e interessada, ela registrava tudo em seu diário, partes dele foram publicadas como *Páginas do Diário da Minha Vida nas Terras Altas da Escócia*. Seus cadernos de anotação eram repletos de desenhos em aquarela de seus filhos pequenos e vistas favoritas. No final da vida, ela viajava com frequência à Europa, mas nunca visitou a Índia.

A rainha Vitória era franca, acirrada, teimosa, emotiva, severa, suscetível à beleza dos homens e mulheres, sensata, descompromissada, tímida, explosiva, repleta de contradições, cabeça dura e solitária: depois de Albert, não houve pessoa alguma à altura que pudesse realmente ajudá-la e aconselhá-la. Essa transição de uma rainha solitária a uma rainha legendária, emprestando seu nome a uma era, é um feito extraordinário.

Essa soberana que reinou mais tempo do que qualquer monarca inglês morreu em Osborne House, em 20 de janeiro, com uma foto de Albert em cima do seu leito de morte, que havia sido colocada na cabeceira da cama quarenta anos antes, e foi sucedida pelo seu filho, Edward VII.

LEGADO DE VITÓRIA

Os filhos e netos de Vitória se casaram com famílias reais por toda a Europa, com importantes implicações dinásticas e diplomáticas. Sua filha mais velha, Vicky, casou-se com um herdeiro alemão na esperança de levar a Alemanha em uma direção liberal; uma intenção frustrada por causa de personalidades, doença e morte.

O legado mais catastrófico da rainha Vitória foi a transmissão de seu gene hemofílico aos Romanov.

A famosa declaração we are not amused *("não vemos graça alguma"), pelo que dizem, surgiu de sua severa reação a uma piada contada a ela por alguns de seus netos.*

OTTO VON BISMARCK

O príncipe Otto von Bismarck (1815-1898) era um estadista prussiano-alemão que fez uso da guerra e da diplomacia para reunificar a Alemanha e tornar-se o primeiro chanceler do novo Império Alemão. Ele foi um dos maiores estadistas da Europa no século XIX.

"As grandes questões... não são resolvidas com discursos e decisões majoritárias, mas com ferro e sangue."

CRONOLOGIA

1815: Nasce em Schönhausen, próximo a Berlim, em 1º de abril.
1847: Entra na política como representante da Dieta da Prússia (Parlamento).
1859: Embaixador em São Petersburgo.
1862: Embaixador em Paris.
1862: Nomeado ministro presidente da Prússia.
1864: Derrota a Dinamarca e reivindica Schleswig e Holstein.
1866: Derrota a Áustria e anexa os Estados sulistas alemães.
1870: Derrota a França e anexa a Alsácia-Lorena.
1871: Declarado o Império Alemão, Bismarck é chanceler.
1890: Dispensado do ofício.
1898: Morre em sua propriedade, perto de Hamburgo, em 30 de julho.

BISMARCK ERA FILHO de um próspero e nobre proprietário de terras prussiano e de uma mãe bem-educada. Ele estudou Direito em Göttingen e Berlim, onde ganhou a reputação de duelista e bêbado, e entrou para o serviço do governo em 1836. Mas pediu demissão logo em seguida para cuidar de suas propriedades e voltou a Berlim em 1847, como representante da Dieta Unida da Prússia (Parlamento). Ele deixou sua primeira marca na política como um afiado conservador e dono de terras durante as revoluções liberais nacionalistas que varreram a Europa, em 1848, ventiladas pelas demandas por maior democracia e autogestão. Três anos depois, em 1851, Bismarck se viu face a face com as realidades do nacionalismo, quando foi indicado em Frankfurt para representar a Prússia na Confederação Alemã, uma liga de 39 Estados alemães. Todos eles estavam divididos: alguns sob o poder da Prússia, alguns do sul dominados pela Áustria, que começou a considerá-la como um "nojento e antiquado navio de guerra". Foi a iniciativa de Bismarck de explorar as condições que fez com que fosse possível unificar esses Estados totalmente diferentes, transformando-os em uma Alemanha unificada, sob o controle da Prússia e não da Áustria.

Ele se mudou para São Petersburgo em 1859, como embaixador na Rússia e, em seguida, para Paris por apenas alguns meses de verão em 1862, como embaixador na França. Proprietário de terras conservador, soldado, advogado, funcionário público e embaixador, ele estava bem posicionado quando surgiu uma disputa entre o Parlamento Prussiano e o rei Guilherme I sobre os orçamentos militares, que o Parlamento queria reduzir. O rei não concordava. Bismarck foi chamado de Paris, nomeado primeiro-ministro e ministro das relações exteriores em 1862, e resolveu o entrave mantendo o antigo orçamento.

Nos dez anos seguintes, a Alemanha foi reunificada em três guerras rápidas: em 1864, Bismarck atacou e derrotou a Dinamarca, e declarou posse dos ducados dinamarqueses de Schleswig e Holstein. Quando a Áustria reclamou essas posses em 1866, ele a atacou e a derrotou junto com seus aliados alemães em Königgrätz, incorporou alguns Estados do sul da Alemanha e montou uma Confederação da Alemanha do Norte liderada pela Prússia. A realidade de um crescente poder prussiano-alemão repercutiu por toda a Europa, algo que Bismarck explorou de forma habilidosa, ludibriando Luís Napoleão para entrar na guerra contra os Estados alemães. Quando o imperador francês, indignado por não ter recebido Luxemburgo e que ao príncipe alemão havia sido oferecido o trono espanhol, começou a soltar ruídos belicosos, Bismarck invadiu a França, em 1870, e venceu uma batalha decisiva em Sedan. Na euforia da vitória, os Estados sulistas alemães se juntaram à Alemanha unificada e, no ano seguinte, em 1871, o novo Império Alemão foi proclamado no Palácio de Versalhes. A Alemanha anexou Alsácia-Lorena e exigiu 5 bilhões de francos de indenização da França — sanções que os franceses jamais esquecerão.

Bismarck governou a Alemanha como um chanceler autocrático nas duas décadas seguintes. Ele aplicou as mesmas táticas na política doméstica como fazia com os mapas da Europa. Sem uma base de poder partidário que o apoiasse, ele demandava lealdade absoluta e, quando não a conseguia, entrava em guerra: primeiro contra os católicos, aos quais ele impôs multas financeiras e sobrecargas onerosas; em seguida, foi atrás dos poloneses e dos socialistas. Proibiu o Partido Social Democrata e, temendo uma revolução, tentou tirar vantagem tática introduzindo o seguro de saúde e acidente e pensões. Ele subornou e coibiu a imprensa. No exterior, pregou uma política de muita cautela e pacífica, baseada nas alianças interligadas, que ajudara a manter a paz na Europa por mais de meio século, mas que no fim das contas provaria ser fatal para todas as partes na guerra de 1914-1918.

Como muitos dos grandes líderes, Bismarck era um homem de contradições: um dono de terras que industrializou a Alemanha; um conservador que deu à Alemanha o direito de voto universal e a previdência social; um monarquista que desprezava seu imperador; um vitorioso nas guerras que conhecia bem as limitações do poder militar; um homem orgulhoso e temido em público, e acossado por histeria e insônia na vida particular, que fizeram com que, nos últimos anos, vivesse à base de morfina.

Depois de ser liberado pelo imperador Guilherme II, Bismarck se aposentou em sua propriedade perto de Hamburgo, onde morreu em 1898.

O CHANCELER DE FERRO

Bismarck se tornou conhecido como o Chanceler de Ferro, por causa do uso da frase "sangue e ferro" nos discursos, embora se tratasse de orçamentos e não guerras.
"Você pode fazer de tudo com as baionetas", disse ele, "exceto sentar nelas."
Bismarck sabia das limitações do poder: ele não buscava "controlar o curso dos eventos, apenas ocasionalmente desviá-lo". Ele foi o mestre da guerra limitada.

WINSTON CHURCHILL*

Soldado, jornalista, historiador, pintor, autor ganhador do Prêmio Nobel e político, sir Winston Churchill (1874-1965) apostou com o destino e conduziu o Reino Unido durante os dias mais sombrios da Segunda Guerra Mundial para uma eventual vitória sobre a Alemanha Nazista.

*N.E.: Sugerimos a leitura de *O Caráter e a Grandeza de Winston Churchill*, de Stephen Mansfield, Madras Editora.

"Nunca no campo dos conflitos humanos tantos deveram tanto a tão poucos."

CRONOLOGIA

1874: Nasce no Palácio de Blenheim, Oxfordshire, em 30 de novembro.
1895: Deixa Sandhurst como oficial da cavalaria.
1897: Combate na fronteira noroeste.
1899: Faz reportagem da Guerra dos Bôeres, é capturado e escapa.
1900: Eleito pela primeira vez ao Parlamento.
1908: Presidente do Conselho do Comércio.
1910-1911: Secretário do Interior.
1911-1915: Primeiro lorde do Almirantado.
1919-1920: Secretário de Estado para Assuntos de Guerra.
1924: Chanceler do Tesouro.
1940: Primeiro-ministro.
1945: Perde a eleição geral do pós-guerra.
1951-1955: Primeiro-ministro.
1963: Recebe cidadania honorária dos Estados Unidos.
1965: Morre em Londres, em 24 de janeiro.

NASCIDO NO PALÁCIO DE BLENHEIM, sede de seu ancestral, o duque de Marlborough, Churchill era filho de um importante político do Partido *Tory* e de uma herdeira americana. Foi educado em Harrow e recebeu treinamento como oficial do Exército em Sandhurst. Combateu em duas disputas coloniais, na província da fronteira noroeste e no Sudão, e começou a escrever sobre suas explorações; *A História da Força de Campo Malakand* foi o primeiro de 15 livros. Ao deixar o Exército, fez reportagem sobre a Guerra dos Bôeres para o jornal *Morning Post*, aumentando ainda mais sua reputação, quando foi capturado e conseguiu escapar.

Em 1900, foi eleito membro conservador do Parlamento por Oldham, mas perdeu a confiança nos conservadores sobre a questão de comércio livre e juntou-se aos liberais. Com um preparo meticuloso e ensaios infindáveis, Churchill superou um impedimento na fala e tornou-se um orador habilidoso e eficaz.

Ele assumiu o Gabinete em 1908, como presidente do Conselho do Comércio, um de vários postos ministeriais que assumiria antes e durante a Primeira Guerra Mundial. Como primeiro lorde do Almirantado desde 1911, forçou a construção de novos navios de guerra para se igualar à Alemanha. Em 1915, foi considerado responsável pelo ataque naval degenerado, em Dardanelos, e pelos fracassados desembarques, em Galípoli. Entregou o cargo e partiu para a França para lutar nas trincheiras. Em 1917, foi convocado outra vez por Lloyd George para servir como ministro de Munições, onde se atirou atrás do lançamento do novo tanque de batalha e, de 1919 a 1920, como secretário de Estado para Assuntos de Guerra, quando apoiou a campanha dos aliados na Rússia contra os bolcheviques. Como secretário colonial de 1921 a 1922, ordenou bombardeios massivos contra os rebeldes iraquianos e, inclusive, propôs o uso de armas químicas contra eles. Em 1924, tornou-se chanceler do Tesouro em um governo conservador e exacerbou suas já debilitadas relações com os sindicatos, quando ajudou a acabar com a Greve Geral de 1926.

Durante a maior parte da década seguinte, Churchill se encontraria em meio a uma mistura política, sendo cada vez mais isolado, à medida que advertia os demais sobre a crescente ameaça que representava a Alemanha Nazista; poucos lhe davam ouvidos. Ele também se alienaria do povo ao apoiar o rei na crise da abdicação e por sua oposição com os nacionalistas indianos. Seu momento chegaria quando começou a guerra. Levado de volta a liderar o Almirantado, onde conseguiu evitar que o culpassem pelo fracasso na Noruega, ele foi chamado para substituir o desacreditado Neville Chamberlain como primeiro-ministro, em maio de 1940. "Eu me senti como se estivesse caminhando com o destino", disse ele, "e que toda a minha vida passada fosse apenas um preparo para esta hora e este teste."

De fato, ele apostou com o destino. Com a Europa Continental nas mãos de Hitler, Churchill assumiu um enorme risco e escolheu lutar sozinho em 1940, sem saber que no ano seguinte o Japão atacaria Pearl Harbor e que a Alemanha declararia guerra aos Estados Unidos — eventos que garantiriam que os Estados Unidos viriam ao resgate mais uma vez.

Sua firme determinação diante das Potências do Eixo durante a *Blitz* e a Batalha da Grã-Bretanha ganhou apoio massivo. Ele prometeu nada mais do que "sangue, trabalho duro, lágrimas e suor", mas por meio de seus discursos no Parlamento, suas transmissões de rádio e suas aparições públicas desafiadoras — caminhando sobre os escombros bombardeados trajando macacão e saudando com sua marca registrada com o "V" da vitória —, ele mobilizou e inspirou toda uma nação. Assim que os Estados Unidos entraram na guerra e o presidente Roosevelt começou a dominar o centro do palco, com Stálin da Rússia, moldando a vitória final e o mundo pós-guerra, Churchill foi se apagando na foto. Ele estava participando da última cúpula dos "Três Grandes", em Potsdam, quando votaram pela sua retirada do posto.

Churchill permaneceu como um líder oposicionista desafiador e um tanto enfadonho, mas durante seu discurso sobre a "Cortina de Ferro", em Fulton, Missouri, em 1946, usou sua posição como estadista mundial de forma eficaz, quando advertiu sobre a crescente ameaça soviética. Ele teve uma última chance como primeiro-ministro, em 1951, mas a doença, seguida por derrames cerebrais, fez com que entregasse o cargo em 1955.

Churchill se aposentou em Chartwell, sua casa de campo em Kent, e passou os últimos anos escrevendo, pintando e curtindo as férias. Durante toda a sua vida, ele foi considerado como o inglês vivo mais importante, uma reputação que mudou pouco desde sua morte, em 1965.

FRASES

ENTRE SUAS CITAÇÕES MAIS FAMOSAS:

"Lutaremos nas praias, lutaremos nas planícies, lutaremos nos campos e nas ruas, lutaremos nas colinas; nunca nos renderemos." 4 de junho de 1940.

"Nunca no campo dos conflitos humanos tantos deveram tanto a tão poucos." Sobre os pilotos que lutaram na Batalha da Grã-Bretanha.

Acusado por uma dama hostil de estar bêbado no jantar, ele respondeu: "E a senhora, é feia, mas amanhã eu estarei sóbrio".

Nancy Astor disse a ele: "Winston, se eu fosse sua esposa, eu colocaria veneno em seu café", e ele respondeu: "Se você fosse minha esposa, eu o tomaria".

CHARLES DE GAULLE

    O general Charles de Gaulle (1890-1970) foi um líder militar e estadista que liderou a França durante duas grandes crises – a Segunda Guerra Mundial e a derrota da Alemanha Nazista, e o nascimento da Quinta República Francesa e a independência da Argélia.

"Uma pessoa não consegue impor unidade do nada em um país que tem 265 tipos diferentes de queijo."

CRONOLOGIA

1890: Nasce em Lille, norte da França, em 22 de novembro.
1913: Gradua-se em Saint-Cyr como segundo-tenente.
1916: Ferido e capturado em Verdun.
1940: Nomeado subsecretário da Defesa.
1940: De Gaulle foge para Londres, convoca a Resistência Francesa, em 18 de junho.
1943: Transfere o quartel-general para Argel.
1944: Returno triunfal a Paris.
1945: Presidente do governo provisório.
1958: Eleito presidente da Quinta República Francesa.
1965: Eleitor presidente para o segundo mandato.
1969: Renuncia depois de perder o referendo sobre a reforma.
1970: Morre, em Colombey-les-Deux-Églises, em 9 de novembro.

NASCIDO COM O NOME DE ANDRÉ JOSEPH Marie de Gaulle em Lille, no norte da França, cresceu em Paris, onde seu pai trabalhava como professor em uma escola jesuíta. Formado na academia militar de Saint-Cyr, lutou na Primeira Guerra Mundial, em Verdun, e foi ferido três vezes e três vezes mencionado nos despachos. Foi capturado pelos alemães em 1916, passou dois anos e meio como prisioneiro de guerra e tentou fugir cinco vezes.

Depois da guerra, entre aprendizado e mais treinamento no Colégio da Guerra, foi enviado para missões na Polônia, na Renânia e no Oriente Médio e, ao ser promovido a tenente-coronel, juntou-se ao Conselho Nacional de Defesa. De Gaulle também escreveu livros e artigos sobre assuntos militares, demonstrando talento tanto como escritor como pensador. Em *O Exército do Futuro* (1934), criticou a confiança que a França depositava na linha Maginot fixa para a defesa contra a Alemanha, insistindo em um exército menor, móvel e altamente mecanizado. Ele estava transmitindo a mesma mensagem aos políticos até janeiro de 1940, mas seu conselho não recebeu a devida atenção e, em maio e junho de 1940, as tropas alemãs nazistas invadiram com facilidade e rapidez a França.

De Gaulle estava comandando uma brigada de tanques quando eclodiu a guerra e, em 6 de junho de 1940, como um general de brigada temporário, ele foi convocado para o governo cercado de tropas como subsecretário do Estado para Defesa. Quando o marechal Pétain tomou posse dez dias depois com a intenção de suplicar pela paz, De Gaulle se mudou para Londres e, em 18 de junho de 1940, anunciou a formação de um governo francês no exílio. Ele se tornou chefe do Comitê Francês de Liberação Nacional, o corpo que orientava o Movimento Francês Livre, mas foi condenado à morte por sua ausência por uma corte militar francesa. No início, ele avançou com dificuldade um solitário caminho; era desconhecido e não tinha *status* político. Entretanto, tinha uma crença absoluta em sua missão e uma determinação obstinada. Suas relações com os britânicos não eram fáceis e, em 1943, mudou seu quartel-general para Argel.

De Gaulle foi recebido como um herói quando retornou a Paris, em agosto de 1944, no momento do desembarque das tropas aliadas na Normandia. Ele assumiu o poder como presidente de um governo provisório e liderou a França no esboço de uma nova constituição. Tentando evitar a instabilidade política da Terceira República, que terminara em um colapso humilhante em 1940, De Gaulle argumentou a favor de uma presidência executiva e um parlamento subordinado. Quando seus pedidos foram ignorados, ele renunciou, mas na década seguinte permaneceria sob o holofote político, como líder da Reunião do Povo Francês, e também escreveria suas memórias.

Como ele havia previsto, a Quarta República logo enfrentaria problemas; em 1958, uma revolta na Argélia controlada pela França, combinada com uma inflação incontrolável e instabilidade financeira no âmbito doméstico, levaram a França outra vez ao extremo. Havia uma ameaça real de guerra civil. De Gaulle saiu do seu retiro e, dessa vez, conseguiu fazer as coisas à sua maneira. Em 21 de dezembro de 1958, foi eleito presidente da Quinta República sob uma nova constituição, que dava autoridade executiva ao presidente e que prevalece até os dias de hoje.

De Gaulle usou seus novos poderes presidenciais para reprimir uma revolta liderada por generais da direita, determinados a manter o controle de Argel. Ele deu independência total à Argélia, em 1962, e desatou as colônias restantes da França. Egoísta e altamente nacionalista, De Gaulle começou a fortalecer a França, tanto financeira quanto militarmente. Ele desenvolveu seu próprio meio de intimidação nuclear, retirou as tropas francesas da OTAN e vetou a entrada da

Grã-Bretanha pró-americana no Mercado Comum Europeu. De Gaulle serviu dois mandatos como presidente, governando a França como um general no campo de batalha, com um referendo em seu mandato.

Demonstrações violentas feitas por estudantes universitários abalaram a França em 1968, acompanhadas por uma greve geral. De Gaulle respondeu levando as tropas para Paris e prometendo uma reforma. Um ano depois, De Gaulle renunciaria à presidência, após perder um referendo sobre suas propostas de reforma. Ele se retirou para Colombey-les-Deux-Églises, onde morreu de um ataque cardíaco, em 1970.

FRASES

De Gaulle foi um mestre de frases curtas e explosivas.

Em junho de 1940, De Gaulle proclamou de Londres: "A França perdeu uma batalha. Mas a França não perdeu a guerra".

Je vous ai compris, *disse aos argelinos em junho de 1958. "Eu entendi vocês."*

Vive le Québec libre, *disse em 1967, no balcão da Prefeitura de Montreal. "Viva a Quebec livre." A declaração causou um impasse diplomático com o Canadá.*

Em casa, De Gaulle conseguia ser igualmente diplomático. "Uma pessoa não consegue impor unidade... em um país que tem 265 tipos diferentes de queijo", disse certa vez.

FRANKLIN D. ROOSEVELT

Franklin Delano Roosevelt (1882-1945), eleito presidente dos Estados Unidos por quatro vezes sem precedentes, conduziu a nação durante a Grande Depressão e pela maior parte da Segunda Guerra Mundial. Aristocrata, controverso e inconsistente, F.D.R. transformou o governo federal e preparou o caminho para que os Estados Unidos se tornassem uma superpotência do século XX.

"A única coisa que devemos temer é o próprio medo."

CRONOLOGIA

1882: Nasce em Hyde Park, Nova York, em 30 de janeiro.
1903: Forma-se em Harvard.
1907: Faculdade de Direito de Columbia.
1910: Eleito senador por Nova York.
1913: Secretário assistente da Marinha.
1921: Acometido pela poliomielite.
1928: Governador de Nova York.
1932: Eleito presidente para o primeiro mandato.
1936: Eleito para o segundo mandato.
1940: Eleito para o terceiro mandato.
1941: Pearl Harbor – os Estados Unidos entram na Segunda Guerra Mundial.
1944: Vence um quarto mandato sem precedentes.
1945: Morre em Warm Springs, Geórgia, em 12 de abril.

NASCIDO EM UMA FAMÍLIA RICA de origem holandesa em uma propriedade com vista para o Rio Hudson, Roosevelt teve uma clássica educação aristocrata da costa leste — Universidade de Harvard e Faculdade de Direito de Columbia. Depois de trabalhar por um curto período como advogado, ele mergulhou em uma carreira política, seguindo os passos de seu primo de quinto grau, o presidente Theodore Roosevelt — apenas como democrata. Foi eleito senador por Nova York em 1910, tornou-se secretário assistente da Marinha em 1913 e, em 1920, foi o candidato do Partido Democrata a vice-presidente.

No mesmo ano, aos 39 anos, Roosevelt foi diagnosticado com poliomielite. Ele lutou contra a doença para reaver as funções das pernas, especialmente nadando, mas para o resto de sua vida ele passaria confinado ao aparelho e na cadeira de rodas.

Em 1928, ele se tornou governador de Nova York e, em novembro de 1932, no auge da Grande Depressão em uma disputa da esperança contra o desespero, Roosevelt foi eleito presidente. Ele ofereceu confiança e prometeu ação — um *New Deal* (Novo Acordo). "A única coisa que devemos temer", disse ele em seu discurso de posse, "é o próprio medo". Quando tomou posse, havia 13 milhões de desempregados e virtualmente todos os bancos já tinham fechado suas portas. O Congresso promulgou um programa abrangente para recuperar o comércio e a agricultura; a nação abandonou o padrão do ouro e milhões de pessoas correram para pegar serviços públicos e trabalhos de auxílio emergencial. A América capitalista ainda embarcaria em um experimento de estatização no projeto hidrelétrico do Vale do Tennessee. No final do primeiro mandato, ele já havia introduzido a previdência social, seguro desemprego, controles bancários, aumento de impostos e terminado com a lei seca. Mas, apesar do otimismo renovado, a recuperação sustentável não viria até que a economia seguisse os passos da guerra em 1940.

Por meio do *New Deal*, as autoridades federais aumentaram de forma significativa e irreversível seu poder sobre a sociedade americana. Isso espelhava o que estava ocorrendo na Europa e na Rússia e, apesar da implementação ter sido feita de maneira democrática nos Estados Unidos, os conservadores argumentavam que Roosevelt havia minado os direitos dos Estados e a liberdade individual. Eles também não concordavam com o aumento do sindicalismo.

Roosevelt foi reeleito em 1936 com uma vasta maioria e continuou expandindo a autoridade federal, aumentando a Suprema Corte, que vinha bloqueando um pouco seu *New Deal*. Ele perdeu a batalha judicial, mas estabeleceu o direito de o governo regulamentar a economia.

Roosevelt era pragmático nas relações exteriores. Ele comprometeu os Estados Unidos na política da "boa vizinhança", uma promessa de não intervenção nos assuntos internos dos países da região. Optou pela política isolacionista, ciente de que a maioria dos americanos culpava a Depressão pelo seu envolvimento na Primeira Guerra Mundial e, consequentemente, aplicou essa neutralidade estrita em relação à Europa. Ele reconheceu que a União Soviética, em 1933, e os Estados Unidos haviam feito muito pouco no início, enquanto Adolf Hitler subia ao poder, declarando guerra na Europa e prosseguindo com o extermínio em massa de judeus e ciganos. Quando a Polônia, a França e a Bélgica caíram nas mãos de Hitler e a Grã-Bretanha se encontrava em estado de sítio, Roosevelt, coagido pelo Congresso, podia oferecer apenas assistência não militar. Por fim, ele daria uma ajuda substancial de forma "não neutra" tanto ao Reino Unido como à Rússia, incluindo navios de guerra, mas ele ganhou a reeleição em 1940, com a promessa de que os meninos americanos não lutariam em guerras estrangeiras.

No entanto, isso iria mudar quando os japoneses atacaram e quase destruíram por completo a frota do Pacífico dos Estados Unidos em

Pearl Harbor, em 7 de dezembro de 1941. Roosevelt imediatamente preparou a nação para a guerra global, tornando-se um dos arquitetos mais importantes na derrota da Alemanha e do Japão, presidindo a aliança, às vezes tensa, com o Reino Unido e a Rússia em uma sucessão de cúpulas internacionais. Ele se concentrou na formação do mundo pósguerra por meio da recém-formada Nações Unidas e, em particular, em arrastar a Rússia Soviética para dentro da guerra. Ele via a Rússia como um aliado vital para derrotar o Fascismo, mas no fim acabou sendo ludibriado pelo líder soviético, Joseph Stálin, que depois da guerra impôs o regime ditatorial comunista em mais da metade da Europa Oriental. Reeleito em 1944, Roosevelt morreu em 12 de abril de 1945, menos de um mês antes da rendição da Alemanha Nazista.

UMA TRAJETÓRIA COM AS PALAVRAS

Roosevelt foi um dos primeiros políticos a explorar o rádio. Ele começou transmitindo conversas em "ambiente familiar", quando era governador de Nova York, e usou o rádio para reunir a América durante a Segunda Guerra Mundial. Foi ele que lançou o costume das transmissões presidenciais semanais.
Ele cunhou o termo "The New Deal", no dia da sua posse, "Eu prometo aos senhores, eu prometo a mim mesmo, um novo acordo para o povo americano". Roosevelt chamou o dia do ataque a Pearl Harbor – 7 de dezembro de 1941 – "uma data que viverá na infâmia."

DAVID BEN-GURION

*David Ben-Gurion (1886-1973) dedicou sua vida estabelecen-
do o Estado judeu na Palestina e foi o primeiro primeiro-ministro
e fundador de Israel.*

"O que importa não é o que os gentios dizem, mas o que os judeus fazem."

CRONOLOGIA

1886: Nasce em Plonsk, Polônia, em 16 de outubro.
1906: Imigra para a Palestina.
1914: Deportado pelos turcos, viaja a Nova York.
1917: Retorna para a Palestina.
1948: Torna-se primeiro-ministro de Israel.
1953: Abandona o governo.
1955: Primeiro-ministro mais uma vez.
1963: Renuncia.
1970: Afasta-se da vida política.
1973: Morre em Sde Boker, em 1º de dezembro.

NASCIDO COM O NOME DE DAVID GRUEN em 1886, em Plonsk, que na época fazia parte da Rússia e atualmente se localiza na Polônia, Ben-Gurion foi educado em um colégio hebraico fundado por seu pai, um advogado e fervoroso sionista. Herdando a crença convicta do pai, cujo objetivo era o retorno dos judeus à terra natal, ele se tornou professor em um colégio judeu em Varsóvia, aos 18 anos, e afiliou-se ao grupo socialista-sionista Poale Zion (Trabalhadores de Sião). Sempre estudando e escrevendo, a carreira acadêmica era algo que o acompanharia por toda a sua vida.

Em 1906, imigrou para a Palestina, que na época fazia parte do Império Otomano controlado pelos turcos; convencido de que os judeus deveriam começar a cultivar a terra outra vez, ele montou a primeira comunidade de trabalhadores agrícolas, que acabou se desenvolvendo no movimento *kibutz*. Também ajudou a estabelecer o movimento de auto-deferência judaica Hashomer (O Guardião), e tornou-se editor do jornal de língua hebraica *Achdut* (Unidade). Na Palestina, adotou o sobrenome de Ben-Gurion, que em hebraico significa o "filho do jovem leão".

Foi deportado para o Egito pelos turcos, em 1915, logo após o início da Primeira Guerra Mundial, e viajou em nome da causa socialista-sionista para Nova York, onde se casou com a imigrante russa Paula Munweis. Quando os ingleses tiraram o controle da Palestina das mãos dos otomanos e emitiram a Declaração de Balfour, aumentando a esperança sionista de uma "terra nacional" judaica, Ben-Gurion se alistou na Legião Judaica do exército britânico e voltou para casa para lutar. Mas a guerra já havia terminado quando ele chegou à Palestina.

Sob o Mandato Britânico, ele entraria na política sindicalista trabalhista, fundando em 1920 a confederação nacional Histadrut de trabalhadores judeus. O Histadrut era de forma efetiva um "Estado dentro de um Estado" e Ben-Gurion era de fato a autoridade local. Dez anos depois, Ben-Gurion fundava o Partido Trabalhista de Israel e, em 1935, seria eleito o diretor executivo do Movimento Sionista Mundial e chefe da Agência Judaica na Palestina. Ben-Gurion cooperou com os ingleses até 1939, mas acabou rompendo com eles quando, cedendo às pressões árabes, eles começaram a impedir o fluxo de imigrantes judeus na região. Desde então, ele se posicionaria cada vez mais na vanguarda da luta contra os ingleses e, depois da guerra de 1939-1945, clamou abertamente por insurreição e autorizou ataques de guerrilhas.

Coube a Ben-Gurion a tarefa de proclamar o Estado de Israel da sacada de um apartamento em Tel-Aviv em maio de 1948 e, em seguida, transformar as forças de resistência em um exército e liderar a jovem nação como primeiro-ministro e ministro da Defesa em sua primeira guerra contra os vizinhos árabes. A guerra gerou altos custos para ambos os lados — 1% da população judaica, assim como milhares de árabes perderam suas vidas, e mais de meio milhão de palestinos perdeu suas casas. Depois da guerra, Ben-Gurion presidiu um rápido desenvolvimento do país — o movimento *kibutz*, a construção de novas cidades, a criação de um sistema unificado de educação pública, o estabelecimento do abastecimento nacional de água, "verdejar" a terra e absorver um enorme fluxo de imigrantes. Durante seus treze anos como primeiro-ministro, a população de Israel triplicou de meio milhão para um milhão e meio.

Ele deixou o governo em 1953 para viver em seu *kibutz*, em Sde Boker, mas retornou ao governo dois anos depois, inicialmente como ministro da Defesa e, em seguida, novamente como primeiro-ministro. Liderou Israel na Guerra do Canal de Suez em 1956, quando Israel se juntou à Grã-Bretanha e à França na desastrosa invasão do Egito, ocupando a Península do Sinai por um curto período de tempo.

Ben-Gurion renunciou ao cargo de primeiro-ministro em 1963, mas se manteve ativo na política como membro do Knesset (Parlamento) em um partido dividido que ele fundara até junho de 1970. Com seu famoso cabelo prateado reduzido a dois fios de cabelos rebeldes no topo de sua careca, ele se aposentou pela última vez em Sde Boker para escrever e morreu três anos depois nas sombras da Guerra do Yom Kippur, em 1973.

ARQUITETO DE UMA NAÇÃO

O poeta israelense Amos Oz disse sobre ele: "Meio Washington, meio Moisés, foi o arquiteto de um novo Estado-nação que alterou o destino do povo judeu – e do Oriente Médio".

Sempre um homem de ação, Ben-Gurion costumava dizer: "O que importa não é o que os gentios dizem, mas o que os judeus fazem".

Uma das ações mais controversas de Ben-Gurion como primeiro-ministro foi estabelecer relações diplomáticas com a Alemanha Ocidental – um passo amargo naquela época.

A casa de Ben-Gurion no kibutz de Sde Boker, próximo a Beersheva, situava-se no centro do Deserto de Negev, que ele amava. A vista da sua casa dava para a dramática paisagem do deserto e seu túmulo tem a mesma vista.

GAMAL NASSER

Gamal Abdel Nasser (1918-1970) saiu de uma origem humilde para se tornar o primeiro presidente do Egito. Ele nacionalizou o Canal de Suez e tornou-se um herói no mundo árabe, entretanto sua reputação sofreu um abalo depois de ser derrotado por Israel em 1967.

Era simpático e elegante como pessoa, mas, como político, Nasser comandava um Estado policial repressivo.

CRONOLOGIA

1918: Nasce em Alexandria, em 15 de janeiro.
1936: Ingressa no colégio militar.
1938: Forma-se como oficial no Exército egípcio.
1948: Primeira guerra árabe-israelita.
1952: Golpe de Estado sem derramamento de sangue derruba o rei Faruk.
1954: Nasser assume o poder.
1956: Egito nacionaliza o Canal de Suez.
1967: Egito é derrotado por Israel na Guerra dos Seis Dias.
1970: Morre no Cairo depois de um ataque cardíaco, em 28 de setembro.

GAMAL ABDEL NASSER, o filho de um carteiro, nasceu em uma simples casa feita de barro e foi criado dentro e nos arredores de Alexandria e Cairo. Depois de terminar o estudo fundamental, ingressou no colégio militar em 1936 e formou-se dois anos depois como oficial do Exército egípcio. O Egito continuava sob o domínio britânico, com o rei Faruk servindo de fantoche no trono, e Nasser ajudou a forjar um grupo nacionalista clandestino que visava à independência — Movimento dos Oficiais Livres, El Dhobatt El-Ahrar. Ele lutou como major na primeira guerra árabe-israelita, em 1948, quando os países muçulmanos vizinhos tentaram, sem êxito, acabar com o novo Estado de Israel. Nasser era oficial em um dos três batalhões que ficaram cercados durante semanas pelos israelitas em um conjunto de vilarejos árabes, chamado de Faluja Pocket (El-Faluja).

A derrota na guerra e a insatisfação geral como a crescente corrupção no governo desencadearam um golpe de Estado quase sem derramamento de sangue, em julho de 1952. Nasser foi o líder, embora permanecesse nas sombras por mais dois anos. Os oficiais rebeldes, liderados pelo general Mohammed Nagib, forçaram o rei Faruk a abdicar do trono, e seu filho Ahmad Fuad foi assim declarado rei em seu lugar. Os britânicos concordaram com a retirada em 1954, mas antes disso o

Exército ainda se rebelaria mais duas vezes — primeiro para destituir o jovem rei e proclamar uma república sob o comando do general Nagib e, em seguida, para destituir Nagib e empossar Nasser como chefe de Estado. Ele se tornou presidente oficialmente em 1956, e proclamou o Egito como um Estado socialista árabe, com o Islamismo como religião oficial.

Nasser então passa a mostrar sua veia nacionalista; o Egito unilateralmente se apossou do Canal de Suez, uma via marítima vital que ligava os mares Mediterrâneo e Árabe, que estava sob o controle da Grã-Bretanha. Nasser nacionalizou o canal depois que a Grã-Bretanha e os Estados Unidos cancelaram o financiamento para seu projeto de construção da represa de Assuã. Essa ação desencadeou uma crise e os britânicos e os franceses, aliados a Israel, lançaram uma invasão aérea e terrestre para reaver o canal. Os americanos, instintivamente contrários ao que consideravam a derradeira investida do imperialismo britânico, aliaram-se a Nasser e forçaram a retirada dos invasores. O primeiro-ministro britânico Anthony Eden renunciou diante da humilhação. No mundo árabe — e em outras nações que ainda eram governadas pelas potências europeias —, Nasser foi elevado ao *status* de um herói do pós-colonialismo, apesar de ter perdido parte do Sinai para Israel e ser experiente em guerras. A tomada do Canal de Suez feita pelo Egito foi um momento decisivo para o nacionalismo árabe.

Nasser introduziu reformas socialistas por todo o Egito — estatizando terras e bancos —, embora o efeito fosse mais simbólico do que economicamente benéfico. Entretanto, ele conseguiu romper de uma vez por todas com o passado quase feudal que vivia o Egito, tentou modernizar e industrializar o país, elevando os padrões educacionais e, de forma significativa, melhorando o papel da mulher na sociedade. Era simpático e elegante como com pessoa, mas, como político, Nasser mantinha toda a oposição sob forte pressão comandando um Estado policial repressivo.

Ele alcançou enorme popularidade em todo o mundo árabe e tornou-se um dos líderes fundadores do Movimento dos Países Não Aliados, que representava os países que não tinham supostas alianças tanto com o Oriente como com o Ocidente, embora fosse um forte aliado da União Soviética. Anti-Israel com toda a sua ferocidade, ele tentou unificar o mundo árabe montando uma federação entre o Egito e a Síria e formando a República Árabe Unida durante sua presidência. Mas a união foi desfeita em 1961, depois de um golpe militar na Síria.

Nasser liderou o Egito em uma guerra desastrosa contra Israel em 1967, quando seu exército foi totalmente derrotado. Ele jamais se recuperaria desse golpe. Renunciou, mas foi persuadido a permanecer no cargo. Três anos depois, após se esforçar para reconstruir o Exército e a moral nacional, ele morreu de ataque cardíaco.

REPRESANDO O NILO

A represa de Assuã foi o legado mais controverso de Nasser. Projetada para represar as vastas águas do Alto Nilo para obtenção de energia elétrica e irrigação de milhares de acres de deserto árido, a represa inundou vários monumentos que não tinham como ser resgatados pela UNESCO e teve um efeito prejudicial nos níveis de água do Rio Nilo.

A Guerra do Canal de Suez, em 1956, ainda evoca fortes emoções – mas, em retrospecto, exceto no contexto da Guerra Fria, é difícil justificar uma intervenção armada.

As cicatrizes da guerra de 1967 ainda são visíveis no Deserto do Sinai – os cascos queimados dos tanques egípcios sujam a paisagem.

RONALD REAGAN

Ronald Reagan (1911-2004), um antigo astro do cinema, que se tornou o 40º presidente dos Estados Unidos, era conhecido como o "grande comunicador". Republicano, restabeleceu a política conservadora do seu país e venceu a Guerra Fria.

"Junte as melhores pessoas que puder ao seu redor, delegue autoridade e não interfira."

CRONOLOGIA

1911: Nasce em Tampico, Illinois, em 6 de fevereiro.
1932: Forma-se na Faculdade de Eureka, primeiro trabalho no rádio.
1937: Primeiro contrato cinematográfico em Hollywood.
1966: Eleito governador da Califórnia.
1970: Reeleito governador.
1980: Vence a eleição presidencial, derrotando Jimmy Carter.
1981: Assume o cargo como o 40º presidente dos Estados Unidos.
1984: Vence o segundo mandato como presidente dos Estados Unidos.
1989: Termina o mandato.
1994: Retira-se da vida pública com Alzheimer.

NASCIDO EM TAMPICO, Illinois, filho de um vendedor de sapatos alcoólatra irlandês-americano, Reagan estudou na escola secundária em Dixon, cidade vizinha, e com muito esforço concluiu seus estudos na Faculdade de Eureka, onde conquistou o diploma em Economia e Sociologia, jogou futebol americano e atuou como ator. Depois da faculdade, ele se tornou locutor esportivo de rádio e fez um teste, em 1937, para conseguir um contrato com a Warner Brothers, em Hollywood. Durante as próximas duas décadas, atuaria em 53 filmes, na maior parte filmes B. Ele também faria aparições em filmes de treinamento para o exército durante a Segunda Guerra Mundial. Na época da guerra, seu casamento com a atriz Jane Wyman fracassara e acabou se casando com outra atriz, Nancy Davis, em 1952.

Reagan se envolveu com a política como presidente do Screen Actors Guild,* que na época era confundido com a questão do Comunismo na indústria cinematográfica. Ele mudou de liberal para conservador e viajou pelo país como apresentador de TV e locutor de relações públicas, tornando-se um porta-voz cada vez mais popular para a direita republicana. Em 1966, foi eleito governador da Califórnia com uma margem de 1 milhão de votos e foi reeleito em 1970. Ele criou seu próprio estilo como governador, delegando a maioria dos assuntos diários e se

---

* N.T.: Sindicato dos Atores dos Estados Unidos.

concentrando apenas nas questões políticas de maior peso. Ele também aprendeu como explorar a televisão para angariar o apoio popular.

Dez anos depois, e após duas tentativas fracassadas de conseguir a nomeação, Reagan chega à Casa Branca em uma plataforma conservadora, conquistando 51% dos votos, derrotando Jimmy Carter, principalmente por causa da fraca gestão de Carter com a economia e o fiasco da crise dos reféns americanos no Irã. Reagan e seu vice-presidente, George Bush, derrotariam os democratas de novo em 1984, conquistando 59% dos votos e ganhando um segundo mandato.

No cenário doméstico, Reagan se manteve firme a suas promessas eleitorais; reduziu impostos e gastos do governo e persuadiu o Congresso a votar nas medidas para estimular a economia. Seus oponentes desaprovavam sua política econômica e a chamavam de "Reaganomics"; no início, o índice de desemprego alçou voo, assim como o déficit orçamentário, mas no fim suas políticas acabaram rendendo uma década de crescimento econômico. Ele era duro com os sindicatos — em uma manobra típica, fez com que os controladores aéreos do país fossem demitidos por aderirem à greve.

Na política externa, Reagan procurava alcançar a "paz com o uso da força", e começou a dar as cartas no jogo da Guerra Fria, aumentando consideravelmente os gastos para 35%, durante seus oitos anos no cargo, e embarcando em seu programa "Guerra nas Estrelas" para criar um escudo de proteção no espaço. Reagan selou um relacionamento especial com a primeira-ministra britânica Margaret Thatcher e, trabalhando em conjunta harmonia, eles direcionaram suas ameaças contra a União Soviética, a qual Reagan havia denunciado no início da sua presidência como "um império do mal". As cúpulas de Reagan com o presidente soviético Mikhail Gorbachev geraram o maior tratado sobre armas nucleares em 1987 e, como consequência, prepararam o campo que resultou na desmontagem pacífica do Império Soviético. Reagan também levou sua guerra contra o Comunismo à Nicarágua, na América Central. Com seu estilo característico, atacou a contínua fonte de terrorismo internacional bombardeando a Líbia.

Como em alguns de seus papéis em filmes de caubói, Reagan mantinha as coisas de forma simples. Ele tinha clareza em sua visão — seja nos gastos do governo ou se livrando do Comunismo — e era capaz de comunicar sua mensagem muito bem e, com poucas exceções, transmitia de forma consistente.

Reagan escapou de uma tentativa de assassinato no 69º dia no cargo, um evento que proporcionou ao ator seu primeiro papel de protagonista no cenário mundial. Ele disse que havia se esquecido de agachar, uma piada que refletia seu jeito afável e de simpatia popular. "Espero que vocês todos sejam republicanos", disse enquanto era levado de cadeira de rodas para a sala de cirurgia. As transmissões televisivas de Reagan à nação em momentos de crise, e em ocasiões como o desastre do ônibus espacial Challenger em 1986, eram performances brilhantes que pareciam vir direto do coração. Elas realmente justificam sua reputação de "grande comunicador", e que talvez tenha o tornado o "grande fugitivo" quando, por exemplo, conseguiu se esquivar da responsabilidade do Caso Irã-Contras, armas em troca de reféns.

Reagan se aposentou em sua casa, em Los Angeles, e escreveu sua autobiografia, *An American Life* [Uma vida americana; 1990]. Em uma carta reveladora ao povo americano em 1994, foi anunciado que ele se retiraria totalmente da vida pública porque estava sofrendo do mal de Alzheimer. Reagan morreu em 2004, aos 93 anos.

FRASES MEMORÁVEIS

"Sr. Gorbachev, abra este portão. Sr. Gorbachev, derrube este muro!"

"Não existem tais coisas como limites de crescimento, porque não há limites de inteligência, imaginação e curiosidade na capacidade humana."

"Junte as melhores pessoas que puder ao seu redor, delegue autoridade e não interfira."

"O objetivo do auxílio desemprego deveria ser eliminar, o máximo possível, a necessidade de sua própria existência."

"É a União Soviética que navega contra a onda da história... (É) a marcha da liberdade e da democracia que deixará o Marxismo-Leninismo no monte de cinzas da história."

MARGARET THATCHER

A baronesa Margaret Thatcher de Kesteven (1925-) foi primeira-ministra britânica por onze anos ininterruptos, durante os quais venceu uma guerra no Atlântico Sul, ajudou a derrubar o Comunismo soviético e reafirmou o triunfo do capitalismo em seu país e no exterior. Ela foi a primeira mulher primeira-ministra da Grã-Bretanha.

"A dama não é de voltar atrás."

CRONOLOGIA

1925: Nasce em Grantham, Lincolnshire, em 13 de outubro.
1959: Ingressa no Parlamento.
1975: Líder *Tory*.
1979: Primeira-ministra.
1982: Guerra das Falklands.
1983: Vence a segunda eleição geral.
1987: Vence a terceira eleição geral.
1990: Perde a liderança do partido.

NASCIDA MARGARET HILDA ROBERTS, Thatcher era filha de um lojista de Grantham. Ela se formou em Química pela Universidade de Oxford e tornou-se uma advogada especializada em direito tributário, casou-se com um empresário rico, Denis Thatcher, e foi eleita para o Parlamento pela seção eleitoral de Londres por Finchley, em 1959.

Thatcher começou primeiro no Gabinete como secretária da Educação em 1970, na administração de Edward Heath, e ela lhe desafiou como líder do partido, após ele ter perdido duas eleições gerais em 1975. Para a surpresa de muitos, e a consternação do centrista Heath, a antissocialista Thatcher venceu.

Ela subiu ao poder na eleição geral, em 1979, e teve um início desconfortável: sua política de redução dos limites do Estado, libertando o comércio e a indústria da interferência e dos subsídios do governo, enquanto suprimia os gastos públicos, produziu graves aumentos nas taxas de juros e no desemprego. O número de desempregados chegou a 3 milhões. Mas ela permaneceu confiante em sua crença de que as forças do mercado sozinhas gerariam uma prosperidade duradoura.

Ela fortaleceu sua reputação ao liderar o país em uma guerra contra a Argentina para reaver as Ilhas Falkland, um remoto território britânico situado no Atlântico Sul, que a Argentina tinha invadido, reivindicando tratar-se de um antigo território. A guerra era extremamente arriscada, mas mostrou ao mundo e à Grã-Bretanha que Thatcher era de aço. Logo depois de ter recuperado as Ilhas Falkland, Thatcher conquistou uma vitória eleitoral esmagadora para um segundo mandato contra uma oposição fraca e dividida.

Sua segunda administração foi atrás de um programa mais radical de privatização e desregulamentação, reforma dos sindicatos para abreviar seus poderes de uma vez por todas, redução de impostos e introdução de mecanismos de mercado livre para o sistema de saúde e educação. Entre 1984 e 1985, ela venceu um importante confronto com os mineiros em greve, que haviam organizado protestos em todo o país na tentativa de manter as minas abertas com os subsídios do Estado. A venda das empresas estatais continuou em ritmo avançado até sobrar virtualmente nada, exceto a saúde, a educação e a defesa que acabaram sobrando na folha de pagamento do Estado — telecomunicações, indústria aérea, televisão, rádio, gás, eletricidade, água, empresa aérea, metalúrgica britânica e sistema de habitação foram todos vendidos. O número de acionistas individuais na Grã-Bretanha triplicou, enquanto 1,5 milhão de pessoas compravam suas casas que antes eram de propriedade do Estado. Sua política de privatização foi copiada ao redor do mundo e, no final da década, mais de 50 países já haviam adotado programas similares.

Uma bomba colocada pelo Exército Republicano Irlandês (IRA) quase matou Thatcher na conferência do Partido Conservador em Brighton, em 1984 — uma tentativa de vingança por ela ter se recusado a negociar com os republicanos que estavam em greve de fome, dez dos quais morreram de fome nas cadeias britânicas na Irlanda do Norte.

Thatcher demonstraria sua linha-dura novamente em 1986, quando aboliu a organização coordenadora de Londres, a *Greater London Council;** ela já havia perdido a paciência com seu líder socialista, Ken Livingstone.

Thatcher conquistou um recorde ao vencer o terceiro mandato em 1987. Nesse ponto, ela já havia se tornado uma líder mundial e selado um relacionamento fechado com o presidente dos Estados Unidos, Ronald Reagan, que já havia pago dividendos com o apoio americano durante o conflito das Falklands. Ambos os líderes partiram abertamente atrás da derrubada daquilo que consideravam o "império do mal" comunista soviético, o que fez com que Thatcher recebesse em retorno um elogio do líder soviético, Mikhail Gorbachev, que a apelidou de a "Dama de Ferro". Thatcher apoiava rigorosamente a política de rearmamento de Reagan, que acabou levando os soviéticos à mesa de negociação, dando início à perestroica e, consequentemente, ao colapso do Comunismo.

---

* N.T.: Conselho da Grande Londres.

Em 1989, Thatcher introduziu um imposto comunitário, o "poll tax", nada popular, desencadeando violentas revoltas. Enquanto isso, sua linha-dura nas negociações com seu próprio Gabinete e sua crescente oposição com a União Europeia resultaram em conturbadas renúncias — especialmente do seu secretário de Defesa, Michael Heseltine, e, em 1990, seu secretário de Relações Exteriores de longa data, Geoffey Howe. Seu discurso de renúncia no Parlamento deu início a uma sequência de eventos que culminaria na queda de Thatcher algumas semanas depois. Heseltine desafiou a liderança de Thatcher e, enquanto perdia, ele foi ganhando votos suficientes para persuadi-la que uma minoria crucial do partido favorecia a mudança. Thatcher renuncia e, dois anos mais tarde, abandona a política e assume uma cadeira na alta Câmara dos Lordes como baronesa.

A SABEDORIA DE THATCHER

ALGUMAS FRASES LENDÁRIAS:

"A economia é o método; o objetivo é mudar a alma."

"Passarão anos até que uma mulher lidere o Partido Conservador ou torne-se primeira-ministra. Não consigo ver isso acontecer no meu tempo."

"Eu sou extraordinariamente paciente, contanto que as coisas sejam do meu jeito no final."

Margaret Thatcher foi a primeira-ministra que mais serviu consecutivamente em mais de 150 anos (desde lorde Liverpool). Seu período total como primeira-ministra foi de 11 anos e 209 dias.

Sua linha-dura, abordagem descompromissada e estilo combativo de governo levam seu próprio nome – Thatcherismo.

"Você volta para trás se você quiser. A dama não é de voltar atrás."

MIKHAIL GORBACHEV

Mikhail Gorbachev (1931-) foi o último líder soviético. Ele conduziu a retirada do regime comunista da Rússia e do Leste Europeu e ajudou a acabar com a Guerra Fria. Saudado no Ocidente como um grande libertador, foi afrontado por muitos de seus compatriotas pelo colapso do Império Soviético.

Mikhail Gorbachev mudou o mundo, mas perdeu seu próprio país enquanto fez isso.

CRONOLOGIA

1931: Nasce em Privolnoye, perto de Stavropol, em 2 de março.
1955: Forma-se em direito pela Universidade de Moscou.
1971: Eleito para o Comitê Central.
1978: Secretário do Partido responsável pela Agricultura.
1980: Une-se ao Politburo.
1985: Secretário-geral do Partido Comunista Soviético.
1987: Acordo com os Estados Unidos de não proliferação de mísseis de médio alcance com capacidade nuclear.
1988: Presidente da União Soviética.
1990: Queda do Muro de Berlim.
1990: Recebe o Prêmio Nobel da Paz.
1991: Sobrevive ao atentado de golpe de Estado contra ele.
1991: Gorbachev renuncia como presidente da extinta União Soviética.

HAVIA POUCA COISA no início de sua carreira que sugeriria que Mikhail Sergeyevich Gorbachev se tornaria o líder que desmontaria o Império Soviético. Nasceu de uma família rural que vivia perto de Stavropol, no sudoeste da Rússia em 1931, afiliou-se ao Partido Comunista e dirigiu uma ceifeira em uma fazenda estatal durante quatros anos antes de se mudar para Moscou, onde recebeu o diploma de Direito pela Universidade Estatal. Trabalhou para melhorar sua posição no sistema do partido em sua região natal de Stavropol e, sob a tutela de dois membros veteranos do Politburo, Mikhail Suslov e Yuri Andropov, foi eleito no Comitê Central do Partido Comunista em 1971. Em 1978, recebeu o cargo de responsável pela agricultura soviética. Ele já sabia sobre as ineficiências do sistema coletivo pelo próprio histórico de sua família, no entanto agora ele teria de lidar com ele.

Em 1981, Gorbachev se tornaria um membro direto do Politburo, a maior organização política da União Soviética e, dois anos depois, seu mentor, Andropov, assumiria o cargo de Leonid Brezhnev como líder soviético. Andropov continuou estimulando Gorbachev, que já vinha criando uma reputação como um inimigo da corrupção e da ineficiência.

Munido de autoconfiança, Gorbachev assumiria a liderança do partido soviético em março de 1985 e se tornaria o presidente da União Soviética em 1988.

Desde o início, foi um homem que tinha muita pressa. Ele se esforçou para reformar uma economia controlada pelo Estado altamente ineficiente e estagnada: glasnost (abertura) e perestroica (reconstrução) se tornaram a política de ação nos seus seis anos de governo. Percebendo que a economia soviética estava virtualmente falida e que o capitalismo ocidental já os havia superado de longe em termos de novas tecnologias, Gorbachev começou também a argumentar pelo fim da custosa corrida armamentista contra o Ocidente.

Sempre dizem que o momento mais perigoso para um regime ditatorial é quando começa a liberalizar, e Gorbachev logo se encontraria pego entre a elite governante do partido, que via seus privilégios ameaçados pela liberdade de imprensa, eleições e reformas na economia de mercado, e os radicais que desejavam se livrar de uma vez do Estado totalitário e de uma economia controlada. Gorbachev introduziu um novo parlamento eleito parcialmente, o Congresso dos Deputados do Povo e, em 1989, foi eleito como seu presidente. No entanto, ele nunca ousou libertar a economia por completo do controle do Estado e, em meio aos resultados caóticos e confusos, perdeu controle total do país. Ele também acabou desencadeando as forças do nacionalismo nos Bálticos e em outras repúblicas soviéticas, que mostrou ser impossível de conter. O sucesso, que alcançou negociando novos acordos de controle de armas com os Estados Unidos e retirando as tropas soviéticas do Afeganistão, resultou em uma dissolução pacífica dos antigos países comunistas na Ásia e no Leste Europeu e na reunificação da Alemanha — tudo isso sendo bem-visto no Ocidente como o início de uma nova era. Em seu país e aos olhos dos comunistas de linha-dura, tudo aparentava uma liquidação.

Os linhas-duras e seus aliados militares revidaram em agosto de 1991 e organizaram um golpe, enquanto Gorbachev estava de férias na Crimeia. O golpe fracassou, em grande parte em virtude da coragem dos manifestantes nas ruas de Moscou e por causa do presidente da Rússia, Boris Yeltsin. Gorbachev foi restituído ao cargo, mas o poder agora pertencia aos líderes das várias repúblicas e, acima de tudo, a Yeltsin. Em 23 de dezembro de 1991, Gorbachev renunciou ao cargo e a União Soviética deixou de existir. Em 2007, ele voltou à política, tornando-se líder do Partido Social Democrata.

Um herói "por acaso"

Gorbachev planejou acabar com a União Soviética? É quase certo que não era o caso no início. Gorbachev ziguezagueou pela história, mas sua realização mais duradoura foi – provavelmente sem intenção – o desmantelamento de um dos impérios mais armados da história sem grandes derramamentos de sangue. Gorbachev continuou ativo na política, mas não chegou a lugar algum na nova Rússia de Boris Yeltsin. Ele concorreu nas eleições presidenciais de 1996, mas fracassou em atrair o apoio. Foi um sucesso no circuito americano e europeu de palestras, e ainda usou sua popularidade para vender uma marca de pizza em um comercial de TV nos Estados Unidos.

Gorbachev foi o primeiro líder soviético a fazer um "marketing" da sua esposa. A atraente Raisa o acompanhava em suas visitas, atraindo para ele mais admiradores no Ocidente, mas quanto aos russos, não acostumados a "primeiras-damas", ressentiam-na. Raisa morreu de leucemia, em 1999, e Gorbachev recebeu enorme compaixão, demonstrando tristeza com sua perda.

ALEXANDRE, O GRANDE*

Alexandre, o Grande (356-323 a.C.), rei da Macedônia, foi um dos grandes líderes militares: conquistou metade do mundo conhecido em treze anos e nunca perdeu uma batalha. Sua maior realização foi difundir a cultura helênica de Gibraltar na costa mediterrânea até o Punjab na Índia.

*N.E.: Sugerimos a leitura de *O Gênio de Alexandre, O Grande*, de N.G.L. Hammond, Madras Editora.

Alexandre foi um mestre em todos os tipos de guerra, mas, acima de tudo, liderava seus homens na frente de batalha.

CRONOLOGIA

356 a.C.: Nasce em Pella, antiga capital da Macedônia.
336 a.C.: Rei da Macedônia.
334 a.C.: Lidera invasão grega da Pérsia.
334 a.C.: Batalha de Grânico.
333 a.C.: Batalha de Isso.
331 a.C.: Batalha de Gaugamela.
327 a.C.: Entra na Índia.
324 a.C.: Retorna à Pérsia.
323 a.C.: Morre na Babilônia, em 13 de junho.

ALEXANDRE SE TORNOU REI da Macedônia em 336 a.C., depois que seu pai, o rei Felipe II, foi assassinado. Não havia chegado ainda aos 20 anos quando herdou um próspero reino com um exército altamente profissional que dominava as cidades-Estados da Grécia. Alexandre, que fora educado na arte da guerra por seu pai e seu tutor Aristóteles, rapidamente consolidou seu poder na Grécia, com uma combinação de força e diplomacia, sendo eleito o comandante supremo das tropas gregas na guerra contra a Ásia. Ele passaria o ano seguinte acabando com as revoltas regionais e pondo fim a uma rebelião em Tebas.

Alexandre liderou uma das melhores máquinas militares do mundo. Uma infantaria bem treinada, montada em formações de falange e apoiada pela cavalaria, proporcionava a espinha dorsal e de última geração do exército macedônio; o êxito de Alexandre geralmente derivava de uma cuidadosa coordenação de cavalos leves e soldados a pé, com os quais ele surpreendia e desarticulava manobras de tropas bem maiores. Alexandre foi também um mestre em fazer cercos. Acima de tudo, ele liderava seus homens no fronte de batalha. Foi ferido em batalha pelo menos sete vezes, sendo que o mais grave foi quando uma flecha perfurou seu pulmão na Índia.

Ele cruzou o Estreito de Dardanelo, em 334 a.C., e foi direto até Troia – atual Turquia e local da grande vitória dos gregos na Ásia – e foi próximo desse local que venceu a maior vitória contra os persas no Rio Grânico. No ano seguinte, Alexandre surpreendeu uma tropa ainda maior de persas, liderada pelo rei Dario, em Isso, que hoje é o nordeste da Síria. Alexandre agora sabia que podia dominar a Pérsia, mas antes ele assegurou o leste do Mediterrâneo — invadindo a Síria e, em seguida, tomando Tiro depois de sete meses de cerco, brilhantemente executado construindo uma trilha suspensa que levava até a fortaleza da ilha. Gaza e o Egito se entregaram sem luta e, depois de um período apropriado com seus novos subalternos egípcios e uma peregrinação ao templo de Amon-Rá no deserto líbio, Alexandre juntou suas tropas novamente em Tiro e partiram para a Babilônia. Cruzando o Tigre e o Eufrates, encontrou-se com o rei Dario nas planícies, no norte do atual Iraque, e impôs uma derrota arrasadora contra ele em Gaugamela, em 331 a.C. Dario conseguiu escapar, mas depois acabou sendo morto. Nos próximos três anos, Alexandre dominaria toda a Pérsia e criaria o império do leste, nomeando oficiais locais e, para consternação de seu próprio povo macedônio, adotando trajes persas e casando-se com uma persa, Roxana.

Alexandre agora passaria dois anos lutando no que nos dias de hoje é o Afeganistão, pressionando em direção ao norte até o Rio Oxus, antes de anunciar sua intenção de conquistar a Índia. Ele cruzou o Rio Indo, em 326 a.C., e invadiu o Punjab até chegar ao Rio Hifasis. Nesse ponto, percebeu o quanto o subcontinente era maior do que viria a imaginar; seus companheiros macedônios se recusaram a prosseguir e seu determinado líder hesitou em continuar até a Índia. Alexandre arrebatou mais uma vitória, derrotando a tropa liderada pelo rei Poro, em 326 a.C., depois que seus homens perderam o medo de encarar elefantes na batalha e, então, seu exército retornou à casa por mar e por terra.

De volta à Pérsia, Alexandre se empenhou em organizar seu império. Ele impôs uma mistura bizarra de controle central soberano — nomeando péssimos governadores e introduzindo uma moeda única — com o apoio de uma federação falida baseada na coexistência e igualdade racial, algo que seus compatriotas macedônios não gostavam de maneira alguma. No final, ele estava cheio de contradições — resoluto e ao mesmo tempo flexível, um sonhador e um estrategista, cruel e bondoso, e cheio de ataques sanguinários de ira, na maioria das vezes dirigidos àqueles que se encontravam mais próximos dele. Extremamente belo, às vezes parecia acreditar que tinha uma própria origem divina. Ele estava preparando uma invasão à Arábia quando morreu de febre na Babilônia, em 323 a.C., muito provavelmente depois de mais uma de suas notáveis bebedeiras, embora alguns sugiram que ele fora envenenado.

CORTANDO O NÓ GÓRDIO

O nó górdio era maldosamente difícil e não tinha pontas. Reza a lenda que aquele que o desatasse conquistaria a Ásia. Contam que, com sua personalidade decisiva, Alexandre teria dado uma olhada e cortado o nó com uma espada. "Que diferença faz se eu perder", disse ele. Cortar o nó górdio passou a significar cortar um problema que parece ser complexo com um simples golpe direto e corajoso.

Contam que Alexandre havia domado um cavalo negro e selvagem, o Bucéfalo, quando tinha apenas 10 anos de idade. Bucéfalo era seu cavalo favorito e ele deu nome de uma cidade na Índia em sua homenagem, quando morreu com ele na campanha de 327 a.C. pelo país.

Alexandre e seus sucessores fundaram cerca de 70 cidades, sendo Alexandria a mais famosa entre as outras, na boca do Rio Nilo, no Egito, em 332 a.C.

ANÍBAL*

Aníbal, um general cartaginês (247-183 a.C.), que passou a maior parte da sua vida adulta lutando contra Roma, a maioria das vezes com um sucesso sem precedentes. Sua maior realização foi invadir a Itália pela porta dos fundos – cruzando os Alpes.

---

*N.E.: Sugerimos a leitura de *Aníbal – O Inimigo de Roma*, de Gabriel Glasman, Madras Editora.

Longe do soldado cruel e grosseiro, como às vezes é retratado, Aníbal foi um estudioso da cultura helênica.

CRONOLOGIA

247 a.C.: Nasce em Cartago.
221 a.C.: Aníbal é nomeado comandante-chefe.
218 a.C.: Começa a Segunda Guerra Púnica.
218 a.C.: Aníbal invade a Itália.
217 a.C.: Derrota Caio Flamínio no Lago Trasimeno.
216.a.C.: Impõe a pior derrota ao exército romano em Canas.
203 a.C.: Aníbal é chamado de volta a Cartago.
202 a.C.: Aníbal é derrotado por Cipião Africano em Zama.
183 a.C.: Morre ao tomar veneno.

ANÍBAL ERA FILHO DE Amílcar Barca, o general que comandou as tropas cartaginesas na Sicília, durante a primeira das três grandes Guerras Púnicas, uma luta pelo domínio do Mediterrâneo entre uma agressiva Roma expansionista e o costeiro Estado de Cartago. Depois de ser derrotado pelos romanos e expulso da Sicília, Amílcar passou a reposicionar Cartago, construindo seu poder na Espanha.

Com apenas 9 anos, Aníbal acompanhou seu pai à Espanha e, antes de ir, fez um juramento solene de inimizade contra Roma. Continuou fiel à sua promessa por toda a vida.

Aníbal cresceu lutando campanhas vitoriosas na Espanha e, em 221 a.C., na ocasião da morte de seu cunhado, Asdrúbal, e com apenas 26 anos, foi nomeado comandante-chefe das forças cartaginesas. Ele foi um brilhante estrategista, usando o máximo da inteligência, enviando escoltas aos campos inimigos e, às vezes, indo ele mesmo por trás das linhas inimigas. Parecia ser sempre capaz de adivinhar o que o inimigo pensava; ele se tornou um mestre em movimento de pinça (ataque pelos flancos). Em dois anos, já havia consolidado o domínio de Cartago na Península Ibérica, com exceção do posto avançado de Sagunto, que conseguiu invadir depois de oito meses de cerco. Isso eclodiu em uma nova guerra entre Roma e Cartago — a Segunda Guerra Púnica (218-201 a.C.).

A ousadia de Aníbal agora lhe renderia um lugar inigualável na história militar; foi responsável por um dos maiores avanços de flanqueamento de todos os tempos. A Itália estava fortemente armada na costa, então, Aníbal decidiu pegar o caminho mais longo. A marcha de Aníbal para Roma começou em 218 a.C. Partiu de Nova Cartago (atual cidade espanhola de Cartagena), liderando uma tropa de 40 mil homens, incluindo cavalaria e elefantes, e avançou sobre os Pirineus atravessando o sul da França e, em seguida, em apenas 15 dias, cruzou os Alpes, por Col de Grimone ou Col de Cabre. Isso foi um feito extraordinário para um exército acostumado em operações nas planícies mais quentes. Quantos homens foram perdidos no terreno hostil, no frio e ataques de guerrilhas permanece até hoje como uma questão de conjuntura, mas Aníbal surgiu do outro lado da montanha com pelo menos um elefante e uma tropa composta por soldados a pé e cavalaria. Sua invasão do norte da Itália foi equivalente ao 11 de setembro nos Estados Unidos: Roma ficou chocada. Aníbal avançou ao sul, derrotando exércitos inteiros de romanos em uma série de vitórias devastadoras, culminando no Lago Trasimeno, onde relatos contemporâneos dizem que as águas foram tingidas de vermelho com o sangue do exército de Caio Flamínio. Roma, àquela altura, provavelmente estava pronta para ser tomada, mas ele hesitou.

A campanha de Aníbal pela Itália continuaria por mais quinze anos e, apesar de impor outra derrota devastadora ao exército romano em 216 a.C., em Canas, no Rio Ofanto, ele nunca conseguiria se erguer novamente — em parte por causa da mudança de tática dos romanos. Em vez de confrontá-lo em uma batalha aberta, eles o saqueavam e o desgastavam. Sem contar que os reforços não conseguiram chegar. Aníbal foi progressivamente sendo levado para o sul.

Em 204 a.C., seu inimigo Cipião tomou a iniciativa e desembarcou na África do Norte; foi ordenado a Aníbal que retornasse a Cartago. Os dois generais se enfrentaram em Zama, em 202 a.C., e Aníbal, enganado pelos cavaleiros númidas que haviam mudado de lado, foi finalmente derrotado por Cipião. Cartago foi devolvida a Roma, a Segunda Guerra Púnica terminou e Cipião retornou triunfante, recebendo o título de "Africano".

Com muito êxito, Aníbal passou a restaurar as fortunas de Cartago, provando ser um líder eficiente em época de paz, mas, sob pressão de Roma, foi mandado para o exílio. Ele passou a combater os romanos da Síria, mas, quando a Síria caiu nas mãos dos romanos em 190 a.C.,

Aníbal mudou-se mais para o leste. Por fim, viu-se cercado em Bitínia, no norte da Ásia Menor, onde cometeu suicídio, bebendo veneno de um compartimento que havia no anel que sempre usava — provavelmente em 183 a.C.

AS GUERRAS PÚNICAS

As Guerras Púnicas derivam seu nome de Phoenicia, *a palavra latina para Fenícia, de onde os cartagineses vieram originalmente; Roma venceu todas as três. A História de Roma, de Lívio, destaca os êxitos militares de Aníbal quando ele atravessou a Itália depois de cruzar os Alpes. Conta que a batalha no Lago Trasimeno foi "um dos desastres mais memoráveis sofridos pelos exércitos romanos". Apesar de Lívio retratar Aníbal como um soldado cruel e grosseiro, ele de fato foi um estudioso da cultura helênica capaz de compor textos de Estado em grego e que também escreveu livros.*

JÚLIO CÉSAR

Caio Júlio César (100-44 a.C.), general e estadista romano, expandiu o reino de Roma na Europa Ocidental e estabeleceu as bases do Império Romano. Um soberbo e ousado general, que inspirou a lealdade em seus soldados, foi também um brilhante administrador, escritor e famoso amante. Seus opositores o consideravam um tirano, que se via como um deus e que permitiu que o sistema de governo republicano de Roma desmoronasse.

César conquistou uma sequência de vitórias enquanto consolidava o Império Romano na Europa.

CRONOLOGIA

100 a.C.: Nasce em Roma em 12 ou 13 de julho.
60 a.C.: Membro do Primeiro Triunvirato.
59 a.C.: Eleito cônsul.
58 a.C.: Governador da Gália.
55 a.C.: Primeira expedição à Grã-Bretanha.
49 a.C.: Retorna a Roma, cruzando o Rubicão.
48 a.C.: Derrota Pompeu na batalha de Farsala.
44 a.C.: Assassinado nos degraus do Senado em 15 de março.

JÚLIO CÉSAR nasceu no prestigioso clã juliano e foi sempre destinado ao posto mais elevado. Desde jovem já havia adquirido o gosto pelo poder, graças ao marido de sua tia, o grande general Caio Mário, que o nomeou para o posto de sacerdote de Júpiter, o deus chefe do povo romano. Mas Mário morreu logo em seguida e César saiu de Roma e viajou para o leste para lutar com as legiões e ganhar sua primeira experiência de guerra. Mais tarde, retornou a Roma para estudar e exercer Direito e, em seguida, passou um tempo em Rodes aprendendo oratória. No caminho para lá, acabou sendo sequestrado e conseguiu escapar dos piratas que, posteriormente, capturaria e crucificaria. Quando retornou a Roma, começou a subir pouco a pouco a escada política. Eleito tesoureiro público em 68 a.C., serviu por algum tempo no sul da Espanha e, com um estilo de vida elevado e uma nova esposa para sustentar, começou a desfrutar o apoio de um dos homens mais ricos de Roma, Marco Licínio Crasso. Em 60 a.C., César foi considerado, junto com Crasso e Pompeu, como um dos três mestres de Roma, naquilo que foi conhecido como o Primeiro Triunvirato. No entanto, em vez de receber um comando militar, César foi nomeado para cuidar das estradas e florestas.

Essa nomeação nada glamorosa foi o momento da virada. Com um problema remexendo no Reno, César fez um *lobby* pesado para conseguir o comando militar dos territórios do norte dos Alpes. Roma até então concentrava a maior parte de sua força militar consolidada no

Mediterrâneo. A decisão de enviar César ao norte transformaria o que se tornaria o Império Romano e serviu de base para a Europa moderna.

Este foi seu período brilhante — os sete anos das Guerras da Gália, nas quais César conquistaria uma sequência de vitórias contra os helvécios, os germânicos, os nérvios e os belgas, à medida que, gradualmente, consolidava o governo de Roma no centro e no norte da Europa, a oeste do Reno. O feito foi mais incrível ainda porque os bárbaros do norte europeu estavam unidos e no mesmo número que os romanos. César prevaleceu por sua maestria em estratégia, táticas e disciplina de seus soldados. Ele foi, ao mesmo tempo, um líder de visão, que respeitava os costumes locais e oferecia um sistema de governo e direitos aos cidadãos que conquistava. Houve empecilhos e derrotas também; duas expedições à Inglaterra, em 55 a.C. e 54 a.C., não surtiram resultados e, o líder gálio, Vercingetórix, derrotou seu exército em Gergóvia, perto da atual Clermont-Ferrand, em 52 a.C. Mas a estrela de César estava em alta e quando, em 52 a.C., Pompeu assumiu controle e ordenou que o exército de César fosse desmontado, o general duro na queda e sedento de poder desobedeceu e marchou em direção a Roma. "A sorte está lançada", ele proferiu, enquanto cruzava o Rubicão, um pequeno rio que separava a província da Gália Cisalpina com a Itália.

A ação gerou uma guerra civil, que continuou e parou durante quatro anos, mesmo com César superando Roma e continuando a derrotar Pompeu na batalha de Farsala, na Grécia. Em seguida, César foi para o Egito, onde caiu nos braços apaixonantes de Cleópatra. Mais campanhas se seguiram — na Ásia Menor, no norte da África e na Espanha — e, quando retornou a Roma pela última vez, em 45 a.C., já havia passado mais de treze anos ininterruptos em guerra. De volta, ele se tornaria ditador vitalício, revogando o poder da agora desacreditada nobreza romana. Usou o título de *Imperator*; ele era de fato o imperador de uma república. No fim das contas era essa contradição, combinada com sua magnanimidade e vaidade, que fez com que seus amigos se voltassem contra ele; foi alvejado no Senado com 23 facadas nos Idos de Março. O povo amava César e os romanos se levantaram em ira contra os conspiradores; o caos que se seguiu no final fez com que o sobrinho-neto de César, Otávio, subisse ao poder. Ele, como Augusto, estabeleceu o Império Romano.

César introduziu o calendário juliano e o mês de julho é em sua homenagem. Começou em 1º de janeiro de 45 a.C.

VENI, VIDI, VICI

César foi o autor de várias grandes obras (a maioria delas perdida), incluindo algumas em causa própria, mas brilhantes relatos de suas Guerras da Gália e a guerra civil contra Pompeu.

DECLARAÇÕES MEMORÁVEIS:

"Veni, vidi, vici" (Vim, Vi, Venci), sobre sua campanha vitoriosa contra o filho de Mitrídates, Farnaces (um aliado de Pompeu), em 47 a.C.

"Et Tu, Brute" (Até tu, Brutus), suas últimas palavras, ao notar que mesmo seu parceiro mais próximo, Marco Júnio Bruto, o havia traído. No entanto, essas palavras talvez tenham sido pronunciadas em grego.

O termo "César" continuou a existir como Kaiser e Czar.

ÁTILA, O HUNO

Átila, rei dos hunos (404-453) e o "flagelo de Deus", arruinou e acabou de vez com o Império Romano. Ele é conhecido como um dos maiores destruidores da história: o nome de sua tribo tornou-se sinônimo de violência cruel.

"A grama jamais voltará a crescer onde o cavalo de Átila pisou."

CRONOLOGIA

404: Nascimento de Átila.
435: Átila torna-se o rei dos hunos.
441: Ataca o Império Bizantino.
445: Átila assassina seu irmão Bleda.
450: Átila invade a Gália.
451: Derrotado na Batalha de Châlons.
452: Átila invade a Itália, saqueia as cidades do norte.
453: Morte de Átila na sua noite de núpcias.

EXCELENTES CAVALEIROS que cruzaram as estepes da Ásia, os hunos foram os guerreiros mais rápidos e violentos que o mundo jamais viu. Na época do nascimento de Átila, em 404, eles já haviam chegado às margens do Rio Danúbio — próximo às fronteiras do decadente Império Romano. Vindo de uma família huna que governava, pelo que contam, Átila teria passado um período em Roma quando era adolescente, mas a experiência parece tê-lo deixado com uma crescente ambição em querer conquistá-la.

Ele teve sua chance, quando estava com 31 anos, por ocasião da morte de seu tio, o rei Ruas; ele e seu irmão herdaram um imenso território, dos Alpes e o Mar Báltico a oeste, até o Mar Cáspio a leste. Descrito por contemporâneos como sendo um homem de baixa estatura, troncudo, com o nariz achatado, barba rala e um negociador irascível e tenaz, Átila consolidou seu poder sobre as tribos bárbaras do norte e do centro da Europa por meio de conquistas e alianças e, em 441, voltou-se ao leste de Roma, de forma ostensiva, para extrair os tributos não pagos do imperador Teodósio. Durante os anos seguintes, ele provaria ser um comandante excepcional; abriria seu caminho até os portões de Constantinopla, destruindo cidades como Belgrado e Sófia no trajeto e, em seguida, aniquilando o que havia sobrado do exército bizantino, em Galípoli. O tratado de paz posterior custaria ao Império Bizantino um tributo não pago de uma vez mais 2.100 libras de ouro por ano. Depois de assassinar seu irmão, Bleda, em 445, Átila assumiu controle total do reino e, de novo, declarou guerra ao Império Bizantino; ele surgiria dela, em 449, com os tributos e enormes ganhos territoriais.

Agora, voltaria sua atenção ao Ocidente, invadindo a Gália e, em seguida, o reino dos visigodos. Seu objetivo declarado era a mão da irmã do imperador, Honória, e ele demandava metade do Império Romano do Ocidente como dote. Átila destruiu Metz, deixou Paris e quase tomou Orléans, antes de retornar ao sul em direção a Châlons. Lá, nos Campos Cataláunicos, ele se deparou com uma derrota sangrenta nas mãos de Flávio Aécio e sua coalizão das tribos gálias e visigodas lideradas pelos romanos. O rei visigodo, Teodorico I, foi assassinado e, embora as tropas do general Aécio prevalecessem, seria a última vitória em nome do Império Romano do Ocidente.

Sem querer desistir, Átila voltou à Itália em 452, e suas tropas saqueadoras atacaram Aquileia, Pádua, Verona, Bréscia, Bérgamo e Milão, antes que algo incrível acontecesse. Uma tropa liderada por um homem de barba branca surgiu para se encontrar com ele às margens do Lago Garda. Ninguém sabe exatamente o que aconteceu, mas de algum modo o papa Leão I havia persuadido Átila a se retirar.

No caminho para casa, ele pegou uma garota chamada Ildico e casou-se com ela em uma grande festa de casamento, quando chegou a Tisza. Ele já havia se casado várias vezes antes e teve incontáveis filhos, mas as celebrações desta vez provariam sua ruína; Átila morreu na sua noite de núpcias com o rompimento de uma artéria "sufocado por uma torrente de sangue". Ele foi enterrado em um local secreto junto com um monte de tesouro e vários de seus companheiros.

Os hunos

Os hunos vieram da Ásia e apareceram pela primeira vez na Panônia, no final do século IV. Construíram uma capital com tendas nas planícies de Tisza, em 420. Suas tropas eram rápidas e mais móveis que qualquer outra na sua época, consistindo primariamente de tropas montadas carregando arcos de flecha com cinco pés* de comprimento, com os quais podiam fazer ataques mortais. Cada homem carregava sua própria bagagem.

Foram os hunos que provavelmente levaram a varíola para a Europa, uma doença fatal que atormentou o continente até o século XIX e que causou uma devassa no Novo Mundo.

Os hunos foram responsáveis pela fundação de Veneza, expulsando os venezianos do norte da Itália para se refugiarem nos lagos e ilhas na entrada do Mar Adriático, que posteriormente se tornaria o Estado e a república de Veneza.

---

* N.T.: Equivale a cerca de 152 centímetros.

GÊNGIS KHAN

Gêngis Khan (1167-1227) foi um líder mongol que juntou tribos nômades rivais em uma nação e, em seguida, fez dessa nação o centro de um império que se estenderia da China até a Rússia, a maior que o mundo jamais viu.

O austero clima do estepe moldaria Temujin em um guerreiro quase indestrutível.

CRONOLOGIA

1167: Nasce próximo ao Lago Baikal, Rússia.
1190: Chefe da tribo da família.
1206: Eleito Gêngis Khan.
1215: Captura Zhongdu (Pequim).
1219: Invade Corésmio.
1227: Morre em 18 de agosto.

FILHO DE UM CHEFE, Temujin, como o futuro Gêngis Khan era chamado, nasceu segurando um pano ensanguentado na palma da mão. Foi criado em um mundo hostil; na infância, teve de enfrentar o assassinato do pai, cativeiro, o rapto de sua esposa e a contínua ameaça de passar fome. O trauma e o austero clima da estepe moldaram o homem que cresceria para ser um grande conquistador em um guerreiro inimitável e quase indestrutível.

Temujin se tornou líder do que restava da tribo de seu pai em 1190; e, por meio de seu carisma e ousadia, reuniu seguidores da região ao redor e, uma a uma, começou a dominar as tribos rivais. De forma violenta, exterminava todos que ficassem no seu caminho e, de fato, aniquilou os tártaros, que haviam matado seu pai, assassinando todos aqueles que eram maiores que uma carroça. Em 1206, era o senhor das estepes, quase todo o território que hoje abrange a Mongólia e, em uma *khuriltai*, uma reunião tradicional de líderes tribais, ele se proclamou Gêngis Khan — "Governante Universal" ou "Príncipe de Tudo que Habita entre os Oceanos".

Este seria um momento decisivo na história; os nômades tribais da estepe, ágeis cavaleiros cuja arma principal era o arco e flecha e cuja principal habitação era uma toca, estavam prestes a se aventurar no cenário mundial com uma força assustadora. Gêngis Khan teve a sorte de reinar em uma época de desordem na China, e se beneficiou avançando primeiro ao sul da China e dominando o reino tangute de Xi Xia e, em seguida, marchando para o norte e conquistando Zhongdu, capital do Império Jing, a atual Pequim. Provocado pelo massacre de uma caravana que estava sob sua proteção, Gêngis Khan se voltou então ao Corésmio, um novo império islâmico a oeste, capturando as cidades principais, tais como Samarcanda e Bucara, ao redor do Mar Cáspio e abrindo caminho até chegar às margens do Mar Negro; foi lutando contra os muçulmanos que os mongóis ganharam a reputação pela selvageria e pelo terror. Ao norte, seus generais seguiram até a Rússia e, ao sul, até Cabul e Peshawar.

Seus inimigos descreviam Gêngis Khan como um assassino vingativo e cruel — "eles vieram, abateram, queimaram, destruíram, saquearam e partiram", disse um muçulmano —, mas ele foi, ao mesmo tempo, um imperador inteligente e sofisticado, e um hábil estadista. Rapidamente adaptou seu exército de cavalaria para que pudesse lidar com cercos de guerra e, em uma ocasião, para desviar um canal, a fim de invadir cidades maiores. Ele forjou uma nação mongol unificada que durou mais de oitocentos anos: nomeou uma pessoa responsável pelas leis e introduziu o registro de informações, fez com que o idioma mongol fosse reduzido a uma escrita turca, estimulou a alfabetização e praticou a tolerância religiosa; aprendeu com os chineses a importância do cultivo, e, com os muçulmanos, o valor das cidades como fontes de riqueza. Estabeleceu uma capital em Caracórum e organizou uma rede de estalagens para facilitar uma comunicação mais rápida entre seu vasto império. Sua genialidade militar derivava da sua capacidade em se adaptar rapidamente com a mudança das circunstâncias. Ele combinou a força física e a força de vontade com a flexibilidade, e soube como prestar atenção aos conselhos. Sua melhor arma no final era uma simples capacidade militar, combinada com o puro terror que suas tropas eram capazes de impor — tanto a ameaça psicológica quanto a dura realidade.

Gêngis Khan estava lutando na China quando ficou doente e morreu. Seu corpo foi levado de volta à Mongólia, onde foi enterrado no maior sigilo. Aqueles que testemunharam o enterro foram todos mortos, para que ninguém revelasse o local que se encontra a tumba do grande conquistador. O local do sepultamento de Gêngis Khan continua oculto até os dias de hoje.

GÊNGIS, O CONQUISTADOR

Em termos de milhas quadradas, Gêngis Khan foi o maior conquistador de todos os tempos – maior até que Alexandre, o Grande.

Os olhos frígidos de Gêngis abençoam o dinheiro mongol; seu povo ainda alimenta a lenda de que seu grande imperador retornará outra vez.

O cronista europeu do século XIX Matthew Paris dizia que os mongóis eram uma "nação detestável de Satã que emanaram como demônios do Tártaro, por isso são justamente chamados de tártaros".

Gêngis Khan disse aos muçulmanos: "Eu sou a punição de Deus. Se vocês não tivessem cometido grandes pecados, Deus não teria enviado uma punição como eu para vocês".

GUILHERME, O CONQUISTADOR

Guilherme, o Conquistador (1027-1087), duque da Norman-dia e rei da Inglaterra, liderou a última invasão vitoriosa nas Ilhas Britânicas. Um dos maiores soldados e líderes da Idade Média, Guilherme estabeleceu a Dinastia Anglo-Normanda da Inglaterra, dominou as fronteiras turbulentas galesas e escocesas e deixou um testamento monumental de poder administrativo real e de registro público, o Domesday Book.

Tendo êxito no domínio de seu próprio território, o duque colocaria agora suas aspirações em lugares com maiores riquezas.

CRONOLOGIA

1027: Nasce em Falaise, Normandia.
1035: Duque da Normandia, "Guilherme, o Bastardo".
1066: Derrota o rei Haroldo em Hastings e é coroado rei da Inglaterra.
1086: Ordena o levantamento *Domesday*.
1087: Morre em Rouen, em 9 de setembro.

G UILHERME, O BASTARDO, foi nomeado duque da Normandia aos 8 anos, filho ilegítimo do duque Robert I e de Arlete, filha de um curtidor. Com muitos membros da família de seu pai ansiosos por se beneficiarem com sua morte, e a legitimidade tênue de sua posição como um herdeiro bastardo, sua infância foi cercada de perigo: três de seus guardiões morreram de forma violenta e seu tutor foi assassinado. Seu bem-sucedido governo pessoal do ducado começou em 1042, consolidando o poder ducal da família sobre os barões e garantindo sua independência do rei francês, cuja autoridade real soberana na Normandia fora reduzida à de uma figura simbólica nos 150 anos seguintes.

A reivindicação de Guilherme ao trono inglês começou a tomar forma em 1052, quando ele abriu as negociações com seu primo Eduardo, o Confessor, para montar uma aliança a fim de enfrentar as rebeliões em suas fronteiras do leste. Os cronistas normandos, escrevendo depois da Conquista, foram ainda mais além ao alegar, de forma improvável, que o rei sem herdeiros da Inglaterra tinha prometido o trono inglês ao duque normando, supostamente confirmado por Haroldo, o conde de Wessex, durante uma viagem à Normandia por volta de 1064.

Entretanto, quando Eduardo morreu sem ter filhos, em janeiro de 1066, Haroldo se autoconsagrou rei, deixando Guilherme furioso. Tendo êxito no domínio de seu ducado, o duque colocaria agora suas aspirações em territórios maiores e mais ricos: a riqueza das ilhas nas proximidades apresentava um desafio irresistível. Os soldados de Guilherme cruzaram o canal em setembro daquele ano, deparando-se com o rei Haroldo que chegara a tempo, voltando da costa sul, onde lutara contra outro requerente rival ao trono, Harald Hardrada. Depois de uma marcha de 250 milhas* da ponte Stamford, próxima a York, as tropas inglesas lutaram muito em Hastings, mas foram derrotadas pelas robustas tropas e cavalarias normandas, e vencidas pela tática astuta de retirada dissimulada. Haroldo foi morto ao anoitecer, em 14 de outubro de 1066, e Guilherme foi coroado como rei da Inglaterra na abadia de Westminster, no dia de Natal. Para mostrar que agora era ele quem comandava, Guilherme ordenou a construção da Torre de Londres como sendo sua fortaleza.

Guilherme I foi um rei que representou sua época, um homem com vontade de ferro, que aplicou métodos cruéis de governo para manter a paz e administrar a justiça. Os primeiros três anos de seu reinado foram gastos exterminando revoltas localizadas, especialmente no oeste e no norte, e assegurando as fronteiras galesas e escocesas, historicamente turbulentas. Ele criou os condados com tropas defensivas nessas regiões depois de suas bem-sucedidas invasões na Escócia, em 1072, e no País de Gales, em 1081. Depois de concluir as conquistas, Guilherme selecionou especialistas da realeza para administrar seu novo reino durante suas prolongadas ausências na Normandia; muito de seus êxitos de governo anglo-normando pode ser atribuído ao seu velho amigo Lanfranco, que ele nomeou como arcebispo da Cantuária.

Em 1086, Guilherme ordenou um levantamento completo sobre o seu reino, resultando na compilação do *Domesday Book*, um tributo à sofisticada máquina da administração local anglo-saxônica e da eficiência normanda na forma de utilizá-la. No exterior, Guilherme foi ameaçado pela aliança de Felipe I da França com seu próprio filho, Robert Curthose. Isso enfureceu o rei de tal forma que, em seu leito de morte em 1087, depois de ter sido fatalmente ferido pelo cabeçote da sela de seu cavalo em Mantes, ele excluiu Robert de sua herança inglesa e a deu ao seu segundo filho, Guilherme, o Ruivo, deixando a Robert apenas a Normandia.

---

* N.T.: Equivale a 402,34 quilômetros.

UM PODER SEM PRECEDENTES

Os contemporâneos de Guilherme consideravam-no como o rei mais poderoso que qualquer um de seus predecessores; ficavam apavorados com a imposição quase sem misericórdia de seu poder real e pelo seu êxito em varrer quase por completo todos os vestígios da classe dominante inglesa. A revolução de Guilherme foi feita em menos de vinte anos, toda a classe dominante da Igreja e do Estado falavam francês. Os cronistas da Igreja descreviam o que era uma vida essencialmente violenta, retratando Guilherme com uma camada de legitimidade e respeitabilidade; no entanto, a inscrição em seu túmulo, em Caen, mostra um resumo talvez mais apurado sobre a vida desse rei guerreiro:

ELE GOVERNOU OS SELVAGENS NORMANDOS; CONQUISTOU OS BRITÂNICOS, MANTENDO-OS SOB SEU PODER, E BRAVAMENTE FORÇOU A RETIRADA DAS ESPADAS DE VOLTA A MAINE E SUJEITOU-AS ÀS LEIS DO SEU REINO. GUILHERME, O GRANDE REI, DESCANSA NESTA PEQUENA URNA, TÃO PEQUENA MORADA SERVE A UM PODEROSO SENHOR.

SALADINO

Saladino (1138-1193), sultão do Egito e da Síria, reuniu os árabes e liderou uma "jihad", uma guerra santa, contra as Cruzadas cristãs, retomando Jerusalém para os muçulmanos e defendendo com êxito a grande contraofensiva da Terceira Cruzada.

Um gênio militar, ele foi venerado tanto por seus inimigos como pelo seu próprio povo por seu cavalheirismo.

CRONOLOGIA

1138: Nasce em Tikrit, atual Iraque.
1169: Comandante do Exército sírio; vizir do Egito.
1171: Toma o poder do Egito.
1174: Toma o poder da Síria; une os muçulmanos.
1187: Batalha de Hattin. Retoma Jerusalém.
1193: Morre em Damasco, em 4 de março.

SALAH AL-DIN YUSUF IBN AYYUB, ou Saladino, como era popularmente conhecido, nasceu em 1138, em Tikrit, atual Iraque, e era de descendência curda. Era uma época de desunião entre os árabes, com uma grande parte da Palestina, incluindo Jerusalém, nas mãos de estrangeiros da Europa Ocidental – os guerreiros cristãos das Cruzadas. Saladino aprendeu a lutar muito cedo. Contava apenas com 14 anos quando ingressou no serviço militar comandado por seu tio, o comandante militar sírio Asad ad-Din Din Shirkuh, com quem lutou com distinção em três expedições para ajudar o decadente califa fatímida do Egito contra as Cruzadas. Quando seu tio morreu, em 1169, Saladino se tornou o comandante-chefe do Exército sírio e vizir do Egito. Ele imediatamente estabeleceu a sede do poder no Cairo e, em 1171, derrubando o fraco e indesejado regime fatímida xiita, colocou o Egito de volta sob o comando dos califas abássidas e sob a lei sunita; no processo, fundou a Dinastia Aiúbida.

Usou seu talento para manter o controle das complexas disputas de poder que assolariam a dividida Terra Santa, e poderia muito bem ter um final nada glorioso, se não fosse pelas oportunas mortes, em 1174, do emir sírio Nur ed-Din, e de Amalrico, o rei da Jerusalém cristã. O caminho agora estaria aberto para Saladino assumir o controle da Síria e, desde então, trabalharia incansavelmente para fazer com que os territórios muçulmanos feudais do Oriente Médio ficassem sob uma única bandeira com o propósito de expulsar as Cruzadas. Consolidou

seu poder das terras muçulmanas do Egito até as fronteiras com a Pérsia, engajando-se em guerras fronteiriças e não fronteiriças contra as
Cruzadas até que, finalmente, em 30 de junho de 1187, cruzou o Rio
Jordão e lançou uma invasão completa no reino latino que se encontrava
enfraquecido e internamente dividido.

O final da batalha veio com uma rapidez inesperada. Saladino
ludibriou os cristãos para uma armadilha seca, nos Cornos de Hattin,
uma escarpa rochosa acima do Mar da Galileia, perto de Tibérias, e,
em um dia escaldante de verão, 4 de julho de 1187, ele impôs uma
derrota devastadora contra um exército exaurido e com sede. Saladino foi magnânimo com o derrotado rei Guy e seus barões, fez com
que os cavaleiros templários e os hospitalários fossem degolados e
os soldados remanescentes, vendidos como escravos. O preço de um
prisioneiro cristão caiu para 3 dinares e um prisioneiro foi permutado
por um par de sandálias.

Os poderosos castelos das Cruzadas agora caíam um a um nas
mãos de Saladino — com exceção de Tiro — e, menos de três meses
depois, em 2 de outubro, ele já tinha tomado Jerusalém, mas, em um
contraste totalmente oposto da forma com que as Cruzadas haviam entrado na cidade 88 anos antes, desta vez não haveria saques nem derramamento de sangue.

A queda de Jerusalém provocou uma reação furiosa na Europa
Ocidental e nada menos que três monarcas saíram chefiando um contra-
ataque massivo – a Terceira Cruzada. Liderados por Ricardo I, rei da
Inglaterra, os cavaleiros templários retomaram Acre em 1191, mas fracassaram em seu objetivo principal – Jerusalém. Mais tarde, naquele
mesmo ano, o rei Ricardo se sairia melhor que Saladino na batalha de
Arsuf, mas foi pouco menos do que um combate decisivo; a própria
guerra em si ficou em um empate. Em 1192, Saladino concluiu um
acordo armistício com o rei Ricardo, que deixava os cavaleiros templários em controle das cidades costeiras, e a maior parte da Palestina,
incluindo Jerusalém, nas mãos dos muçulmanos.

Saladino morreu no ano seguinte em Damasco, em 4 de março,
doente e desgastado pelos anos de guerra.

UM GUERREIRO CAVALHEIRO

Saladino não tinha grande beleza – era baixo e robusto, ruborizado e cego de um olho –, mas causava um fascínio em seus contemporâneos cristãos e continua sendo uma figura cativante, mesmo nos dias de hoje. Seu cavalheirismo desafiava os cavaleiros templários, tanto quanto sua coragem no campo de batalha. Algumas fontes ainda sugerem que Saladino recebeu um título de cavaleiro de Humphrey de Toron; talvez essa tenha sido a maneira de os cruzados justificarem seu cavalheirismo. Apesar de Saladino ter sido severo e nunca ter hesitado na hora de usar a espada e inclusive crucificar alguns de seus oponentes xiitas, há incontáveis relatos sobre seus atos de cavalheirismo com os cruzados; uma vez, mandou enviar frutas frescas ao enfermo rei Ricardo e neve do Monte Hérmon para refrescar suas bebidas.

Considerada uma cidade santa para as três maiores religiões monoteístas do mundo, Judaísmo, Cristianismo e Islamismo, Jerusalém tem sofrido por séculos. É uma cidade disputada até os dias de hoje.

Santa Joana D'Arc

Joana D'Arc (1412-1431) foi uma menina do campo analfa-beta, inspirada pelas visões da expulsão dos ingleses da França durante a Guerra dos Cem Anos. Ela não teve êxito. Capturada, julgada e queimada na fogueira, sua bravura, no entanto, uniu os franceses e seu rei em um momento crítico.

Sua insistência em suas "vozes", enviadas por Deus, foi vista como um desacato herege: Joana foi queimada na fogueira.

CRONOLOGIA

1412: Nasce em Domrémy, em Bar, França, em 6 de janeiro.

1428: Ouve vozes angelicais dizendo-a para ir ao delfim e ajudá-lo a reconquistar seu reino dos ingleses.

1429: Encontra-se com o delfim em Chinon. Resgata a cidade de Orléans de ser cercada pelos ingleses. Testemunha a coroação do delfim como rei Charles VII da França em Rheims. Demanda que Charles ataque Paris. Ele se recusa, mas muitas cidades no norte da França se entregam a ele. Em setembro, lidera as tropas para Paris, mas fracassa em tomar a cidade.

1430: Tenta expulsar os borgonheses de Compiègne, mas é capturada por João de Luxemburgo.

1431: Julgada por heresia pela corte eclesiástica. Queimada na fogueira, em 30 de maio.

1920: Canonizada.

JOANA D'ARC nasceu em uma família rural na vila de Domrémy, perto das fronteiras da província da Lorena. Quando ainda menina, afirmava sempre ouvir vozes, que mais tarde identificou como sendo de São Miguel, Santa Catarina e Santa Margarida. Em maio de 1428, suas vozes a encorajavam a ir até o rei da França e ajudá-lo a reconquistar seu reino das mãos dos ingleses. Nessa época, o rei francês ainda não havia sido coroado e era conhecido como o delfim.* O rei inglês, Henrique VI, assumira a coroa francesa com o apoio do duque da Borgonha, o tio do delfim, em campanhas de ocupação de grandes áreas no norte da França.

Joana foi até o posto francês mais próximo, em Vaucouleurs, e pediu para ver o rei. Ela tinha apenas 16 anos, e tanto ela quanto suas visões não foram levadas a sério. No ano seguinte, em 1429, trajando roupas masculinas, foi para Chinon, onde imediatamente reconheceu o delfim, que se escondia entre suas cortesãs. A princípio, Charles foi cético quanto ao pedido de Joana para que lutassem contra os ingleses,

---

* N.T.: Antigo título dado ao príncipe herdeiro do trono francês.

mas mudou de ideia depois que ela fora intensivamente examinada pelos teólogos. Seu clamor por união deu nova energia aos franceses. Ela recebeu uma pequena tropa militar, adotou um traje com armadura branca e uma bandeira com uma flor-de-lis. Joana, que tinha apenas 17 anos, renovou a energia dos franceses e inspirou-os na vitória decisiva contra os ingleses em maio de 1429, na libertação de Orléans. Isso levou a partes do norte da França, que antes ficavam do lado dos ingleses, declararem sua lealdade a Charles.

O delfim foi coroado rei Charles VII, em Rheims, em 17 de julho de 1429, com Joana próxima a ele empunhando o estandarte. Essa foi uma ação ousada, já que Rheims, o local tradicional de coroação para os reis franceses, ficava em território inimigo.

Charles ficou indeciso quanto a atacar Paris, na época sob controle dos borgonheses, mas Joana sentia que era essencial tomar a cidade; ela foi se tornando impaciente e, em 8 de setembro de 1429, já balançava seu estandarte diante das fortificações e exigia que os parisienses se entregassem às tropas francesas. Ferida, foi saudada como uma heroína que havia posto um fim à supremacia inglesa na França. Ela e sua família foram enobrecidas pelo rei.

Mas Charles hesitou e se opôs a todos os planos futuros de lutar contra os ingleses e seus aliados borgonheses. Independentemente disso, em maio de 1430, Joana liderou uma campanha contra o inimigo em Compiègne. Ela caiu do cavalo e acabou sendo feita prisioneira pelos borgonheses que a entregaram ao representante inglês, Pierre Cauchon, o bispo de Beauvais, em troca de 10 mil francos. Durante 14 meses, Joana foi julgada como herege em uma corte eclesiástica, em Rouen. Ela desmentiu tudo em face à pena de morte na fogueira, mas, pelo fato de continuar trajando roupas masculinas quando foi levada à prisão perpétua, foi outra vez acusada de heresia. Sua insistência quanto às "vozes" enviadas por Deus e seu hábito de vestir roupas masculinas eram vistos como desacato herege, e Joana foi sentenciada à morte e queimada na fogueira, em 30 de maio de 1431. Ela tinha apenas 19 anos. Charles VII, que a havia desertado totalmente, ordenou uma investigação sobre seu julgamento quando, finalmente, tomou Rouen, em 1450.

Joana é também conhecida como a Donzela da França ou *La Pucelle*. Ela é uma das santas padroeiras da França.

CONVOCADA POR DEUS

Quando Joana foi queimada na fogueira, ela pediu a um monge dominicano para segurar um crucifixo e gritar palavras de salvação, para que ela pudesse ouvi-las no estalar das chamas. Depois que morreu, seu corpo foi exibido às multidões, antes de ser incinerado por completo. Suas cinzas foram espalhadas no Rio Sena, perto de Rouen.

Sua juventude, suas convicções imaculadas, seu senso comum e heroísmo inspiraram peças teatrais, poemas, filmes e biografias de autores alemães, franceses, ingleses e americanos, incluindo Schiller, Shaw, Anouilh, Voltaire e Twain.

Quando não trajava uma armadura branca, Joana se vestia com um traje de cavaleiro de pano dourado e bordado de seda com uma pele, colete justo e meias.

GUSTAVO ADOLFO

Gustavo Adolfo (1594-1632), rei Gustavo II da Suécia e líder das forças protestantes durante a Guerra dos Trinta Anos, foi um dos pais da guerra moderna e o fundador do moderno Estado sueco. Formou o primeiro exército recrutado nacional da Europa e planejou suas campanhas militares baseado na premissa que o ataque é a melhor forma de defesa.

Sob o reinado de Gustavo, a Suécia se tornaria o Estado mais eficiente e moderno da Europa.

CRONOLOGIA

1594: Nasce em Estocolmo, em 9 de dezembro.
1611: Torna-se rei da Suécia, em 30 de outubro.
1613: Sela a paz com a Dinamarca.
1630: A Suécia entra na Guerra dos Trinta Anos.
1631: Vitória contra Tilly na Batalha de Breitenfeld.
1632: Vitória contra Tilly na Batalha de Lech.
1632: Vitória e morte, em Lützen, em 6 de novembro.

FILHO DE CARLOS IX, Gustavo foi criado para a guerra e subiu ao trono com 16 anos, enquanto a Suécia se encontrava na guerra em três frentes de batalha — contra Dinamarca, Rússia e Polônia.

Ele estabeleceu a paz com a Dinamarca, concordando em pagar elevadas indenizações, mas continuou com as campanhas suecas contra a Rússia e a Polônia, assegurando por fim grandes ganhos territoriais nos Bálticos, afastando a Rússia e neutralizando a ameaça ao seu trono de seu primo, Sigismundo III, rei da Polônia, com o Tratado de Altmark, em 1629. Nessa época, Gustavo já era conhecido como o "Leão do Norte".

No cenário interno, Gustavo montou a estrutura do moderno Estado sueco, estabelecendo uma nova corte suprema, serviço civil com tesouraria e chancelaria em Estocolmo e Exército e Marinha permanentes. Ele trabalhou em parceria com um brilhante chanceler, Axel Oxenstierna; seus planos constitucionais deram ao conselho do Estado um papel permanente no governo e conferiram um novo *status* ao *Riksdag* ou Parlamento. Gustavo fez muito pela educação; financiou de forma permanente a Universidade de Uppsala, na Suécia, e fundou a Universidade de Tartu, na Estônia, ocupada pelos suecos, e criou o Ginásio para proporcionar a Educação secundária nacional. Sob o reinado de Gustavo, a Suécia se tornaria o estado mais eficiente e moderno da Europa.

Gustavo foi mais inovador ainda como um líder de guerra. Formando o primeiro exército recrutado nacional na Europa moderna, enfatizou a educação militar, disciplina rígida, treinamento rigoroso com uma combinação de armamento e mobilidade, até conseguir forjar um exército formidável que permaneceria incomparável entre as legiões de César e a "Grande Armée" de Napoleão. Ele sempre acreditava que o ataque é a melhor defesa e gerou uma política em que fazia com que suas guerras se pagassem por si mesmas.

Em 1630, Gustavo resgatou a causa protestante na Alemanha, que se via cercada pela Liga Católica do sacro imperador romano, Fernando II, liderado militarmente pelos dois outros grandes capitães da época, os comandantes de Habsburgo, Johann T'Serclaes, o conde de Tilly, e Albrecht de Wallenstein. Gustavo triunfou contra os dois (derrotando Tilly duas vezes) em batalhas que são consideradas por historiadores militares como obras-primas estratégicas e táticas. Sua vitória contra Tilly em Breitenfeld, em 1631, foi um marco na arte da guerra. Percebendo que seu flanco esquerdo estava cercado pelo exército imperial, mandou sua infantaria sueca para dentro da brecha, uma ação sem precedentes para a época. Nos meses seguintes, Gustavo derrotou todos que se encontravam em seu caminho, enquanto seu exército avançava até o sul da Alemanha e, no ano seguinte, derrotou Tilly novamente, deixando-o moralmente ferido na Batalha do Rio Lech. Seu exército fora testado primeiro pelo sucessor de Tilly, Wallenstein, em Alte Veste, em setembro de 1632, mas em 6 de novembro Gustavo atacou as posições entrincheiradas de Wallenstein, em Lützen, perto de Leipzig, na Saxônia, e mais uma vez surpreendeu o exército imperial. No entanto, Gustavo recebeu um tiro e morreu em um combate de cavalaria.

Ele morreu apenas poucas semanas antes do seu 38º aniversário, mas fez da Suécia uma grande potência europeia e criou novos padrões de combate de guerra; suas vitórias contra a Liga Católica garantiram a sobrevivência protestante na Alemanha e no norte da Europa.

UM NOVO MODELO DE EXÉRCITO

O exército de Gustavo era baseado em recrutamento permanente e treinamento rigoroso. Foi o primeiro comandante a usar mosqueteiros em três categorias, cada um atirando enquanto os outros recarregavam.

Na Batalha de Breitenfeld (1631), Gustavo apresentou seu novo princípio de guerra moderna, quando avançou as tropas suecas pelo campo para criar uma segunda frente no lugar da linha saxônica que havia sido rompida pelo exército imperial sob o comando do conde de Tilly. Um contra-ataque liderado pelo próprio Gustavo ganhou o dia para os suecos.

Depois da Batalha de Lützen, o corpo do rei sueco foi encontrado sob uma pilha de mortos; ele estava nu, com um furo de bala na cabeça, uma adaga fincada debaixo do braço e outra bala nas costas.

HORÁCIO NELSON

Horácio Nelson (1758-1805) ganhou batalhas navais que deram o domínio dos mares aos britânicos durante um século. Seu carisma e a forma como alcançava suas vitórias fizeram com que fosse conhecido apenas como "O Herói" e, a cada ano, no Dia de Trafalgar, a Marinha Real Britânica brinda "A Memória Imortal".

"A Inglaterra espera que cada homem cumpra sua missão."

CRONOLOGIA

1758: Nasce em Burnham Thorpe, Norfolk, em 29 de setembro.
1771: Vai ao mar como guarda-marinha.
1787: Casa-se com Frances Nisbet.
1794: Ferido no olho direito em Calvi.
1797: Promovido a contra-almirante.
1797: Batalha do Cabo de São Vicente, feito cavaleiro da Ordem do Banho.
1797: Perde o braço direito em Santa Cruz.
1798: Batalha do Nilo, feito barão.
1799: Começa romance com *lady* Emma Hamilton.
1799: Nomeado duque de Bronte pelo rei de Nápoles.
1801: Batalha de Copenhague, criado visconde.
1805: Morto na Batalha de Trafalgar, em 21 de outubro.

ORÁCIO NELSON era filho de um pároco de Norfolk e foi para o mar aos 12 anos. Seus primeiros anos sob a vela foram servindo nas Índias Ocidentais, no Ártico, na Nicarágua e na Guerra da Independência Americana, lidando com uma saúde debilitada. Foi nomeado capitão em 1779 e casou-se em 1787, quando passou quase seis anos desempregado na Inglaterra, antes do início das guerras revolucionárias francesas.

Nelson alcançou a fama enquanto servia sob o comando do almirante *sir* John Jervis, na Batalha do Cabo de São Vicente, no dia de São Valentino, em 1797. Essa batalha tinha tudo para ser inconsequente (como muitas das batalhas eram naquela época), até que Nelson se separou da formação da linha britânica de batalha — em circunstâncias normais, uma violação disciplinar imperdoável — para evitar a retirada do inimigo. Ele primeiro capturou um navio espanhol e, em seguida, usou-o como um ponto de partida, já que seu próprio navio estava de difícil manejo, para capturar um segundo, o enorme *San Josef*.

Seis meses depois, Nelson perdeu seu braço direito em um ataque fracassado, em Tenerife. Após um período de recuperação, recebeu o comando de um esquadrão responsável por caçar a frota com a qual Napoleão havia navegado para o Egito. Nelson, finalmente, conseguiu localizá-la na entrada do Rio Nilo, na Baía de Abuquir, na noite de 1º de agosto de 1798. Ele lançou um ataque imediato, navegando tanto do lado externo como interno dos ancoradouros franceses e destruindo suas frotas. O clímax da batalha noturna foi marcado por uma explosão gigantesca do navio almirante francês, o *L'Orient*. Contam que foi "uma vitória tão decisiva, tão arrebatadora, como nunca fora vista nos anais da guerra moderna".

Nelson ficou seriamente ferido e passou os meses seguintes na corte siciliana, onde começou seu fervoroso romance com Emma Hamilton, esposa do embaixador britânico. A esse período pertence o episódio mais controverso de sua carreira, a supressão da revolução liderada pelo comodoro Caracciolo e a execução de Caracciolo, pela qual o rei da Sicília conferiu a Nelson o ducado de Bronte.

Nelson se separou de sua esposa quando retornou à Inglaterra, em 1800. No ano seguinte, foi enviado sob o comando do almirante Hyde Parker para os Bálticos e, enfrentando obstáculos formidáveis, derrotou os dinamarqueses em Copenhague, em 1º de abril (tornando seu famoso olho cego em um sinal que ordenava cessar a ação). Nos anos seguintes, passou trabalhando em serviços árduos, a maioria deles bloqueando as frotas francesas, em Toulon. Depois de perseguir os franceses nas Índias Ocidentais, ele comandaria uma frota responsável em manter vigilância nas frotas francesas e espanholas ancoradas em Cádiz. A frota conjunta deixou o porto em 19 de outubro e, no dia 21, Nelson, hasteando seu celebrado sinal "A Inglaterra Espera que Cada Homem Cumpra sua Missão", atacou em duas colunas (uma grande novidade estratégica para aquela época). Morreu com um tiro de um franco-atirador, às 16h30, depois de ter garantido a vitória esmagadora pela qual havia lutado tanto.

O TOQUE DE NELSON

O memorando de Nelson antes da Batalha de Trafalgar tem sido considerado um modelo de método de gerenciamento. Exibe as táticas revolucionárias que ele deseja que devam ser seguidas – o famoso "toque de Nelson" – enquanto permite a iniciativa de cada oficial, concluindo que, se seus sinais não puderem ser vistos, "nenhum capitão estará fazendo nada de errado se posicionar seu navio ao lado do inimigo".

Como líder, Nelson nunca deixou de ser o centro das atenções, desfrutando de reconhecimento público e honrarias. No entanto, era generoso com seus subordinados e delegava muita responsabilidade aos seus capitães, a quem chamava de seu "grupo de irmãos". Ele não era apenas admirado, mas era amado por aqueles que serviam sob seu comando.

Nelson é famoso por ter apenas um olho; mas ele havia perdido apenas a visão do olho direito, e não o próprio olho: em alguns retratos o que aparenta ser um tapa-olho é, de fato, uma viseira para proteger seu olho esquerdo saudável da pressão.

NAPOLEÃO BONAPARTE

Napoleão Bonaparte (1769-1821) foi um dos maiores líderes militares de todos os tempos. Saiu de uma origem humilde para se tornar imperador da França e, por um período de tempo, senhor da Europa.

"No final, a espada será sempre derrotada pelo espírito."

CRONOLOGIA

1769: Nasce em Ajaccio, Córsega, em 15 de agosto.
1785: Comissionado para a artilharia.
1793: Destaca-se no cerco de Toulon.
1795: Oprime a revolta monarquista em Paris.
1796-1797: Vitória contra os austríacos no norte da Itália.
1798: Campanha egípcia.
1799: Assume o poder com golpe de Estado e torna-se primeiro cônsul.
1800: Derrota os austríacos em Marengo.
1804: Coroa-se imperador.
1805: Derrota os austríacos e os russos em Austerlitz.
1806: Derrota os prussianos em Jena.
1807: Invade Portugal, começa a Guerra Peninsular.
1812: Invade a Rússia.
1813: Derrota as forças aliadas em Leipzig.
1814: Abdica e torna-se soberano de Elba.
1815: Foge para a França, derrotado em Waterloo, exilado.
1821: Morre em Langwood House, Santa Helena, em 5 de maio.

NASCIDO EM 1769 na Córsega, Napoleão foi feito encarregado da artilharia francesa, em 1785, e cresceu rapidamente, distinguindo-se no cerco de Toulon (1793), dispersando uma revolta monarquista em Paris (1795) e conquistando o norte da Itália para a França (1796-1797). Ao retornar da campanha egípcia (1798-1799), ele orquestrou um golpe de Estado e tornou-se o primeiro cônsul, coroando-se imperador em 1804. Após um breve período de paz, a Grã-Bretanha provocou uma guerra que duraria de 1803 a 1812. Napoleão nocauteou os aliados britânicos, Áustria, Prússia e Rússia, em Austerlitz (1805), Jena (1806), Friedland (1807) e Wagram (1809), mas a Grã-Bretanha continuou lutando. Napoleão invadiu Portugal (1807), Espanha (1808) e Rússia (1812) para minar a Grã-Bretanha economicamente, mas isso levou a uma mudança na maré; expulso da Rússia e da Espanha, Napoleão perdeu Leipzig (1813) e foi forçado a abdicar do trono, em 1814. Feito soberano de Elba, fugiu para a França em 1815 e reinou por "Cem Dias", antes de ser superado e derrotado em Waterloo e exilado em Santa Helena. Ele foi casado duas vezes, com Josefina Beauharnais e com Maria Luísa da Áustria.

Napoleão herdou de seus anos pós-revolucionários um estilo francês de fazer guerra — ofensivo, móvel, cruel — e de confrontar seus oponentes. Ele se aperfeiçoou por meio de sua liderança carismática e sua inteligência estratégica. Wellington valorizou a presença de Napoleão no campo de batalha diante de seus 40 mil homens extras.

Napoleão buscava inspiração de devoção e coragem em todos os escalões que valorizava. Ao escolher os subordinados, ele procurava sucesso, falta de ortodoxia e agressão ("Eu apenas gosto de oficiais que fazem guerra"); eles lideravam da frente de batalha e morriam por ele em números comparativamente altos.

Nunca sistematizou suas estratégias. "Não existem regras precisas e definitivas... tudo é uma questão de execução." Mas, deixando a ousadia à parte, suas marcas foram rapidez de movimentação e concentração, subterfúgio, tentar dividir os adversários ou fazer com que perdessem o equilíbrio para alcançar uma superioridade local.

Austerlitz (1805) foi sua obra-prima. Dissimulando fraqueza no seu flanco direito, ele provocou a batalha e separou uma tropa russo-austríaca bem maior; em seguida, avançou pelo meio e passou por cima da esquerda inimiga estirada em demasia.

Depois de 1807, a vitória seria mais difícil. Ele recorria mais dos ataques frontais, usando artilharia pesada para penetrar na linha inimiga. Alguns historiadores militares detectaram um declínio em seus poderes. Mas sua campanha defensiva a leste de Paris, em 1814, foi tão brilhante na sua execução quanto foi sua primeira campanha na Itália.

Na visão dos franceses, Napoleão foi também um grande administrador. Durante sua ascensão ao Consulado, diziam sobre ele: "De todos os soldados, ele é o mais próximo de se tornar um civil". Possuía uma mente lúcida e penetrante, um tremendo poder de concentração, energia perseverante e capacidade de impor sua vontade, era algo que lhe vinha naturalmente. Seus instintos incluíam prosperidade, moderação e liberalismo social.

Suas realizações foram muitas. Reformou o sistema tributário, criou o Banco da França e restaurou as finanças francesas. Traçou o Código Civil que sobreviveu ao teste do tempo. Reformou o sistema judiciário criminal e a administração local (criação da Prefeitura). Fortaleceu o ensino superior. Normalizou as relações entre a Igreja e o Estado. Revigorou a agricultura francesa, mandou construir estradas, canais e portos. Pôs a França para trabalhar, gerando uma sensação de estabilidade e oportunidade. Goethe descreveu o trabalho administrativo de Napoleão como uma obra de gênio.

Napoleão elevava seus próprios padrões, acreditando que era conduzido por ideais nobres: amor pela França, honradez e os Direitos Humanos. Era corajoso, magnânimo nas vitórias e generoso. Metternich o relatou, dizendo em 1813: "Um homem como eu não se importa muito com as vidas de 1 milhão de homens", mas a forma como cuidava dos feridos demonstrou o contrário.

Muitos de seus contemporâneos ingleses (nem todos) o viam como um autocrata, um aventureiro pobre que enriqueceu (*Sa majesté très Corse*),* um monstro ambicioso, obcecado com sua própria glória. Mas, deixando a autocracia à parte, essa lista de acusação parece exagerada por orgulho e medo.

Seu maior fracasso — a causa de sua queda — foi a falta de capacidade de julgamento. Ele acreditou muito cedo na lealdade dos outros; a lista daqueles que o traíram é longa. Favorecia a autoconfiança e carecia de percepção dos próprios limites, executando sua visão estratégica às vezes de forma falha.

De forma específica, ele calculou mal as consequências da invasão da Espanha e o convencimento dos Bourbon a renunciarem ao trono espanhol. Falhou em não avaliar o quanto Alemanha, Itália e Holanda ressentiam a ocupação francesa. Subestimou os riscos antes e depois de sua campanha russa. Nas negociações de paz de 1813 e 1814, mostrou-se um tanto longe da realidade.

Era também característico de Napoleão que, depois da Batalha de Waterloo, julgasse erroneamente que a visão que os britânicos tinham sobre ele seria o suficiente para fazê-lo acreditar que eles o receberiam de braços abertos. Claro que não.

OS CEM DIAS

Depois da fuga de Napoleão do seu primeiro período de exílio em Elba, em março de 1815, retornou à França. Cruzou a fronteira da Bélgica em 15 de junho, pegando os prussianos de surpresa e derrotando-os em Ligny, em 16 de junho de 1815. Derrotado em Waterloo, em 18 de junho, resultou em outro período de exílio para o imperador, desta vez em Santa Helena, onde permaneceu até sua morte, em 5 de maio de 1821.

---

* N.T.: Do francês, Sua Majestade Muito Corsa.

DUQUE DE WELLINGTON*

Arthur Wellesley, primeiro duque de Wellington (1769-1852), foi um dos maiores comandantes militares da Grã-Bretanha, mas foi também um dos piores primeiros-ministros. Em uma época perigosa, quando o país mais precisava de vitórias, esse grande soldado nunca perdeu uma única batalha.

---

*N.E.: Sugerimos a leitura de *O Homem que Venceu Napoleão – A História do Duque de Wellington*, de Elizabeth Longford, Madras Editora.

Wellesley passou seis anos expulsando os franceses da Península Ibérica, tirando apenas alguns dias de folga na época.

CRONOLOGIA

1769: Nasce em Dublin, em 1º de maio.
1787: Comissionado ao 73º Regimento Escocês.
1793: Promovido a tenente-coronel.
1794: Campanha na Holanda.
1797-1805: Comanda o exército na Índia.
1804: Feito cavaleiro.
1806: Eleito membro do Parlamento por Rye.
1807: Secretário chefe da Irlanda.
1808-1814: Guerra Peninsular.
1814: Nomeado duque de Wellington.
1815: Derrota Napoleão na Batalha de Waterloo.
1818: Ingressa no Gabinete.
1828-1831: Primeiro-ministro.
1852: Morre no Castelo de Walmer, Kent, em 14 de setembro.

ARTHUR WELLESLEY NASCEU em Dublin, quarto filho de uma nobre família anglo-irlandesa empobrecida. Ele sempre negou ser irlandês, afirmando que o fato de se nascer em um celeiro não faz com que uma pessoa seja um cavalo. Sem ter êxito em qualquer escola, incluindo Eton, acabou em uma academia militar francesa em Angers, onde encontrou seu lugar.

Seguindo os desejos de sua mãe, ele se juntou ao regimento escocês. Sua primeira ascensão se deve em grande parte à influência familiar, com seu irmão comprando seu comando no 33º Regimento Terrestre que, depois de uma campanha em Flanders (1794), foi para a Índia em 1797, onde seu outro irmão, Richard, era governador-geral. Wellesley participou em várias campanhas vitoriosas, como a invasão de Mysore, em 1799, e a Batalha de Assaye, em 1803, que ele considerava como uma das melhores vitórias de todas as 60 em que participou.

Promovido a major-general e cavaleiro, ele retornou a casa, em 1805. No ano seguinte, casou-se com lady Katherine Pakenham e foi eleito também Membro do Parlamento, representante por Rye. Em 1807, graças ao grande apoio da família, foi nomeado secretário chefe da Irlanda e se ausentou do cargo para conquistar uma vitória contra os franceses na Dinamarca.

Em 1808, agora no posto de tenente-general, Wellesley recebera o comando da força expedicionária britânica enviada a Portugal para ajudar em uma insurreição contra os franceses. A campanha ibérica começou bem, com vitórias em Roliça e Vimiero. Mas Wellesley foi intimado a voltar para casa e enfrentar uma corte marcial (na qual acabou sendo exonerado) e, portanto, estava fora da península quando Napoleão chegou para assumir o comando pessoal das tropas francesas, com isso os dois se encontrariam face a face pela única vez apenas em Waterloo.

Wellesley passou seis anos expulsando os franceses da Península Ibérica, raramente tirando um dia de folga. Frequentemente superado pelo enorme contingente de tropas francesas que ocupavam a Espanha, ele aplicou a tática de guerra de terra arrasada para negar-lhes território, usava posições defensivas com rapidez para grandes avanços e, assim, nunca perdeu uma batalha. Talavera (1809), Salamanca (1812) e Vitória (1813) estão entre suas mais famosas vitórias. Wellesley exibia uma liderança exemplar; esperava e contava com o melhor de seus homens e disciplinava de forma severa quando não conseguia seus objetivos. Ele descrevia seus homens como "ralé da terra", mas eles o admiravam porque ele os mantinha bem alimentados, jamais arriscando suas vidas de forma desnecessária e demonstrando bravura pessoal no campo de batalha.

Wellesley cruzou os Pirineus, na França, conquistando mais uma vitória em Toulouse, antes de Napoleão abdicar em 1814. Nessa época, já duque de Wellington, ele foi nomeado embaixador britânico em Paris e estava representando a Grã-Bretanha no Congresso de Viena, em março de 1815, quando Napoleão escapou de Elba para lançar seu ataque final e fracassado, visando à supremacia europeia.

Wellington assumiu o comando do exército anglo aliado, em Bruxelas. Esse exército era composto de uma mistura de soldados britânicos, holandeses, belgas e alemães, muitos dos quais eram novos recrutas. Em junho de 1815, Napoleão marchou para a Bélgica, almejando Bruxelas. Em 16 de junho, ele atacou simultaneamente o exército anglo aliado em Quatre Bras e o exército prussiano, sob o comando do marechal Blücher, em Ligny, derrotando este último. Wellington foi forçado a se retirar às encostas de Mont St-Jean, ao sul do quartel-general, em Waterloo.

Com apenas 3 milhas* de largura, o campo de batalha era protegido por florestas e vilas nos flancos, e duas fazendas bem defendidas no centro. Os franceses atacaram no domingo ao meio-dia, em 18 de junho, mas fracassaram tentando romper a linha de Wellington. O duque estava em todo o lugar no campo encorajando seus homens. Os prussianos de Blücher chegaram no momento oportuno no final da tarde para surpreender Napoleão e atacar seu flanco esquerdo e, lá pelas 19h, os franceses já estavam derrotados. Depois de Waterloo, Wellington permaneceu na França por três anos como chefe do exército aliado de ocupação.

De volta à Inglaterra e à política, ele ingressou no Gabinete em 1818 e, em 1828, tornou-se primeiro-ministro. No cargo, mudou de opinião sobre a questão irlandesa e passou a favorecer a emancipação católica, dizendo que a única alternativa era o conflito. Wellington era menos liberal na questão de expandir a cidadania. Ele defendia o governo da elite e temia a multidão – um medo fortalecido pelas rebeliões contra o desemprego. Sua oposição perante a reforma fez com que sua popularidade despencasse a tal ponto de uma multidão se aglomerar em Apsley House, sua residência em Londres. O apelido, o "duque de ferro", Wellington não recebeu por causa do jeito austero que tinha ao comandar seu exército, mas por causa das cortinas de ferro que tinha mandado instalar em sua casa depois que foi atacado pela multidão. Wellington renunciou em 1830. Dois anos depois, ele se juntaria à administração de Peel como secretário dos Assuntos Exteriores e, em seguida, como líder dos lordes e, na ocasião da renúncia de Peel, em 1846, ele também se aposentaria.

Wellington morreu em 1852 e, embora sua carreira política fosse bem menos impressionante do que sua carreira militar, nada pode apagar a grande glória que ele alcançou na Inglaterra e por toda a Europa de ter sido aquele que derrotou Napoleão.

PRINCIPAIS CITAÇÕES

"Não sei que efeito eles terão contra o inimigo, mas, pelo amor de Deus, eles me assustam." Quando viu seus inexperientes recrutas chegando à Península.
"Em nome de Deus! Eu não acho que teria conseguido se não estivesse lá." Depois da Batalha de Waterloo, em 1815.
"Uma questão extraordinária. Eu lhes dei ordens e eles preferiram ficar e discuti-las." Depois de sua primeira reunião como primeiro-ministro.

---

* N.T.: Equivale a 4,83 quilômetros.

DOUGLAS MACARTHUR

O general Douglas MacArthur (1880-1964) foi um dos soldados do Exército dos Estados Unidos mais condecorados. Convocado
depois de aposentado para comandar as tropas na Segunda Guerra
Mundial que derrotariam os japoneses no Pacífico, ele presidiu a
criação de um novo Japão pós-guerra e foi comandante-chefe das
forças aliadas no Extremo Oriente, até ser demitido por insubordinação durante a Guerra da Coreia.

"*Eu vou voltar.*"

CRONOLOGIA

1880: Nasce em Little Rock, em 26 de janeiro.
1903: Forma-se em West Point com Honra ao Mérito.
1914: Incursão em Vera Cruz; recomendado à Medalha do Congresso.
1918: Lutando na França, é condecorado nove vezes; promovido a general.
1919: Superintendente de West Point.
1930-1935: Chefe do Estado-maior.
1937: Aposenta-se do Exército dos Estados Unidos.
1941: Convocado outra vez ao exército.
1942: Foge para a Austrália; lança a ofensiva "saltando de ilha em ilha".
1943-1944: Invade a Nova Guiné; ataca as Filipinas; nomeado general de cinco estrelas no comando do Teatro de Operações do Pacífico.
1945: Aceita a rendição das tropas japonesas, em 2 de setembro.
1945-1951: Procônsul do Japão.
1950: General em comando das tropas das Nações Unidas na Coreia.
1951: Demitido pelo presidente Truman; retira-se à vida privada.
1964: Publica *Reminiscências*; morre em Washington, D.C., em 5 de abril.

DOUGLAS MACARTHUR NASCEU em 1880, nos alojamentos do arsenal do Exército dos Estados Unidos, em Little Rock, Arkansas, terceiro filho de Arthur MacArthur, que depois se tornaria um oficial veterano do Exército dos Estados Unidos. Depois de uma educação irregular, MacArthur ingressou em West Point em 1889. Em 1903, formou-se com honra ao mérito em sua classe. Como segundo-tenente, serviu nas Filipinas e, em 1904, foi promovido a primeiro-tenente.

Em 1906, foi nomeado assessor do presidente Theodore Roosevelt. Depois, serviu como oficial de engenharia júnior e, a partir de 1913, como oficial no comando militar. Em 1914, foi promovido a capitão e lutou com as tropas que ocuparam Vera Cruz, no México, recebendo a recomendação para a Medalha de Honra do Congresso.

MacArthur se juntou à Frente Ocidental como major em 1915 e, em 1917, já havia se tornado o comandante de divisão mais jovem do Exército dos Estados Unidos. Exibia uma coragem fora do comum nas trincheiras. Desdenhando tanto a máscara de gás quanto o capacete de aço, ele conduziu seus homens contra exércitos fortemente armados segurando apenas um cabo de chicote. Foi ferido duas vezes e condecorado nove vezes por sua bravura, em 1918.

Depois da guerra, permaneceu na Europa fazendo parte das forças de ocupação na região do Rio Reno. De volta para casa, ele se tornaria o superintendente mais jovem de West Point e, depois de dois comandos nas Filipinas, foi promovido chefe do Estado-maior, em 1930. Passou cinco anos difíceis protegendo os recursos minguados do Exército durante a grande depressão. De 1935 a 1941, serviu como conselheiro militar para o governo das Filipinas. Ele se aposentou do Exército dos Estados Unidos, em 1937, mas permaneceu em Manila como marechal de campo do novo exército filipino.

Quando as nuvens da guerra se espalharam, foi convocado à ativa em julho de 1941, informado que devia preparar as forças de defesa das Filipinas contra um ataque japonês. Os japoneses desembarcaram em 22 de dezembro e empurraram os 130 mil homens de MacArthur até a Península de Baatan. Em 11 de março de 1942, sob ordens diretas do presidente Roosevelt, MacArthur fugiu das Filipinas, de forma relutante, prometendo: "Eu vou voltar".

Da sua base na Austrália, MacArthur coordenou uma série de invasões anfíbias "saltando de ilha em ilha" com as tropas americanas, cruzando o Pacífico e começando com a tomada da Nova Guiné. Ele foi nomeado general de cinco estrelas em dezembro de 1944 e, como comandante das Forças Aliadas do Pacífico, recebeu a rendição dos japoneses na Baía de Yokohama no navio de guerra *Missouri*, em 2 de setembro de 1945.

De 1945 a 1951, como procônsul no Japão, MacArthur orientou a desmobilização das tropas japonesas, a limpeza dos militaristas, o julgamento e a execução de Homma e Yamashita, a restauração da economia, do sistema de saúde pública, da educação, a introdução da reforma agrária, dos direitos das mulheres e a elaboração de uma constituição liberal. De forma astuta, também preservou a instituição do imperador, excluindo seus atributos divinos.

Quando a Guerra da Coreia começou em 1950, MacArthur recebeu o comando das tropas das Nações Unidas. Os norte-coreanos haviam atravessado o paralelo 38, a fronteira entre a Coreia do Norte e a do Sul, tomado Seul e expulsado as tropas sul-coreanas para o perímetro de Pusan, no extremo sudeste da Península da Coreia. Aos 70 anos, MacArthur flanqueou as tropas norte-coreanas, desembarcando em

Fuchon em setembro, retomando Seul e avançando à Coreia do Norte até o exército norte-coreano se desintegrar.

Os chineses se concentraram ao norte do Rio Yalu, a fronteira entre a Coreia do Norte e a China. MacArthur garantiu ao presidente Truman que os chineses não atacariam. Com base nessa promessa, Truman permitiu que MacArthur avançasse até o Rio Yalu. Mas, em 24 de novembro, os chineses atacaram e expulsaram as tropas de MacArthur ao sul do paralelo 38. O contra-ataque de MacArthur, em fevereiro de 1951, foi inconsequente. MacArthur colocou a culpa nas restrições impostas sobre ele; rejeitou a política que objetivava apenas a restauração da fronteira pré-guerra do paralelo 38.

Em março de 1951, um pouco antes de Truman propor o cessar-fogo à Coreia do Norte e aos líderes chineses, MacArthur emitiu uma nota pública exigindo que as tropas chinesas se entregassem ou sofreriam o risco de ataques em seu próprio país. Em abril de 1951, Truman demitiu MacArthur por insubordinação. Um cessar-fogo foi negociado e a fronteira junto ao paralelo 38 foi restaurada.

"VELHOS SOLDADOS"

MacArthur foi saudado como herói quando retornou aos Estados Unidos em 1951, sua primeira viagem de volta para casa desde 1937. Em 19 de abril, discursou em uma sessão conjunta do Congresso para defender sua política de entrar em guerra com a China. Ele terminou seu discurso usando as palavras de uma antiga balada militar, "... os velhos soldados nunca morrem; eles apenas apagam". MacArthur aceitou o posto de presidente da Remington Rand Corporation em 1952. Desde então, viveu de forma exclusivamente privada em sua suíte no Hotel WaldorfAstoria, em Nova York. Em 1964, publicou suas memórias, Reminiscências.

WILLIAM SLIM

O general William Slim (1891-1970) ingressou no Exército Britânico como recruta e saiu como chefe do Estado-maior do Império Britânico. Comandou o 14º Exército durante a Segunda Guerra Mundial e foi o arquiteto da vitória britânica contra os japoneses na Birmânia, diante de imensas adversidades. Ele é considerado um dos grandes generais da Grã-Bretanha.

"O melhor general que a Segunda Guerra produziu."

LORDE LOUIS MOUNTBATTEN SOBRE SLIM

CRONOLOGIA

1891: Nasce em Bristol, em 6 de agosto.
1914: Ingressa no Regimento Real de Warwickshire, como soldado raso.
1915: Ferido em Galípoli.
1916-1918: Serve na Frente Ocidental e Mesopotâmia; recebe a Cruz Militar.
1920: Recebe sua comissão; transfere-se para o Sexto Gurkha Rifles, no Exército Indiano.
1939: Comanda as tropas no Oriente Médio.
1942: Comanda a retirada britânica da Birmânia.
1944: Março-setembro, resiste ataques japoneses em Imphal e Kohima.
1945: Janeiro; lidera o avanço britânico na Birmânia; março, domina Mandalay; em 2 de maio, queda de Rangoon; vitória na Birmânia.
1953-1960: Governador-geral da Austrália.
1970: Morre em Londres.

Nascido em Bristol em 1891, filho de um negociante de ferro, Slim se voluntariou como soldado raso no Regimento Real de Warwickshire quando estourou a Primeira Guerra Mundial. Participou dos fracassados desembarques em Galípoli, onde foi ferido de forma tão grave que acabou dispensado por invalidez do Exército. Depois de persuadir o Exército de que não estava tão mal assim, combateu na Frente Ocidental e na Mesopotâmia, onde foi ferido novamente.

No início da Segunda Guerra Mundial, Slim estava no comando da Décima Brigada de Infantaria, Quinta Divisão Indiana, que repeliu a invasão italiana da Eritreia e evitou que eles entrassem no Sudão. Ferido novamente, recuperou-se para liderar a Décima Brigada pela Síria, Iraque e Pérsia, juntando-se com o exército russo em Teerã. O sucesso dessas operações lhe rendeu a Ordem de Serviço Distinguido.

Designado à Índia, Slim recebeu o cargo de responsável por duas divisões britânico-indianas em retirada da invasão japonesa na Birmânia. Em menor número e superados em número de armas, Slim liderou uma extraordinária retirada de quase mil milhas para cruzar o Rio Chindwin até a Índia, onde passou a reorganizar as tropas exaustas. Em novembro de 1943, recebeu o comando do 14º Exército, enquanto o lorde Louis Mountbatten controlava todas as tropas terrestres das forças aliadas na Índia. Entre eles, os dois comandantes conseguiram transformar um exército desmoralizado em uma tropa bem preparada. Depois que a 15ª Subdivisão Britânica obteve êxito combatendo os japoneses em Arakan, perto da fronteira indo-birmanesa, as tropas aliadas perceberam que o exército japonês estava longe de ser invencível e o moral começou a levantar. Quando o 15º Regimento Japonês lançou uma grande ofensiva na Índia, em março de 1944, os britânicos já os aguardavam em Imphal e Kohima. Cientes da natureza crucial dessas posições, Slim estava determinado a impedi-los a todo custo, abastecendo as tropas britânicas de 50 mil homens cercadas via aérea e concentrando a 33ª Subdivisão na parte posterior. Em uma das mais acirradas batalhas da guerra, Slim expulsou os japoneses para fora da Índia. O momento que tanto aguardava já havia chegado; no início de 1945, Slim e o 14º Exército cruzaram de novo o Rio Chindwin e começaram a avançar para a Birmânia. Não convencido de que os japoneses haviam desistido, Slim avançou cuidadosamente, notando que os japoneses estavam tentando atrair a maior parte de suas tropas para o centro da Birmânia, onde poderiam ser isolados e destruídos pelo exército japonês. Fazendo um incrível jogo de trapaça, usando falsas transmissões de rádio e quartéis-generais de fachada, eles enganaram os japoneses fazendo-os acreditar que ele estava de fato avançando com toda a velocidade para o centro da Birmânia. Enquanto os japoneses esperavam para abrir sua armadilha no sul de Mandalay, viram-se dominados e enganados pelo 14º Exército. Em 4 de março, Mandalay já havia sido retomada e as tropas britânicas já haviam cortado a principal rota ferroviária ao sul de Meiktila. Slim entrou em Rangoon em 2 de maio, fazendo com que o lorde Louis Mountbatten proferisse isto: "Slim é o melhor general que a Segunda Grande Guerra produziu".

Enquanto o 14º Exército continuava a varrer a resistência japonesa da Birmânia e a se preparar para futuros ataques em outras regiões, as bombas atômicas de Hiroshima e Nagasaki traziam a rendição dos japoneses. Durante o júbilo caótico que se sucedeu no final dos seis anos de guerra, os esforços sobre-humanos de Slim nas florestas da Birmânia ficaram fora do reconhecimento público, ofuscado por eventos na Europa e no Pacífico, e o 14º Exército se tornou "esquecido" mais uma vez.

Slim acabou se tornando o sucessor de Montgomery como chefe do Estado-maior do Império Britânico em 1948, foi promovido a marechal de campo e condecorado com a Ordem do Império Britânico e Cavaleiro da Ordem do Banho. Ele serviu como governador-geral da Austrália de 1953 a 1960, quando foi nomeado visconde. O general Slim morreu em Londres, em 14 de dezembro de 1970.

"TIO BILL" NA BIRMÂNIA

Em sua chegada na Birmânia, Slim percebeu que a imagem que tinham do soldado japonês como sendo "indestrutível" estava prejudicando demais o moral das tropas aliadas. Ele resolveu de uma vez por todas levantar o moral das tropas, dando a elas um treinamento adequado de combate na floresta e uma constante sucessão de conversas que as estimulassem. A avaliação do sucesso desfrutado pelo 15º Corpo em sua incursão em Arakan, em dezembro de 1943, junto com as atividades dos chindits, de Orde Wingate, atrás das linhas japonesas, mostraram aos aliados o fato de que os soldados japoneses eram como quaisquer outros e que podiam ser enfrentados e derrotados.

Muito do sucesso de Slim em reorganizar suas tropas no 14º Exército deriva de sua própria personalidade. Um homem prático e acessível, "Tio Bill", como se tornou conhecido no 14º Exército, inspirava não apenas um enorme respeito, mas um afeto genuíno de seus comandantes e subordinados, de um jeito que talvez nenhum outro comandante, desde a época de Nelson e Wellington, jamais tenha conseguido.

Dwight D. Eisenhower

Dwight D. ("Ike") Eisenhower (1890-1969) foi um soldado profissional que começou a Segunda Guerra Mundial como major e terminou como comandante da maior operação anfíbia da história, com 4 milhões de homens sob o seu comando. Depois, foi presidente dos Estados Unidos, de 1953 a 1961.

"Eu odeio a guerra tanto quanto um soldado que a tenha vivido pode odiá-la."

CRONOLOGIA

1890: Nasce em Denison, Texas, em 14 de outubro.

1909-1915: Estuda em West Point.

1917-1919: Comanda centro de treinamento de tanques.

1933-1935: Assistente do general Douglas MacArthur.

1941: Designado para preparar a invasão aliada da Europa.

1942: Comanda a invasão aliada do norte da África.

1943: Comanda as invasões aliadas da Sicília e da Itália.

1944: Nomeado comandante supremo da Força Expedicionária Aliada para invadir a França.

1945: Termina a guerra na Europa.

1953-1961: Presidente dos Estados Unidos.

1969: Morre em Washington, D.C., em 28 de março.

NASCIDO COM O NOME DE DAVID DWIGHT EISENHOWER (posteriormente inverteria os nomes), em Denison, Texas, o filho mais famoso do Kansas (sua família se estabeleceu em Abilene em 1892) esteve sempre pronto para a carreira militar. De descendência suíça-alemã protestante, Eisenhower resumiria as simples virtudes da humildade e da meticulosidade. Dos 164 membros da sua classe de 1915, em West Point, 59 se tornariam generais, um recorde nunca superado. Eisenhower se formaria em 61º e começaria uma carreira nada brilhante, treinando tropas na Primeira Guerra Mundial e, em seguida, servindo na obscuridade na região do Canal do Panamá.

Em 1925-1926, no entanto, ele se formaria em primeiro lugar em uma classe de 275 alunos na Escola de Comando do Estado-maior, em Fort Leavenworth. A capacidade administrativa logo levou Eisenhower, por meio da Escola de Guerra, do Departamento do Secretário Assistente da Guerra e da Escola Industrial do Exército, a se tornar assistente do general Douglas MacArthur, na formação de um exército para as Filipinas. Depois de um ano de Pearl Harbor, Eisenhower havia sido chamado a Washington para comandar uma invasão de aliados no norte da África, seguida pelas operações bem-sucedidas na Sicília, Itália e Normandia.

Eisenhower ajudou o general Marshall a esboçar a estratégia para a vitória e coube a ele implementá-la. Aceitou a rendição do exército alemão, em Rheims, no Dia da Vitória na Europa, comandou a ocupação do inimigo derrotado e presidiu a unificação das Forças Armadas dos Estados Unidos. Ele, então, se aposentou para se tornar presidente da Universidade de Columbia.

Recusando uma candidatura presidencial em 1948, Eisenhower retorna ao serviço militar como comandante europeu das forças da OTAN (1950-1952), antes de aceitar a candidatura republicana em 1952, vencendo de forma decisiva contra Adlai Stevenson. A primeira presidência de Eisenhower ia ao encontro do anseio por normalidade dos americanos, depois do radicalismo da era de Roosevelt, das tensões da guerra e das inseguranças geradas por um frágil processo inesperado de paz. A nação e seu líder desfrutaram a prosperidade e o golfe. Eisenhower tirou com êxito as tropas dos Estados Unidos da Coreia, esquivou-se das farsas anticomunistas do senador McCarthy e, cumprindo o dever, obrigou o fim da segregação nas escolas. Passivo em vez de ativo na política externa, ele comprometeu os Estados Unidos na resistência contra o avanço do Comunismo no Vietnã do Sul e pressionou o Reino Unido para que abandonasse sua intervenção militar no Egito. Reeleito em 1956, pela maior margem de voto popular na história eleitoral dos Estados Unidos, Eisenhower apoiou o governo libanês contra uma revolta interna, mas fracassou em alcançar alguma melhoria significante nas suas relações com a União Soviética.

Uma charge humorística naquele dia retratou Eisenhower perguntando ao seu Gabinete o que a administração deveria privar-se de fazer naquele dia. Futuros historiadores viriam a castigar o mandato do 34º presidente como sendo uma era de inércia, indecisão e perdas de oportunidades. A bravura apresentada pela posterior administração de Kennedy talvez tivesse ajudado a fazer com que tais comparações fossem irresistíveis. Apesar de passar a imagem de um tranquilo jogador de *bridge*, Eisenhower, no entanto, trabalhava longas horas e desfrutava o exercício do poder sem precisar fazem grandes alardes. Do mesmo modo que lidara com êxito da egomania de subordinados dos tempos de guerra, como Patton e Montgomery, Eisenhower trabalhou de forma eficaz com o Congresso sob o controle democrata para promover a reforma social.

Exercendo cautela, ele usou seu prestígio como um general vencedor da guerra para diminuir as tensões no exterior. Brandura e paciência são qualidades que normalmente não se associam com um militar, mas servem muito bem para Eisenhower. Muito mais sutil que seus críticos jamais perceberam, ele desconfiava de qualquer demonstração de brilhantismo porque criava uma desconfiança nos outros. Eisenhower, que nunca presenciara uma ação no campo de batalha em pessoa, conseguiu administrar oito anos de paz no auge da Guerra Fria. Em 1962, uma pesquisa realizada por historiadores presidenciais o colocou em 20º lugar, no extremo inferior da "média" de seus companheiros. Já em 1995, ele foi avaliado em nono lugar, sua maior nota sendo por — caráter.

O HOMEM TRANQUILO

Eisenhower foi nomeado comandante supremo das Forças Expedicionárias Aliadas para a invasão da França, em 24 de dezembro de 1943. Menos de seis meses depois, em 6 de junho de 1944, ele enviara 1 milhão de homens em cerca de 4 mil navios cruzando o Canal até a Normandia, no maior desembarque anfíbio da história.

Em 25 de agosto, os aliados libertaram Paris e, depois de reverter um furioso contra-ataque alemão em Ardennes, em dezembro, as tropas aliadas cruzaram o Reno, em 7 de março de 1945. O almirante Karl Doenitz, em 7 de maio, renderia todas as tropas alemãs aos aliados.

Foi Harry Truman que observou que era uma surpresa o quanto poderia ser conquistado na política, se houvesse a boa vontade de deixar que outra pessoa levasse o crédito. Poucos seguiram essa regra com tanto êxito como Dwight D. Eisenhower.

ERWIN ROMMEL

O marechal de campo Erwin Rommel (1891-1944) foi um co-mandante alemão popular e talentoso, conhecido por suas vitórias no deserto no norte da África. Um dos generais mais admirados da Segunda Guerra Mundial, ele foi forçado a cometer suicídio depois de ser implicado na conspiração fracassada para assassinar Hitler.

O deserto do norte da África tinha as condições ideais para satisfazer o apetite de Rommel por velocidade, surpresa e ação.

CRONOLOGIA

1891: Nasce em Heidenheim, Württemberg, em 15 de novembro.
1910: Cadete na 124ª Infantaria de Württemberg.
1917: Lidera ataque em Caporetto, condecorado com *Pour Le Mérite* (Honra ao Mérito), maior condecoração da Alemanha.
1937: Publica *Infanterie Angriffe*.
1940: Comanda a Sétima Divisão Panzer na França.
1941-1943: Comanda o Afrika Korps.
1944: Cuida das defesas na Normandia.
1944: Tira a própria vida em Herrlingen, perto de Ulm, em 14 de outubro.

FILHO DE UM DIRETOR DE ESCOLA, longe da tradicional escola prussiana de oficiais, Rommel ingressou no Exército como cadete de infantaria em 1910. Ele ganhou a Cruz de Ferro duas vezes por bravura na Guerra de 1914-1918. Como comandante de batalhão em 1917, liderou 200 homens em um ataque no topo dos alpes italianos para tomar a fortaleza de Caporetto nas montanhas, levando 9 mil prisioneiros. O ataque foi uma exibição audaciosa das táticas da *Stosstruppen* (tropa de choque).

Depois da guerra, Rommel se tornou instrutor do Exército na Escola de Infantaria, em Dresden, onde desenvolveria ainda mais suas teorias sobre supremacia de mobilidade e velocidade, que publicaria posteriormente como livro didático – *Infanterie Angriffe* (Ataques de Infantaria). O livro foi elogiado no país, especialmente por Adolf Hitler, e amplamente lido pelos exércitos estrangeiros. Promovido a tenente-coronel em 1935, Rommel recebeu o comando de um batalhão alpino e, em 1938, tornou-se responsável pela Academia da Guerra, em Wiener Neustadt, perto de Viena. Como um dos oficiais alemães mais condecorados, foi selecionado por Hitler para comandar o batalhão responsável por sua segurança durante a marcha de Sudetenland, um dos últimos territórios tomados por Hitler antes da explosão da Guerra de 1939-1945. Rommel era major-general do grupo de Hitler, durante o *blitzkrieg* (ataque relâmpago) na Polônia, em 1939 e, depois disso, Hitler pediu que ele escolhesse seu próprio comando. Ele escolheu a Sétima Divisão Panzer.

As divisões blindadas lideraram o ataque da Alemanha na França e na Bélgica, em maio e junho de 1940, com seus tanques rapidamente rompendo com a linha Maginot e perfurando as defesas francesas. Rommel liderava a frente de batalha; sua sétima divisão se tornou conhecida como a "Divisão Fantasma", porque surgia do nada. Rommel levou mais de 100 mil prisioneiros, mas era cavalheiro com eles.

Em fevereiro de 1941, foi nomeado para comandar as tropas alemãs na Líbia, o Afrika Korps. O norte da África era essencialmente um coadjuvante do conflito, mas, com a Europa continental firme nas mãos das Potências do Eixo, o deserto se tornara um importante campo de batalha. Por 25 meses, Rommel liderou uma campanha conjunta germano-italiana nos desertos do norte da África, e foi lá que ganhou sua formidável reputação de a grande "Raposa do Deserto". O deserto satisfazia o apetite de Rommel por velocidade, surpresa e ação. Imediatamente se engajou na ofensiva e empurrou os britânicos de volta para a fronteira egípcia. Por dois anos, ele teve apenas três divisões alemãs para lutar contra tudo o que os britânicos e norte-americanos na Tunísia tinham para atirar contra ele. Ele acompanhou uma sucessão de comandantes britânicos, todos sendo enviados de volta para casa humilhados por Churchill. Um deles, o general Auckinleck, reclamou em um memorando: "Há um perigo real de que nosso amigo Rommel esteja se tornando algum tipo de mágico ou bicho-papão para nossas tropas, que já estão falando demais sobre ele". Rommel aumentava ainda mais sua aura conquistando vitórias nas situações mais adversas. Ele foi um mestre em ataques surpresa. Sempre que aparecia em um campo de batalha, usando sua marca registrada, óculos de sol e areia, ele inspirava. No fim das contas, acabou sendo surpreendido por grandes números; Montgomery colocou em campo 230.600 homens, em El Alamein, para enfrentar os 80 mil de Rommel. Os britânicos também contavam com a superioridade aérea e armada e melhores suprimentos.

Promovido a marechal de campo, Rommel retornou à Europa, ficou um período na equipe de Hitler e, em seguida, recebeu um comando na França, com ordens de apoiar as defesas costeiras contra uma invasão aliada. Ele entendeu desde o início que a guerra seria perdida se o inimigo estabelecesse cabeças de ponte além das praias e, portanto, era imperativo manter uma poderosa força móvel de reserva para o contra-ataque. Seu conselho foi ignorado e, alguns dias depois de assumir o comando, as forças aliadas desembarcaram na Normandia. Em 17 de julho de 1944, apenas cinco semanas no posto, seu carro foi atacado e destruído por um avião de guerra da Real Força Aérea Britânica. Rommel sofreu uma fratura no crânio e um ferimento no olho. Três dias depois, em dia 20 de julho, Hitler sobreviveu a uma explosão de bomba em seu abrigo militar na Prússia. Rommel foi implicado no caso e, em 14 de outubro, dois generais seniores chegaram à sua casa e o confrontaram com evidências – e uma cápsula de veneno. Rommel, um herói do Terceiro Reich, recebeu um funeral de Estado com todas as honrarias militares.

A CONSPIRAÇÃO DA BOMBA

Rommel, um soldado profissional, não foi envolvido diretamente no complô para assassinar Hitler. Mas, como estava ficando cada vez mais claro que a guerra estava perdida, alguns de seus amigos o haviam persuadido que era sua tarefa assumir como chefe de Estado e suplicar pela paz, depois que Hitler fosse derrubado.

Rommel não foi informado de que os conspiradores pretendiam matar Hitler e provavelmente não teria concordado. Ele não aceitava a ideia de assassinato para fins políticos, constantemente ignorava qualquer ordem de execução dada por Hitler.

Ele concordou com o suicídio para evitar um julgamento público, em troca de uma promessa de que sua esposa e filho seriam cuidados.

MOISÉS*

Moisés, um profeta hebreu que viveu por volta dos séculos XIV e XIII a.C., chegou até nossa época por meio da tradição e história bíblicas como legislador, liberador e líder do povo judeu e um grande patriarca também venerado pelo Islã e pelo Cristianismo.

*N.E.: Sugerimos a leitura de *Moisés e Akhenaton*, de Ahmed Osman, Madras Editora.

Muitos fiéis acreditam que os Dez Mandamentos foram dados a Moisés diretamente por Deus.

CRONOLOGIA

(DATAS DESCONHECIDAS)

Σ: Nasce em Goshen, antigo Egito, fim do século XIV a.C.

Σ: Criado pela filha do faraó.

Σ: Foge depois de matar um senhor egípcio.

Σ: Vive como um pastor na Arábia.

Σ: Retorna ao Egito para resgatar os hebreus.

Σ: Lidera os hebreus para fora do Egito, cruzando o Mar Vermelho.

Σ: Promulga os Dez Mandamentos no Sinai.

Σ: Lidera os hebreus através do deserto.

Σ: Morre no Monte Pisga (hoje situado na Jordânia) com a vista de Canaã, a Terra Prometida.

OS RELATOS BÍBLICOS colocam Moisés no Egito na época dos faraós Set (reinou em 1318-1304 a.C.) e Ramsés II (1304-1237 a.C.). Ele pertencia a uma pequena tribo semita, conhecida pelos egípcios como habiru, que viviam na servidão ou escravidão. Um pouco antes do nascimento de Moisés, o faraó havia ordenado o extermínio de todos os varões hebreus; Moisés escapou da morte porque sua mãe o havia colocado em uma cesta de papiro no Rio Nilo. Ele foi encontrado e levado à corte pela filha do faraó. Quando se tornou adulto, matou um senhor de escravos e fugiu para viver como um pastor na Arábia, onde se casou.

De volta ao Egito no comando de Jeová, o Deus dos hebreus, que aparecera a ele em um "arbusto em chamas", Moisés tentou persuadir o faraó para que libertasse o povo hebreu da escravidão. No final, o faraó acabou cedendo, depois de uma série de desastres que assolaram o Egito; o Nilo ficou da cor do sangue, e muitos morreram com as pestes e as enchentes. Moisés liderou milhares do "seu povo" para fora do Egito sobre uma trilha aberta no mar, que milagrosamente se abrira para eles passarem, fechando-se outra vez, afogando o exército do faraó que os seguia logo atrás.

Quando os hebreus chegaram à Península do Sinai, Moisés subiu a montanha — atualmente identificada como Monte Sinai — onde passou quarenta dias orando. Depois ele desceu com duas tábuas de pedra, nas quais se encontravam inscritos os Dez Mandamentos, que se tornariam depois as leis fundamentais do povo judeu. Judeus, e muitos outros povos, acreditam que os Mandamentos foram dados diretamente a Moisés por Jeová.

Moisés liderou seu povo e montou suas leis por mais quarenta anos "bíblicos" — suportando muitas dificuldades na longa e árdua jornada pelas florestas e os desertos, até que por fim chegaram às fronteiras de Canaã, a Terra Prometida, a atual e moderna Israel. Moisés nunca conseguiu chegar lá, mas morreu diante de sua visão, no topo do Monte Pisga.

REGISTROS ESCRITOS

Quatro livros da Bíblia – Êxodo, Levítico, Números e Deuteronômio – são praticamente as únicas fontes sobre a vida de Moisés. Muito poucos acadêmicos contemporâneos aceitam as histórias da Bíblia como uma narrativa fatual verdadeira, mesmo assim, muitos concordariam que há uma forma de verdade transcendente sobre essas histórias.

Evidências arqueológicas corroboram muitos fatos da Bíblia depois do assentamento judaico de Canaã, mas acrescentam muito pouco para apoiar a história épica de Moisés. Embora afirmem que ele mantinha registros escritos, há pouca evidência que apoie essa tradição de que fora ele de fato o autor da Torá (Lei), também chamada de Pentateuco (os primeiros cinco livros da Bíblia).

De qualquer modo, Moisés era um nome egípcio e os eventos descritos no Êxodo correspondem a um período de revolta e tumulto no Egito no início do século XIII a.C.

Os judeus comemoram a noite do êxodo do Egito, na qual seus ancestrais se preparavam para partir diante da ameaça de extermínio de todos os primeiros recém-nascidos, com uma festa anual da Páscoa.

BUDA*

Na Índia do século VI a.C., Sidarta Gautama ganhou brilho tornando-se Buda ("O Iluminado"), fundando a religião e a filosofia do Budismo, que teve um profundo impacto na civilização oriental e que, consequentemente, se espalhou para o resto do mundo.

*N.E.: Sugerimos a leitura de *Buda – O Mito e a Realidade*, de Heródoto Barbeiro, Madras Editora.

"Melhor que mil palavras inúteis é uma única palavra que transmita a paz."

CRONOLOGIA

Nasceu em Lumbini, no Nepal, provavelmente no século V ou VI a.C., possivelmente 586 ou 566 a.C. Aos 29 anos, ele fez a "Grande Renúncia" do mundo e de seus prazeres. Depois de praticar e abandonar suas penitências ascéticas, meditou sob uma figueira, a "árvore da iluminação", em Bodh Gaya e, aos 35 anos, tornou-se Buda – o Iluminado.

Pregou seu primeiro sermão no Parque dos Veados, em Sarnath, no subúrbio de Varanasi, e devotou sua vida aos ensinamentos.

Morreu aos 80 anos, em Kusinagara, a atual Kasia, no distrito de Gorakhpur, na Índia.

TODOS OS REGISTROS EXISTENTES sobre sua vida foram escritos por seus seguidores muitos anos depois da sua morte, então, às vezes, torna-se difícil separar os mitos e lendas dos fatos históricos. Buda nasceu com o nome de Sidarta Gautama em Lumbini, Nepal, em meio à classe dominante de um povo chamado sakya. Ele se tornaria conhecido como Sakyamuni. Na ocasião do seu nascimento, foi previsto que ele cresceria para se tornar um governante mundial, mas não estava claro se seria um líder político ou espiritual. Reza a lenda que sua concepção teria sido milagrosa. Sua mãe, Maha Maya, sonhara que o futuro Buda havia entrado em seu ventre como um elefante branco. Seu pai, Suddhodana, era um rei, e o jovem Sidarta cresceu em uma vida luxuosa, casou-se e teve um filho. Tomado por quatro visões – um ancião, uma pessoa enferma, um cadáver sendo levado para ser queimado e um mendigo santo que parecia ter encontrado a felicidade –, trocou suas vestimentas nobres por trajes simples e, de repente e em segredo, deixou sua esposa e o filho para levar uma vida austera e em retiro. Essa decisão, conhecida no Budismo como a Grande Renúncia, é considerada pelos budistas como um momento decisivo de virada na história.

Por quase seis anos, ele se esforçou para alcançar a iluminação por meio de austeridades severas que, praticamente, o deixariam bem debilitado; e, sem encontrar a paz de espírito nem a iluminação, seguiu seu próprio caminho, finalmente sentando em meditação sob uma figueira sagrada (árvore bo ou pipal), em Bodh Gaya, que se situa atualmente no

Estado de Bihar. Lá ele foi tentado por Mara, a personificação do desejo carnal, mas resistiu. Em seguida, alcançou a visão total da natureza do mundo e a forma de superar o sofrimento e as tribulações. A partir de então, passaria a ser chamado de Buda, o Iluminado.

Depois de alcançar a iluminação, o Buda retornou a Benares (Varanasi), onde havia deixado seus companheiros em um parque dos veados, em Sarnath, fora da cidade. Ali ele expôs sua visão, o Sermão do Giro da Roda, no qual coloca a roda do darma (a lei da darma) em movimento. Esses companheiros se tornariam seus primeiros discípulos e o núcleo da nova ordem de *sangha*, a grande organização monástica que levaria o Budismo ao redor do mundo. O principal dogma de sua doutrina era o Caminho do Meio — um equilíbrio entre os extremos da autonegação e autoindulgência. A ioga é a prática mais importante dos ensinamentos de Buda. O Budismo é, acima de tudo, uma crença de meditação e autocontrole. Abrange também uma complexa análise psicológica e um sistema filosófico profundo.

Nos 45 anos seguintes, Buda viajou e ensinou, estabelecendo comunidades monásticas que eram abertas para todos, independentemente de seu *status* social ou casta. Ele visitou as novas grandes cidades do norte da Índia, reuniu-se com reis, príncipes, cortesãos e artistas. Os cronistas do Ceilão relatam que ele visitou a ilha por três vezes, incluindo uma jornada ao topo do Sumanakata, chamado posteriormente de o Pico de Adão, onde deixou uma enorme pegada que se tornaria o foco de peregrinação mais importante do Ceilão.

A morte de Buda aos 80 anos foi seguida por terremotos, chuva de flores e por outros presságios celestiais e terrenos, de acordo com os ensinamentos budistas.

Acredita-se que Buda tenha passado por várias existências preparando-se para sua derradeira vida. As lendas sobre essas vidas são relatadas nos famosos contos de Jataka, que serviram de inspiração para muitas esculturas, pinturas e obras literárias antigas presentes nos países budistas. Os três Budas Dhyani, que precederam Gautama, e um futuro Buda chamado Maitreya, inspiraram muitas estátuas em regiões tão longínquas quanto às cavernas de Dunhuang, à margem do deserto de Gobi. Buda é geralmente mostrado em uma das três posições da ioga: sentado com as pernas cruzadas, com as mãos erguidas aos céus em uma postura de oração ou com as mãos juntas em profunda meditação, ou com uma mão apontando para a terra.

A vida e os ensinamentos de Buda serviram de base para que a primeira religião do mundo se espalhasse além da sociedade onde nascera.

O Budismo atingiu seu auge na Índia no século V a.C., infiltrou-se ao longo da Estrada da Seda até a China e o Japão, e pelo mar até o Ceilão e o sudeste da Ásia, para se tornar a religião mais difundida na Ásia. Os missionários budistas viajaram por Egito e Roma, e talvez tenham inspirado os primeiros eremitas cristãos, que praticavam a ascese nos desertos. Na época moderna, o Budismo se tornou popular na Europa e na América, e é a religião em maior expansão no mundo.

NOBRES VERDADES

As doutrinas de Buda proporcionaram uma nova interpretação radical à religião da época: tudo é passageiro e interligado. Partindo disso, ele enunciou as Quatro Nobres Verdades:

Toda a vida é permeada de sofrimento.

A causa do sofrimento é o desejo pela existência.

Essa causa pode ser eliminada seguindo o Nobre Caminho Óctuplo, que é: Compreensão Correta, Atitude Correta, Fala Correta, Ação Corporal Correta, Meio de Vida Correto, Esforço Correto, Autoconhecimento Correto e Meditação Correta.

O Caminho é a trilha entre os extremos.

JESUS DE NAZARÉ*

Cerca de 2 mil anos depois do nascimento de Jesus de Nazaré (morreu em 30 d.C.), um terço da população mundial, 2 bilhões de pessoas, considera-se cristã e seus seguidores; ainda assim, Jesus não havia alcançado um sucesso mundial visível, e disse simplesmente: "Segui-me". A maioria dos cristãos acredita que ele era o filho encarnado de Deus, nascido de uma virgem e que ressuscitou dos mortos – crenças que moldaram dois milênios da história do mundo.

---

*N.E.: Sugerimos a leitura de *Jesus e a Filosofia*, editado por Paul K. Moser, Madras Editora.

"Abençoados sejam os humildes, pois eles herdarão a terra."

CRONOLOGIA

6-4 a.C.: Nasce em Belém.

24 d.C.: Batizado no Rio Jordão por João Batista.

24 d.C.: Começa a reunir discípulos ao seu redor; torna-se um pregador e um instrutor itinerante.

30 d.C.: Preso pelas autoridades judaicas e acusado de blasfêmia; condenado à morte.

Sentença confirmada por Pilatos: Jesus é crucificado fora de Jerusalém.

AS FONTES PRIMÁRIAS sobre a vida histórica de Jesus são os relatos dos Evangelhos e as cartas de Paulo, escritas na maioria por aqueles que o conheceram ou seus discípulos, e breves referências feitas pelos historiadores romanos Tácito, Suetônio e Josefo. Como contraste, as escrituras teológicas sobre Jesus são abundantes.

Jesus nasceu no final do reinado de Herodes, o Grande (37-34 a.C.), em Belém, perto de Jerusalém, e cresceu em Nazaré, na Galileia. Seus pais foram Maria e José, um carpinteiro, e ele teve três irmãos e algumas irmãs. Há uma lacuna de dezoito anos em todas as narrativas entre sua infância e a época quando, com cerca de 30 anos, Jesus começou seu ministério ao ser batizado no Rio Jordão, por um profeta chamado João, que atraiu grandes multidões antes de ser preso e executado.

Jesus começou sua missão na Galileia, com seu quartel-general em Cafarnaum. Sua vida pública pode ter durado menos de um ano, e certamente não mais que três. Ele reuniu 12 discípulos ao seu redor e viajou ao norte até Tiro e em uma ou duas ocasiões até o sul de Jerusalém. Atraindo grandes multidões, Jesus pregou a vinda do Reino de Deus, enfatizando a salvação e o perdão em vez do julgamento, e retratava Deus como sendo um pai bondoso. Ele fazia uso de parábolas e contos sobre o cotidiano agrícola e a vida rural, para ilustrar as verdades espirituais e morais, e usava frequentemente paradoxos tais como "os últimos serão os primeiros". Ele também curava os enfermos de corpo e alma com curas aparentemente milagrosas. Jesus demonstrava preferência pelos pobres, rejeitados e prostitutas, inclusive comendo com eles, e isso fez com que fosse considerado ritualmente impuro de acordo com as leis judaicas; sendo um judeu, consentia com a lei, mas preferia enfatizar a sinceridade moral, em vez da letra estrita da lei, desafiando pequenas práticas.

Jesus acreditava que estava mais próximo de Deus de maneira especial e que fora nomeado por Ele para cumprir sua missão; às vezes, referia-se a si mesmo como sendo o "Filho do Homem". Outros o viam como um homem santo, ou a reencarnação de um profeta, tal como Elias, ou um Messias de Davi, seja político ou espiritual.

As autoridades judaicas tentaram se livrar de Jesus. Eles ressentiam-se de sua crítica e de sua afirmação de serem diretamente validadas por Deus. Temiam que seu "discurso" sobre o reino pudesse contrariar os governantes romanos, especialmente pelo fato de Jesus ter vindo da Galileia, que era conhecida pelos seus rebeldes. Então, optaram por sua morte no verão de 30 d.C.

Jesus passou sua última noite com os discípulos em uma ceia, dividindo com eles o pão e o vinho, que serviria de base para a eucaristia cristã. Depois de orar no Monte das Oliveiras, ele foi capturado, julgado por blasfêmia diante de uma corte judaica e, em seguida, condenado à morte pelo governador romano Pôncio Pilatos, como sendo um falso candidato ao trono judeu. Jesus sofreu a penalidade extrema da crucificação depois de passar por um flagelo.

Seu corpo foi retirado da cruz e colocado no sepulcro de um de seus seguidores mais ricos e influentes, José de Arimateia. O que aconteceu depois vem desafiando a humanidade desde então.

Os discípulos de Jesus afirmaram que ele havia ressuscitado dos mortos; contaram que passaram um tempo com ele e que ele os munira com poderes milagrosos. A ressurreição, que significava esperança para a humanidade de vida após a morte, tornar-se-ia o ponto central da crença de uma nova religião, que emergia com nome de Jesus como sendo o Cristianismo e que sustentou seus ensinamentos ao redor do mundo.

O CRESCIMENTO DO CRISTIANISMO

Na ocasião da morte de Jesus, seus seguidores representavam apenas uma pequena seita judaica, uma de muitas, e mesmo assim, em menos de cinquenta anos, havia se transformado em uma religião com poderosos seguidores. Muito se deve a Paulo de Tarso, um perseguidor que se convertera em seguidor, que foi talvez a maior influência no desenvolvimento inicial do Cristianismo depois do próprio Jesus.

Um importante ensinamento de Jesus é o Sermão da Montanha, as Beatitudes, no qual ele abençoa todos os pobres e os humildes.

Dos quatro relatos principais evangélicos sobre a vida de Jesus, aqueles de Mateus, Marcos e Lucas são tão similares que podem ser lidos juntos em uma obra chamada de sinopse; logo, eles são conhecidos como os Evangelhos sinóticos. O relato de João é acentuadamente diferente.

O Calendário Universal é baseado no nascimento de Jesus, embora os estudiosos contemporâneos hoje acreditem que ele nasceu de fato entre 6 e 4 a.C.

O nome Jesus vem do grego traduzido ao hebraico como Yehoshuah *(Josué). Cristo não era um nome original, mas um título derivado do grego Christos, uma tradução do hebraico* Mashiakh *(Messias), que significa "o ungido".*

GREGÓRIO, O GRANDE

Papa Gregório I (540-604), primeiro monge a se sentar no trono de São Pedro, estabeleceu o poder papal, enviou missionários para converter a Inglaterra ao Cristianismo e teve uma profunda influência nos ensinamentos da Igreja. Um dos quatro originais Doutores da Igreja, ele se tornou conhecido como Gregório, o Grande.

Os anos em que Gregório passou como um simples monge, dizia ele, foram os mais felizes de sua vida.

CRONOLOGIA

540: Nasce em Roma.
572: Prefeito de Roma.
574: Converte sua propriedade em mosteiro; torna-se monge.
579: Embaixador papal em Constantinopla.
585: Retorna a Roma.
590: Torna-se papa.
594: Evita a invasão dos lombardos.
597: Envia Agostinho à Inglaterra.
604: Morre em Roma, em 12 de março.

NASCIDO DE UMA FAMÍLIA romana próspera e influente, Gregório era filho de um senador e bisneto do papa Félix III. Roma já havia perdido sua glória há muito tempo e a cidade fora invadida duas vezes pelos godos durante a infância de Gregório, desastres que o marcariam muito. Entrou no serviço público estadual e subiu sem muito esforço para se tornar o prefeito da cidade de Roma em 572, mas alguns anos depois decidiu abandonar tudo e tornar-se monge. Em 574, Gregório converteu a propriedade de sua família, no Monte Célio em Roma, em um mosteiro beneditino, que ele dedicou a Santo André. Doou suas propriedades na Sicília para fundações similares e tornou-se monge. Trocando seus majestosos trajes da cidade pelo capuz beneditino, descreveria esses próximos anos como sendo os mais felizes de sua vida.

Entretanto, a simplicidade e a pobreza que ele buscava no mosteiro logo o iludiram; Gregório foi ordenado como um dos sete diáconos de Roma e enviado pelo papa Pelágio II como seu embaixador, ou núncio, ao imperador Tibério em Constantinopla, ostensivamente para ordenar a ajuda militar contra os lombardos, que haviam invadido a Itália. Ele seguiu com sua vida monástica o quanto pôde, convivendo no esplendor da corte bizantina; passou seis anos por lá e fracassou em obter qualquer ajuda do império bizantino. Concluiu, então, que Roma dali por diante deveria se virar sozinha. Retornou de Constantinopla em 585 e continuou a levar sua vida em Santo André. Visto que se tornara um renomado professor e escritor, passou a atrair muitos seguidores. Durante um ano assolado por enchentes e pestes em Roma, Pelágio II morreria em 590 e o abade de Santo André seria eleito papa em seu lugar. De novo, tendo de lidar com a perspectiva de deixar seu mosteiro, ele aceitou com grande relutância. Gregório foi consagrado em São Pedro em 3 setembro de 590 e, lutando contra sua saúde debilitada, passou os restantes 14 anos de sua vida reformando a Igreja e transformando o papado.

De forma temporária, Gregório estabeleceu o papado como o poder de liderança na Itália; reorganizou as vastas propriedades papais e colocou-as sob uma administração mais adequada, usando os lucros e produtos que geravam para financiar obras de caridade para os cidadãos de Roma. Ele foi venerado por suas obras de caridade e pastorais. O papa Gregório entrou no vácuo deixado pelo fraco governo de Roma para negociar a paz com os lombardos, que haviam dominado a maior parte da Itália. Seu objetivo era proteger Roma a todo custo e, quanto a isso, ele foi o primeiro papa a exercitar o poder temporário real.

Com a mesma energia, o papa Gregório promoveu o papado como sendo a autoridade suprema sobre a Igreja – uma supremacia que permanece até os dias de hoje. Gregório também introduziu mudanças na liturgia da Igreja e incorporou o canto gregoriano. Ele foi um missionário entusiasta e enviou seus monges a lugares distantes, como a África e a Inglaterra. Do seu reinado para a frente, o papado emergiu como uma força importante na Igreja e na história da Europa.

"NÃO ANGLOS, MAS ANJOS"

Contam que Gregório havia visto meninos ingleses de cabelos loiros à venda no mercado de escravo em Roma. Quando o informaram de que se tratava de ingleses, ele declarou: "Non angli, sed angeli" *(Não anglos, mas anjos). Logo em seguida, despachou 40 de seus monges, liderados por Agostinho, para converter os ingleses.*

As cartas e livros de Gregório, embora não fossem altamente originais, foram muito influentes na Idade Média.

O cantochão da Igreja Latina é chamado de canto gregoriano em homenagem ao papa Gregório, que fixou seus oito módulos componentes e colecionou cerca de 3 mil melodias.

A Moralia *de Gregório (Moral sobre o Livro de Jó) discute as questões da doutrina e disciplina da Igreja, o* Liber Pastoralis *(Ação Pastoral) é um manual para os bispos e pregadores, e* Diálogos *é uma coleção de lendas sobre os santos.*

MAOMÉ

*Maomé (570-632) foi um profeta santo, cujos seguidores fun-
daram o Islã e o Império Muçulmano, baseados em seus ensinamentos. Ele é a figura central de uma das três maiores religiões
monoteístas e que atualmente possui milhões de seguidores da fé
muçulmana ao redor do mundo.*

Yathrib mudou de nome para Medina, "a vinda do Profeta", em homenagem a Maomé.

CRONOLOGIA

570: Nasce em Meca.
610: Maomé é visitado pelo anjo Gabriel.
622: Migração dos muçulmanos para Medina.
624: Vitória na batalha de Badr.
627: Defesa de Medina.
630: Rendição de Meca às forças islâmicas.
632: Morre Maomé.

MAOMÉ NASCEU por volta de 570, na cidade oásis de Meca, a oeste da Arábia, e logo ficou órfão. Ele pertencia a uma importante tribo beduína, quraysh, um dos muitos povos nômades do vasto deserto rochoso e montanhoso da Península Árabe. Na fase adulta, de acordo com os ensinamentos muçulmanos, recebera a visita do anjo Gabriel enquanto orava em uma caverna no Monte Hira, no subúrbio de Meca. Ele foi comandado a recitar a primeira de muitas profecias divinas que receberia no decorrer dos anos. Então, começou a pregar a mensagem de que havia apenas um Alá (Deus) e que Ele é justo e julgará todos os homens, para quem a salvação será possível se seguirem Sua vontade. A mensagem simples, mas poderosa de Maomé atraiu seguidores, mas fez recair sobre si a hostilidade dos comerciantes de Meca, cujos negócios dependiam de seus próprios panteões indígenas de deuses e deusas, sendo o maior deles a pedra meteórica negra, da *Ka'aba*, que atraía muitos peregrinos. O monoteísmo de Maomé era visto como subversivo, os mequenses perseguiram seus seguidores convertidos ao Islã.

Quando a situação de Maomé em Meca ficou seriamente em perigo, ele persuadiu seus seguidores a imigrarem ao oásis de Yathrib no deserto, um ato simbólico de união e objetivo religioso. Isso marcou o início dc um novo regime. Pela primeira vez na Arábia, membros de uma comunidade se uniam não pelas ligações tradicionais de clãs e tribos, e sim pela crença conjunta de um único Deus verdadeiro, concedido a eles por um profeta. Ali, Maomé começou a organizar uma sociedade, com declarações práticas sobre alimentação, bebida, casamento e guerra – em vigor, criando a base da civilização islâmica. Os muçulmanos que vieram depois reconheceram a importância do evento ao designá-lo como o primeiro ano de sua nova era aplicando o calendário da Hégira. Yathrib mudou de nome para Medina, que viria a significar "a cidade do Profeta", em homenagem a Maomé.

Não satisfeitos com a expulsão dos compatriotas muçulmanos, os mequenses enviaram um exército poderoso contra o profeta, que os enfrentou em Badr, em 624. Ali, os muçulmanos, sob a liderança de Maomé, derrotaram um exército três vezes maior que o deles. No ano seguinte, os mequenses lançaram um ataque ainda maior sobre Medina e, mais uma vez, foram derrotados em um confronto sangrento, em Uhud.

Em 627, um ataque final foi lançado por uma aliança de mequenses e judeus de Medina, sob a liderança de Ka'b ibn Al-Ashraf. Com astuta diplomacia, o profeta conseguiu desfazer o tratado e, assim, diferentes grupos de inimigos foram desistindo um após o outro. Mais uma vez, Maomé desafiou todas as expectativas por meio de sua habilidade política e lealdade de seus companheiros muçulmanos, garantindo a sobrevivência do núcleo nascente do Islã. Assim que a paz foi assegurada, o profeta lançou um programa intensivo para disseminar a palavra do Islã, enviando cartas missionárias aos governantes estrangeiros em Bizâncio, na Pérsia e na Abissínia.

Em 628, Maomé finalmente negociou uma trégua com os mequenses e, no ano seguinte, retornou a Meca com uma peregrinação (Hajj). O assassinato de um de seus seguidores o provocou a atacar a cidade, que logo acabou se rendendo, Maomé agiu de forma generosa, demandando apenas que os ídolos pagãos ao redor da Ka'aba fossem destruídos. Como resultado, seu prestígio aumentou imediatamente, à medida que as embaixadas de todas as partes da Arábia acabaram indo para Medina para se apresentarem diante dele. Em todas essas "guerras" que se estenderam durante um período de dez anos, os historiadores islâmicos afirmam que os não muçulmanos perderam apenas 250 homens nos campos de batalha e que os muçulmanos perderam menos ainda. Maomé criou um Estado bem disciplinado do caos existente e deixou uma nova constituição de lei que dispensava a justiça imparcial, na qual até os habitantes não muçulmanos desfrutavam igualmente de uma total autonomia jurídica e cultural.

A extraordinária vida e carreira do profeta foram abreviadas pela sua morte repentina, em 8 de junho de 632, aos 60 anos, menos de uma década depois que ele se aventurara no oásis de Yithrab com seu pequeno grupo de dedicados seguidores.

UM HOMEM MORTAL

Os muçulmanos veneram Maomé como a personificação do crente perfeito e tomam suas ações e ensinamentos como exemplo de conduta ideal. Ao contrário de Jesus, cujos cristãos acreditam que era o filho de Deus, Maomé era visto como mortal.

Um dos primeiros biógrafos de Maomé, Ibn Ishaq, não escreveu sobre ele até um século após sua morte. Alguns detalhes sobre os primeiros anos de sua vida são, portanto, baseados em conjecturas.

O Alcorão, também escrito depois da sua morte, é uma coleção de recitações do profeta, escrito por seus companheiros. Maomé se considerava como um porta-voz de Deus, e através dele, disse: "Deus falou sua mensagem final à humanidade. Além de sua importância religiosa universal, o Alcorão é também um documento crucial da língua árabe e da civilização arábica".

A migração (Hégira) ao oásis de Yathrib marca o nascimento do calendário muçulmano.

A palavra Islã significa "submissão" ou "rendição".

São Bento

Bento de Núrsia (c480-c547) fundou a Ordem Beneditina e é considerado como sendo o pai do monasticismo ocidental. Sua Regra é uma rotina ordenada de culto, oração e obra, na qual seus seguidores ainda se baseiam nos dias de hoje, 1.500 anos depois, em muitas comunidades ao redor do mundo.

Em 529, Bento chegou a Monte Cassino, onde fundou um dos maiores mosteiros da Europa.

CRONOLOGIA

c.480: Nasce em Núrsia.
c.494: Enviado para estudar em Roma.
c.510: Eleito abade de Vicovaro.
c.520: Funda o mosteiro de Subiaco.
529: Estabelece o mosteiro em Monte Cassino.
536: Bento envia Plácido para fundar um mosteiro, em Messina.
543: O rei gótico Totila visita Bento em Monte Cassino. Morte de Escolástica.
c.547: Bento morre em Monte Cassino.

NASCIDO EM UMA FAMÍLIA DISTINTA, em Núrsia, na região central da Itália, Bento passou sua juventude estudando em Roma, durante seus últimos anos como uma cidade imperial. Pouco se sabe ao certo sobre sua vida, exceto suas realizações. O papa Gregório escreveu uma biografia, mas sem apresentar datas e repleta de relatos sobre eventos milagrosos.

A tradição conta que Bento e sua irmã gêmea, Escolástica, eram filhos de Entrópio e Abundância. Consternado pela degeneração de Roma, Bento foi viver em uma caverna como eremita em Subiaco, cerca de 40 milhas* a leste da cidade, nas encostas das Montanhas Abruzzi. Ele passou três anos por lá em total isolamento e, depois de fracassar no cargo de abade de uma comunidade em Vicovaro, começou a reunir seus próprios discípulos, os quais organizou em 12 comunidades de 12 monges, sendo cada comunidade liderada por um reitor. Logo, a aristocracia romana começou a levar seus filhos para que fossem educados por ele. Dois deles, Mauro e Plácido, se tornariam seus seguidores mais conhecidos.

Em 529, Bento se mudou para o sul, em Monte Cassino, a meio caminho entre Roma e Nápoles, para onde levou a maioria de seus monges e estabeleceu um dos melhores mosteiros da Europa. Lá ele escreveria sua Regra. Sua irmã, Escolástica, estabeleceu uma comunidade

---

* N.T.: Equivale a cerca de 64 quilômetros.

nas proximidades. Monte Cassino cresceu em uma época de revolta, fome, peste e guerra; a Itália havia sido invadida pelos lombardos e, com exércitos bizantinos tentando recuperar o Ocidente para Constantinopla, Bento testemunhou a extinção do Império Romano. Um representante da nova ordem, o rei gótico Totila, foi visitá-lo em Monte Cassino.

Em sua *Regra*, Bento enfatizava a vida comunitária e o trabalho físico. Um texto curto em latim com um prólogo e 73 capítulos, a *Regra* foi a primeira codificação amplamente propagada sobre a vida monástica comunitária no Ocidente. Bento a chamava de "uma pequena regra para principiantes". Gerou uma grande transformação — trocando o individualismo eremítico ascese de monasticismo tradicional por um novo desafio comunitário poderoso. Sua maior realização foi estabelecer instruções claras para a administração da comunidade e os poderes e obrigações do abade. Além disso, a *Regra* era simples e não era muito severa; estava ao alcance do homem comum. Em pouco tempo, os mosteiros beneditinos começaram a aparecer em todo o lugar no Ocidente; eles proporcionavam uma fonte de aprendizado que levaria a Igreja até a Idade Média e produziria missionários que viriam a converter a Inglaterra e a Alemanha pagãs.

A REGRA DE SÃO BENTO

A Regra de São Bento *é um documento que influenciou o Cristianismo Ocidental e, consequentemente, a civilização ocidental. Baseia-se em antecedentes menos conhecidos, especialmente de João Cassiano, e serviu de base para todas as grandes ordens monásticas que brotaram na Europa nos séculos posteriores.*
A Regra *não era tão austera. Inclusive permitindo o trabalho noturno, os monges tinham um sono contínuo de sete e meia a oito horas, e as funções religiosas do dia geralmente levavam de quatro a cinco horas, exceto aos domingos, quando deveriam trabalhar mais. O resto do tempo do monge era dividido entre trabalho (seis horas) e leitura (quatro horas), provavelmente da Bíblia e dos Pais da Igreja. O trabalho naquela época geralmente era no campo, mas, em qualquer caso, sempre onde fosse útil na comunidade. Todas as propriedades eram divididas pela comunidade, que por sua vez mostravam ser de subsistência.*
A tradição beneditina *de ensino foi estabelecida desde o princípio e continua na Inglaterra com vários colégios beneditinos, tais como Ampleforth, Downside e Worth.*

SÃO FRANCISCO DE ASSIS

São Francisco de Assis (c.1181-1226) era filho de um rico comerciante e que revolucionou a Igreja Cristã no início da Idade Média, começando com um movimento baseado na pobreza. Sua personalidade carismática atraiu milhares de seguidores à ordem fundada por ele, os Franciscanos.

"Onde houver ódio, que eu leve o amor."

CRONOLOGIA

c.1181: Nasce em Assis, Itália.
1202: Feito prisioneiro na guerra local entre Assis e a cidade vizinha de Perúgia.
1205: Tem uma visão e começa a restaurar igrejas.
1208: Começa a pregar; reúne 12 frades ao seu redor – esta foi a Ordem Primeira.
1210: Os franciscanos são reconhecidos pelo papa Inocêncio III.
1212: "Pobres Clarissas" – ordem para as mulheres – é fundada.
1212-1220: Obra missionária na Itália, na Espanha, no Egito e, possivelmente, na Terra Santa.
1223: Começa a tradição do presépio de Natal.
1224: Recebe os estigmas – as cinco chagas de Cristo.
1225: Compõe o *Cântico das Criaturas*.
1226: Morre em Assis, em 3 de outubro.
1228: Canonizado pelo papa Gregório IX, em 16 de julho.

NASCIDO GIOVANNI Francesco Bernardone, na Úmbria, filho de um rico comerciante de tecidos de Assis, Francisco parece ter recebido pouca educação e, quando jovem, ele era bem conhecido por suas roupas esportivas, cantaroladas e festas. Mas sua juventude despreocupada chegaria a um final abrupto. Foi feito prisioneiro lutando em uma batalha contra a cidade de Perúgia, nas proximidades, e mantido em cativeiro por mais de um ano. No cativeiro, ficou seriamente doente e começou a repensar sua vida.

Retornou a Assis, em 1205, como um homem mudado. Logo em seguida, teve uma visão na capela de São Damião cm ruínas, situada nos campos abaixo de Assis, quando Cristo o ordenou que reformasse o prédio – um chamado que posteriormente ele entenderia como uma convocação para reconstruir a Igreja Cristã. Imediatamente, Francisco vendeu fardos de panos da loja de seu pai para angariar fundos para restaurar o prédio. Seu pai ficou tão furioso com esse ato impulsivo que forçou Francisco a desistir de sua herança e o levou até o bispo local. Francisco, por sua vez, reagiu se despindo e prometendo servir ao seu Pai "celeste". Ele passaria os próximos três anos trabalhando no meio dos leprosos e reconstruindo igrejas arruinadas.

Em 1208, palavras do evangelho de São Mateus, 10:5-14, inspira-ram Francisco para a vocação da pregação, penitência, amor e paz, e a se desfazer de todas as suas posses, determinado a sair pelo mundo e imitar o melhor possível a vida de Cristo. Francisco reuniu 12 companheiros e escreveu uma regra simples para eles; eles se tornaram a Primeira Or-dem dos Frades Menores. Os beneditinos da região lhes ofereceram a pequena capela de oração de Porciúncula, no vale próximo a Assis, para ser usada como seu primeiro mosteiro. Os frades, que saíam em pares, pregando, cantando, trabalhando e mendigando, tinham um grande im-pacto por onde passavam. Depois de alguma relutância, o papa Inocên-cio III sancionou a ordem em 1210 e, em 1212, Francisco acompanhou uma jovem de Assis, Clara, que era seguidora dele e que havia doado toda a sua riqueza e se tornado uma freira, para estabelecer a Segunda Ordem Franciscana das Pobres Mulheres (Ordem das Pobres Clarissas).

Sempre que Francisco viajava, ele atraía seguidores. Há histórias sobre ele pregando para os pardais e ordenando um lobo feroz e famin-to, em Gubbio, a parar de aterrorizar o povo local. Em 1217, ele dividiu os frades menores em províncias e missões mundiais. Seu entusiasmo missionário o levou à Espanha, onde tentou converter os mouros, e ao Egito, onde pregou para o sultão al-Kamil. Não há evidência de que ele tenha chegado até a Terra Santa, mas sua obsessão com ela fez com que os franciscanos obtivessem o direito – e ainda continuam tendo – de que seus frades fossem os guardiões dos "lugares sagrados". Quando retornou à Itália, em 1220, ele participou da assembleia, em Porciúncu-la, chamada de Capítulo Geral, com 5 mil frades. O movimento havia crescido e, em sua ausência, ocorreram discordâncias entre os frades. Francisco renunciou da administração rotineira da ordem e nomeou outro líder. Entretanto, continuou sendo o líder espiritual e, em 1221, fundou a Ordem Terceira dos Franciscanos.

Em 1224, ele recebeu os estigmas – as cinco chagas do Cristo cruci-ficado – depois de ter uma visão, enquanto meditava no final de um jejum de 40 dias. Ele fez o máximo que pôde para esconder as chagas. Apesar de doente e cada vez mais cego, Francisco continuou pregando e escre-vendo e, em 1225, compôs o *Cântico das Criaturas,* no qual os elementos da natureza são venerados como irmãos e irmãs. Ele morreu aos 44 anos em sua pequena cabana, em Porciúncula, cantando "Irmã Morte", e foi canonizado menos de dois anos depois, em 1228. Seu corpo foi mudado secretamente de sepulcro na parte inferior da capela da grande igreja de-dicada a São Francisco, em Assis, em 1230.

UMA VIDA ASCETA

São Francisco se tornou conhecido como Il Poverello *(O Pobrezinho). Ele expressou seu amor pela natureza no* Cântico das Criaturas, *no qual o sol, as estrelas, os animais, os pássaros e inclusive a morte são referidos como irmãos e irmãs.*

São Francisco é um dos santos patronos da Itália junto com Santa Catarina de Siena.

O Natal era a festa favorita de São Francisco. Em 1223, ele recriou o estábulo de Belém, introduzindo o conceito popular do presépio de Natal.

"Senhor, fazei-me um instrumento de vossa paz, onde houver ódio, que eu leve o amor, onde houver injúria, perdão; onde houver dúvida, a fé...", de uma oração atribuída a São Francisco.

MARTINHO LUTERO

Martinho Lutero (1483-1546) foi um teólogo alemão e reformis-ta religioso, que iniciou a Reforma Protestante, a qual dividiu a Igreja Cristã ocidental e mudou o curso da história europeia e mundial.

*"Eu estou sujeito às Escrituras que cito; minha cons-
ciência é cativa da Palavra de Deus... Aqui estou eu:
Não poderia fazer outra coisa."*

CRONOLOGIA

1483: Nasce em Eisleben, Alemanha, em 10 de novembro.

1501: Ingressa na Universidade de Erfurt.

1505: Ingressa no mosteiro agostiniano em Erfurt.

1508: Estuda Teologia na Universidade de Wittenberg.

1510: Visita Roma como monge agostiniano.

1512: Nomeado professor de Teologia, em Wittenberg.

1517: "Prega" as 95 Teses na Igreja do Castelo de Wittenberg.

1521: Dieta de Worms.

1524-1525: Revolta dos Camponeses.

1525: Lutero abandona o mosteiro e se casa.

1534: A primeira Bíblia completa traduzida por Lutero é impressa e distribuída.

1546: Morre em Eisleben, em 18 de fevereiro.

MARTINHO LUTERO, filho de um próspero mineiro de cobre, estudou na Universidade de Erfurt entre 1501 e 1505. Com a intenção de se tornar advo-gado, ele mudou de ideia e ingressou no mosteiro agostiniano, em Erfurt. Seguiu sua profissão como monge em 1505 e foi ordenado ao sacerdócio em 1507. Acadêmico precoce, foi enviado para estudar Teologia e ensinar na nova Universidade de Wittenberg, onde, depois de um período em Erfurt, receberia seu diploma de doutor e se tornaria professor de Teologia.

Durante uma visita a Roma em 1510, Lutero ficou chocado com o que considerou depravação e materialismo do clero e do papado. Ele ficou particularmente enfurecido com a venda de indulgências – certi-ficados que garantiam uma "licença" de punição depois da morte – e começou a lutar contra Roma. Sua fúria chegou ao máximo em 1517, quando o frade Johann Tetzel começou a espalhar a venda de indulgên-cias na Alemanha. Em 31 de outubro, Lutero "pregou" uma folha con-tendo 95 Teses (argumentos contra as indulgências) na porta da igreja

do Castelo de Wittenberg. Escritas em latim, foram imediatamente tra-
duzidas ao alemão e, com a ajuda da nova tecnologia da impressão, elas
se espalharam como um terremoto.

Julgado, condenado e formalmente excomungado pelas autoridades eclesiásticas em janeiro de 1521, Lutero revidou com sua caneta,
produzindo os primeiros tratados que viriam a se tornar conhecidos
como Luteranismo – "Carta à Nobreza Cristã da Nação Alemã", "Um
Prelúdio no Cativeiro Babilônico da Igreja" e "Da Liberdade de um
Cristão". Afortunadamente desfrutando a proteção de Frederico da Saxônia, mais tarde traduziria também o Novo Testamento do original em
grego ao alemão, do mesmo modo que faria com todo o Antigo Testamento.

A sanção papal contra ele e seu desacato dividiu a Alemanha. Em
1521, foi convocado, sob o salvo conduto do imperador Carlos V, a se
apresentar diante da Dieta Imperial de Worms em que, sem se render,
ele articulou sua crença justificando a fé, que havia afetado a própria
raiz dos ensinamentos da Igreja tradicional.

"Eu estou sujeito às Escrituras que cito; minha consciência é cativa da Palavra de Deus. Não nego e não negarei coisa alguma, pois
agir contra a consciência não é seguro nem honesto", declarou Lutero.
Ele supostamente teria acrescentado: "Aqui estou eu. Não poderia fazer
outra coisa".

Lutero agora era declarado fora da lei, e a Alemanha explodiu em
uma revolta política; os cavaleiros imperiais se rebelaram, em 1522 e
1525, e uma revolta na região da Floresta Negra, em 1524, culminou na
sangrenta Guerra dos Camponeses, que durou dois anos. Horrorizado
pelos excessos que estavam sendo cometidos em seu nome, Lutero publicou um apelo "Contra as multidões saqueadoras e assassinas de camponeses", e os rebeldes camponeses foram brutalmente assassinados.
Mas seu desafio contra a Igreja estabelecida continuou a ganhar força.
Em 1526, os aliados de Lutero persuadiram a Primeira Dieta de Speier,
para que aceitassem o princípio revolucionário de que o governante tinha o direito de determinar a religião e, na Segunda Dieta de Speier em
1529, eles formalmente delegaram a "Revolta" que davam seu nome.
Em 1530, depositaram suas crenças na Confissão de Augsburgo – o próprio Manifesto Protestante, que revelava novas interpretações radicais
sobre assuntos primários como a Eucaristia.

O Luteranismo tornou-se popular na Alemanha, apelando aos seus
príncipes de mentes livres, e foi rapidamente adotado em vários Estados
e na maior parte das cidades do norte, de Bremen a Riga. Os protestantes também rapidamente se ramificaram em seitas diferentes e os

próprios seguidores de Lutero foram muito testados, quando ele condenou o casamento bígamo de Felipe de Hesse e também quando escreveu uma violenta polêmica contra os judeus.

Lutero, um ex-monge, casou-se com uma ex-freira, Catarina de Bora, que administrava a casa, controlava suas finanças e teve seis filhos, e à qual ele escrevia cartas de amor sempre que se encontrava distante. Um homem doente na maior parte de sua vida, e mal-humorado também, Lutero morreu repentinamente enquanto visitava sua cidade natal de Eisleben.

LUTERO E A MÚSICA

Lutero era conhecido em toda a Alemanha como o Rouxinol de Wittenberg. Ele cantava bem, tocava alaúde e escrevia hinos, entre as mais conhecidas está a paráfrase do Salmo 49, "Deus é o nosso refúgio". Lutero estabeleceu uma forte tradição musical em suas igrejas, com cantores, organistas e coros, ajudando a transformar a Alemanha no país mais educado musicalmente na Europa.

Entre os amigos e colegas de Lutero, havia Felipe Melâncton, tradutor e acadêmico, e Hans Lufft, o qual imprimiu sua primeira Bíblia completa, que vendeu 100 mil cópias. Lutero encorajou o vernáculo e a Bíblia de Lutero foi crucial para o desenvolvimento da língua alemã, fazendo com que vários dialetos diferentes fossem unidos. Gerou também um novo senso de união entre os povos da língua alemã.

Santo Inácio de Loyola

Santo Inácio de Loyola (1491-1556) foi o fundador espanhol da Sociedade de Jesus, conhecida como os Jesuítas, que despachou missionários ao redor do mundo. Sua ordem abriu escolas, colégios e universidades, criando novos padrões para a educação.

Seguindo uma experiência mística, Inácio fundou uma nova ordem, a Sociedade de Jesus.

CRONOLOGIA

1491: Nasce em Loyola, em 24 de dezembro.

1521: Ferido por uma bola de canhão em ambas as pernas no cerco de Pamplona.

1522: Faz votos de devoção a serviço da Igreja.

1528: Enquanto estuda em Paris, forma o grupo inicial de seis seguidores.

1537: Ordenado padre.

1540: O papa Paulo III aprova a fundação da Companhia de Jesus.

1556: Há cerca de mil jesuítas com 100 casas em dez províncias, na época da sua morte em 31 de julho.

1622: Canonizado.

INÁCIO NASCEU em 1491, o caçula de 13 filhos de uma família nobre e rica da província basca espanhola de Guipúzcoa ao norte. Como moço de recados do tesoureiro de Castela, ele estava acostumado à vida na corte, damas, jogos de azar e esgrima, até se tornar soldado em 1517. Em 1521, quando os franceses cercaram Pamplona, a vida de Inácio se transformou. Foi ferido gravemente em ambas as pernas por uma bola de canhão, passando por uma cirurgia dolorosa sem anestesia. Enquanto convalescia, recebeu livros sobre a vida de Jesus e dos santos, em vez das suas histórias preferidas de cavaleiros e batalhas. Ele resolveu seguir os santos e, em 1522, confessou seus pecados no mosteiro de Montserrat e, em seguida, passou alguns meses em uma caverna, vivendo de forma austera, meditando e escrevendo. Essas anotações por fim se transformariam no guia dos jesuítas, *Os Exercícios Espirituais* (publicado com a aprovação papal em 1548) – um manual de instrução sobre como alcançar a espiritualidade.

Em seguida, Inácio embarcou para a Terra Santa em uma jornada repleta de perigo e privações. Sua intenção era imigrar para lá, mas os franciscanos que eram (e ainda são) responsáveis pelos lugares sagrados cristãos ordenaram que ele se retirasse e, assim, retornou à Espanha em 1524. Quando jovem, não teve uma educação formal e nem sabia o latim, mas agora havia decidido estudar, primeiro nas universidades de Alcalá e Salamanca, onde foi considerado problemático pela Inquisição e, em seguida, em Paris, para onde foi em 1528. Lá trabalhou muito em teologia, filosofia e latim, e influenciou um pequeno grupo de colegas de estudo, incluindo seu compatriota, o futuro São Francisco Xavier.

Em Paris, Inácio e seus seguidores se reuniam de forma livre com votos de pobreza, castidade e obediência, mas não tinham intenção alguma de fundar uma nova ordem. Inácio viajou durante esses anos à Inglaterra, Itália e Holanda. Depois de terminar os estudos, e enquanto vivia de caridades, Inácio decidiu se tornar padre. Em 1537, a maioria de seus seguidores já havia também sido ordenada. Inácio teve uma experiência mística no ano seguinte e, em 1539, reuniu seus companheiros em Roma para discutirem seu futuro como comunidade. Além de fazerem os votos de pobreza, castidade e obediência, agora se colocariam sob um superior geral a serviço do papa e fundaram uma nova ordem, que receberia a aprovação papal em 1540. Como reflexo de suas experiências militares, Inácio sugeriu o título de Companhia de Jesus, mas que era oficialmente chamada de Sociedade de Jesus. Durante quinze anos, até sua morte, Inácio foi o superior geral, orientando a ordem, ensinando as crianças e os adultos, escrevendo constituições da sociedade e aconselhando os jesuítas ao redor do mundo por cartas.

Guiados por instruções detalhadas do próprio Inácio, os jesuítas lançaram suas missões em Portugal, Irlanda, Alemanha, Índia e até na Etiópia. Os teólogos jesuítas participaram ativamente do Concílio de Trento. A ordem é mais conhecida, e de fato reconhecida, por seu trabalho educacional. Colégios foram fundados originalmente por novos recrutas da ordem, mas a demanda por autoridades seculares logo induziu uma rápida expansão mundial de escolas jesuítas.

Inácio morreu de febre em Roma, em 1556, antes de receber os últimos sacramentos e a bênção papal. Ele foi beatificado em 1609 e canonizado em 1622. Seu corpo repousa sob o altar principal da grande igreja jesuíta de Jesus, em Roma.

OS JESUÍTAS

Inácio disse: "Eu nunca deixei o Exército: eu apenas tenho cooperado com o serviço de Deus".

Ele também disse: "Dê-me um garoto de 7 anos e ele será meu para sempre".

Ele tinha total consciência da importância e influência da educação e escreveu em 1551: "Entre aqueles que hoje não passam de meros estudantes, no momento certo alguns partirão para desempenhar diversos papéis – um para a pregação, outro para o governo da terra e para a administração da justiça e, outros, para outros chamados".

O termo "jesuíta" foi usado pela primeira vez em 1554, como termo de repreensão.

O lema jesuíta é Ad Majorem Dei Gloriam – *"À Grande Glória de Deus".*

João Calvino

João Calvino (1509-1564) foi um teólogo e reformista pro-
testante francês, cuja austeridade e ética de trabalho duro mol-
daram os destinos de países tão diferentes como Escócia, Suíça
e Estados Unidos. Ele foi o fundador do ramo mais influente e
abrangente do Protestantismo.

Calvino acreditava que a humanidade era dividida antecipadamente entre os amaldiçoados e os eleitos, sendo que os primeiros eram muito mais numerosos que os últimos.

CRONOLOGIA

1509: Nasce em Noyon, em 10 de julho.
1536: Publica as *Institutas da Religião Cristã*.
1536-1538: Genebra.
1538-1541: Estrasburgo, onde se casa.
1541: Assume controle da Igreja Protestante, em Genebra.
1564: Morre em Genebra, em 27 de maio.

NASCIDO EM NOYON, na francesa Picardia, em 1509, Calvino estudou para o sacerdócio em colégios de Paris e, em seguida, mudou para Direito, frequentando universidades em Orléans e Bourges. Converteu-se ao novo pensamento protestante depois de ouvir uma homilia sobre a soberania das Escrituras pelo reitor da Sorbonne, Nicolas Cop. Ele renunciou de seu benefício em sua cidade natal de Noyon e fugiu para uma cidade mais tolerante, Basle. Lá, em 1536, publicou seu trabalho mais importante, *Institutio Christianae Religionis* (As Institutas da Religião Cristã). Isso o levou para a vanguarda como pensador e pregador protestante e Calvino se tornou uma figura popular nas novas comunidades eclesiásticas. No seu caminho para Genebra, em 1536, pediram a ele que ajudasse a estabelecer a Igreja Protestante por lá e ele ficou dois anos, até ser expulso da cidade. Entre 1538 e 1541, Calvino estava em Estrasburgo, onde se casou com a viúva Idelette de Bure e foi lá que publicou o primeiro de vários comentários sobre a Bíblia.

A teologia de Calvino era radical e sombria, especialmente sua crença na predestinação, que batia de frente com o ensinamento católico romano de que todos os pecadores são capazes de receber a salvação, se eles se arrependessem. Calvino via a humanidade dividida antecipadamente entre os amaldiçoados e os eleitos; a maioria era depravada e longe da redenção; apenas os poucos eleitos eram predestinados à salvação por Deus. Ele também se diferenciava demais da Igreja tradicional em outro aspecto importante; Calvino insistia na separação da Igreja e do Estado.

Na questão ética, Calvino era ultrapuritano. Ele encorajava a abstenção, entre seus seguidores, de todos os prazeres e frivolidades – canções, danças, jogos de azar, bebidas, namoros e até roupas coloridas. A vida deles devia ser marcada pelo trabalho duro, autocontrole, sobriedade, parcimônia e bondade. Sua única fonte de elevação e orientação deveria vir da leitura diária da Bíblia, e a única música, apenas os hinos que cantavam. É daqui que surgem as vozes dos pais fundadores ingleses da América do Norte e o código básico das Igrejas baixas da Europa Ocidental – especialmente da religião da Escócia, um país que por sua vez enviaria engenheiros, professores e missionários ao redor do mundo para forjar o Império Britânico.

Em 1541, Calvino foi convidado a retornar a Genebra, onde passaria o resto de sua vida. Ele ajudou a traçar uma nova constituição para um Estado autônomo — um incrível avanço, sendo que a maioria da Europa ainda permanecia sob o poder de reis, príncipes e duques autocratas. Ele nunca assumiria um cargo formal no governo, entretanto, como era de fato um líder local, dedicou-se com afinco a melhorar as escolas e hospitais e estimulou a economia e a indústria. No entanto, havia um lado sórdido no seu governo – os pastores controlavam Genebra como um presbitério; o entretenimento basicamente não existia. Em 1552, o Conselho da Cidade proclamou as *Institutas* de Calvino "doutrina sagrada, contra a qual pessoa alguma poderia se opor". A Bíblia se tornaria o código civil. A heresia e o adultério eram puníveis com a pena de morte e Calvino, pessoalmente, sancionou a pena de morte na fogueira, em 1553, de pelo menos um dissidente, o espanhol Miguel Serveto. Dezenas de pessoas seriam condenadas à morte nos anos seguintes.

A seita de Calvino se espalhou de Genebra, o centro de treinamento de seus novos pastores, e agora a Roma protestante chegava à França, Holanda, Inglaterra, Escócia, Hungria e inclusive à Alemanha, onde desafiou os credos mais terrenos dos luteranos.

UM ESCRITOR PROLÍFICO

Os textos de Calvino foram sua contribuição mais importante à Igreja Protestante. Escreveu hinos, um catecismo influente e comentários sobre quase todos os livros da Bíblia. Ele era também um prolífico correspondente, cerca de 4.271 cartas, que ainda existem, a maioria relacionada às questões teológicas. Manuscritos de 2.300 sermões também sobreviveram. As Institutas, *de Calvino, ainda permanecem como sendo o padrão da crença protestante ortodoxa de todas as Igrejas "reformadas".*

A enciclopédia O Novo Advento Católico *descreve Calvino como "indubitavelmente uma das maiores divindades protestantes e, talvez, depois de São Agostinho, o que foi seguido por seus discípulos de forma mais rígida do que qualquer escritor ocidental de Teologia".*

A esposa de Calvino, Idelette de Bure, gerou-lhe um filho, que morreu logo depois de ter nascido. Idelette morreu em 1549 e Calvino jamais se casaria de novo.

JOHN WESLEY

John Wesley (1703-1791) foi um teólogo e pregador evange-lista anglicano, que, com seu irmão Charles, fundou o Movimento Metodista mundial dentro da Igreja da Inglaterra, um movimento com mais de 70 milhões de seguidores no mundo todo.

A missão de Wesley era proclamar que a salvação era possível para cada um por meio apenas de Jesus Cristo.

CRONOLOGIA

1703: Nasce em Epworth, Lincolnshire, em 17 de junho.
1714: Admitido na Escola Charterhouse, em Londres.
1720: Estudante da Christ Church, Oxford.
1725: Ordenado diácono.
1726: Eleito membro da Faculdade de Lincoln.
1728: Ordenado presbítero.
1735-1737: Missionário na Geórgia, Estados Unidos.
1738: Aldersgate: "Senti meu coração estranhamente aquecido".
1739: Primeira Sociedade Metodista formada em Londres.
1744: Primeira Conferência Metodista.
1784: Wesley ordena seus primeiros pastores metodistas.
1791: Morre em City Road, Londres, em 2 de março.

DÉCIMO QUINTO FILHO de um vigário não conformista, Wesley cresceu na cidade rural de Lincolnshire, no presbitério de seu pai, Samuel, em Epworth, antes de ser enviado para terminar seus estudos, primeiro na Escola Charterhouse, em Londres, e, a partir de 1720, na Faculdade de Christ Church, em Oxford. Decidido a seguir carreira na Igreja, Wesley se tornaria um diácono em 1725 e, depois de eleito como membro da Faculdade de Lincoln e passar algum tempo acompanhando seu pai em Lincolnshire, ele foi ordenado presbítero, em 1728.

De volta a Oxford, Wesley se juntou com seu irmão Charles e mais 14 colegas e montaram um grupo religioso, que ficou conhecido de forma irrisória como os "Metodistas", porque haviam desenvolvido um método espiritual de estudo e devoção. Também chamado de "Santo Clube", o grupo praticava a austeridade aos extremos – jejuando, privando-se de sono, inclusive se ajoelhando por horas no inverno rigoroso –, a ponto de um deles morrer. Sob a liderança de Wesley, o grupo se engajou em uma missão mais abrangente e começou a visitar prisões e asilos de pobres, distribuindo alimentos, roupas e remédios.

Entretanto, ele estava de olho em algo que ia além de Oxford e, em 1735, saiu com seu irmão para se tornar um missionário nas colônias norte-americanas. Passou dois anos na Geórgia, onde não conseguiu progredir na tentativa de converter os índios nativos e teve uma desavença com a comunidade local, depois de ter sido menosprezado por Sophia Hopkey, a sobrinha do magistrado-chefe da cidade de Savana.

No entanto, durante sua jornada à América, Wesley havia conhecido a seita moraviana alemã e ficara impressionado com sua religião pessoal e intensa. Quando retornou a Londres, continuou participando de suas reuniões e foi durante uma dessas que teve uma grande experiência mística, ou um despertar religioso, que viria a mudar sua vida. Ocorreu na Aldersgate Street, próximo a um dos antigos portões romanos que davam acesso à cidade de Londres, em 24 de maio de 1738, e que Wesley descreveu: "Senti que meu coração foi tocado de forma estranha. Senti que confiava em Cristo, e somente Cristo era a salvação; e recebi uma afirmação de que ele tinha tirado meus pecados, até os meus, e me salvado da lei do pecado e da morte".

Na ocasião, ele estava com 35 anos e, a partir daquele momento, passou a ver sua vida como uma missão de proclamar as boas-novas de que a salvação era possível para cada pessoa que depositasse a fé apenas em Jesus Cristo. Nos 53 anos seguintes, ele viajou uma média de 240 mil milhas* ao redor da Grã-Bretanha a cavalo, de charrete, e pregou cerca de 40 mil sermões – uma média de 15 por semana.

Wesley e um grupo de seguidores formaram a primeira Sociedade Metodista, em uma loja na West Street, em Londres, em 1º de maio de 1739, e o movimento rapidamente se espalhou por todo lado. No início, Wesley desejava trabalhar dentro das Igrejas anglicanas já estabelecidas, mas as portas foram progressivamente se fechando e ele foi forçado a pregar ao ar livre. Foi isso que realmente deu maior ímpeto ao Metodismo. Pregação ao ar livre era a forma mais eficaz de atingir grandes multidões e fez com que ele pudesse levar sua missão às áreas remotas da Grã-Bretanha, que se encontravam fora do mapa anglicano, especialmente no País de Gales. Pessoas que levavam uma vida rústica, dura e desordenada na Grã-Bretanha do século XVIII eram atraídas pela sua mensagem de fé pessoal e pela importância da religião interior, e as comunidades se espalhavam por todo o país e, com elas, novos locais de culto. Trinta e cinco anos depois de sua experiência mística

---

* N.T.: Equivale a 384 mil quilômetros.

em Aldersgate, havia 356 novas capelas metodistas ao redor do país. Wesley publicou as regras para as sociedades metodistas em 1743, mas não romperia efetivamente com a Igreja da Inglaterra até 1784, quando começou a ordenar seus próprios pastores. Ele foi forçado a fazê-lo quando o bispo de Londres se recusou a ordenar alguns de seus pregadores, que agora estavam servindo nos recém-independentes Estados Unidos.

VIAGENS COM A BÍBLIA

John Wesley foi um pregador fervoroso, que mexia com as emoções de seus congregados sem piedade alguma, especialmente quando os advertia sobre os perigos que aguardavam os pecadores que não se arrependiam. Ele era totalmente anti-intelectual, acreditava no demônio e nas bruxas, defendia a medicina primitiva e abria a Bíblia aleatoriamente, obedecendo a qualquer ordem que encontrava naquela página.

A história nada diz a respeito da ordem que encontrou na Bíblia, no entanto, em 1751, Wesley se casou com uma viúva de quatro filhos, Mary Vazeille. O casamento foi um fracasso e ela o abandonou, possivelmente por não tê-lo visto praticamente nunca. Além de suas constantes e longas viagens, Wesley arranjou tempo para escrever ou editar cerca de 400 publicações. Na ocasião da sua morte em 1791, ele havia deixado um movimento com cerca de 70 mil membros, que cresceu até os dias de hoje, chegando a 70 milhões, com igrejas metodistas em quase todos os países do mundo.

SRI RAMAKRISHNA

Sri Ramakrishna (1836-1886) foi um dos três grandes líderes do renascimento hindu no século XIX e um homem santo que pregou a harmonia entre todas as religiões – "há tantas fés quantos caminhos". Seus seguidores fundaram a Ordem Ramakrishna.

"Seus ensinamentos não são procedentes de um mero homem culto, mas são as páginas do Livro da Vida."

MAHATMA GANDHI SOBRE RAMAKRISHNA

CRONOLOGIA

1836: Nasce em Hooghly, Estado de Bengala, Índia, em 18 de fevereiro.
1852: Muda-se para Calcutá, torna-se um sacerdote.
1859: Casa-se com Sarada Devi.
1886: Morre em Calcutá, em 16 de agosto.

Originalmente chamado de Gadadhar Chatterji, Ramakrishna nasceu em Bengala, filho de um brâmane ortodoxo de origem humilde. Em 1852, a pobreza o forçou, com seu irmão Ramkumar, a se mudar para Calcutá, onde se tornaram sacerdotes em um templo dedicado a Kali, a deusa hindu da criação e da destruição. Ramakrishna desenvolveu uma devoção ardente por Kali, que ele venerava como sendo a mãe do mundo e, depois de muita perseverança, começou a ter visões extasiantes em que ficava impressionado por uma luz encantada.

Quando contava 23 anos, Ramakrishna foi forçado a se casar com uma noiva de 5 anos, Sarada Devi. O casamento nunca seria consumado porque ele acreditava no celibato, mas ela se tornaria uma de suas discípulas e seguidoras. Logo após o casamento, Ramakrishna deixou o templo e começou a vagar pelo campo. Ele aprendeu Tantrismo, Vedanta, Ioga e outras técnicas religiosas e começou a ver e pregar a fusão de todas as religiões, incluindo o Islamismo e o Catolicismo Romano. Em seus transes, tinha visões de Maomé e de Jesus e foi ficando cada vez mais convencido da unificação final das diferentes religiões.

A mensagem de que todas as religiões eram igualmente válidas teve repercussões poderosas na Índia do século XIX, onde as autoridades da colônia britânica e os missionários cristãos há muito menosprezavam o Hinduísmo nos campos social, religioso e ético. Renovou a autoconfiança e estimulou o clima que levaria ao renascimento hindu, que foi levado mais adiante pelo discípulo de Ramakrishna, Vivekananda, e por Dayananda Sarasvati, fundador do movimento de reforma hindu, Arya Samaj.

Sua fama de guru, pregador e místico extasiante se espalhou e Ramakrishna reuniu ao seu redor um grupo cada vez maior de discípulos de todas as religiões, muitos deles educados no Ocidente. Ele os recebia em uma pequena sala no jardim do templo de Dakshineswar, no subúrbio de Calcutá. Os jornais locais se referiam a ele como "o santo do Hinduísmo".

Seus seguidores descreviam sua vida como uma contemplação ininterrupta de Deus. "Ramakrishna era uma personificação viva da bondade", disse Mahatma Gandhi. "Seus ensinamentos não são procedentes de um mero homem culto, mas são as páginas do Livro da Vida." O escritor Christopher Isherwood o considerava um Deus. "Acredito, ou estou pelo menos influenciado a acreditar, que ele era o que seus discípulos declararam que era: uma encarnação de Deus na Terra."

Depois de morrer de câncer, seus ensinamentos foram reunidos por Mahendranath Gupta em uma obra de cinco volumes, *O Néctar das Palavras do duas vezes abençoado Ramakrishna*, conhecido como o Evangelho de Ramakrishna.

ENSINAMENTOS DE RAMAKRISHNA

Depois de sua morte de câncer, seus ensinamentos foram compilados por Mahendranath Gupta em uma obra de cinco volumes, O Néctar das Palavras do duas vezes abençoado Ramakrishna, *conhecido como o Evangelho de Ramakrishna.*

EXEMPLOS DOS ENSINAMENTOS DE RAMAKRISHNA:

"Alcancei um estado de realização em que vejo que Deus caminha em cada forma humana e Se manifesta por meio do sábio e do pecador, do virtuoso e do cruel."

"Sabe o que vejo? Eu o vejo como sendo tudo. Homens e outras criaturas surgem diante de mim como formas vazias, movendo suas cabeças, mãos e pés, mas onde dentro se encontra o Próprio Senhor."

"O que se deve fazer quando se é colocado no mundo? Renunciar tudo a Ele, resignar-se a Ele, e não haverá mais problema para você. Desse modo, você entenderá que tudo é feito por meio da Sua vontade."

"O amor puro de Deus é uma coisa essencial. Todo o resto é irreal."

Papa João Paulo II

Papa João Paulo II (1920-2005), líder da Igreja Católica Romana e o primeiro papa não italiano em mais de quatro séculos e meio, caminhou pelo mundo como um gigante, despertando uma corrente de revoluções que varreram o Comunismo e pregando uma mensagem poderosa de moralidade cristã em uma era cada vez mais secular. Sempre ator, esse grande comunicador enfrentou sua derradeira doença em público no cenário mundial.

João Paulo foi o primeiro papa a pregar em uma Igreja protestante e em uma sinagoga, e o primeiro a pisar em uma mesquita.

CRONOLOGIA

1920: Nasce Karol Wojtyla em Wadowice, em 18 de maio.
1938: Começa os estudos na Universidade Jaguelônica, na Cracóvia.
1939: Os nazistas invadem a Polônia.
1946: Ordenado padre.
1964: Arcebispo da Cracóvia.
1967: Torna-se cardeal.
1978: Eleito papa em 16 de outubro.
1979: Visita a Polônia comunista como papa.
1981: Sobrevive a um atentado.
2000: Visita a Terra Santa.

KAROL WOJTYLA NASCEU em Wadowice, uma pequena localidade ao sul da Polônia, perto de Cracóvia, em uma humilde casa, filho de um oficial do Exército. Atraído no início pelo teatro e pela poesia, começou seus estudos na Universidade Jaguelônica da Cracóvia em 1938, um ano antes de os nazistas alemães invadirem a Polônia, e passaria a maior parte da guerra estudando clandestinamente para o sacerdócio, enquanto trabalhava em uma pedreira e uma usina química.

Foi ordenado em 1946 e passou dois anos em Roma, retornando à Polônia em 1948 e encontrando seu país nas mãos do Stalinismo. A Igreja Católica permaneceu sendo uma das poucas organizações independentes; era um canal para o nacionalismo polonês e para a silenciosa oposição diante das autoridades comunistas ateístas. O futuro papa subiria rapidamente pelos escalões da Igreja, tornando-se bispo aos 38 anos e arcebispo da Cracóvia em 1964. Três anos depois, foi elevado a cardeal e, em 16 de outubro de 1978, surpreendeu o mundo ao surgir na sacada da Basílica de São Pedro, em Roma, como o primeiro papa não italiano em 455 anos.

As ondas de choque políticas repercutiram por toda a Europa Oriental e, no ano seguinte, o papa fez uma jornada triunfante de nove dias por sua terra natal, desencadeando uma onda incessante de oposição aos comunistas, resultando na Revolução Solidariedade. Solidariedade formou o primeiro governo não comunista do Bloco Oriental em 1989 e, logo em seguida, os regimes marxistas começaram a desmoronar um por um pela Europa.

"Observai, a noite acabou; o dia nasceu novamente", disse o papa, durante sua triunfante visita à Checoslováquia, em 1990.

O papa João Paulo II era um viajante incansável; visitou mais de 130 países, sempre atraindo enormes multidões. Tendo sido um aspirante a ator, atuaria com perfeição. Uma década após a queda do Comunismo, realizou um de seus sonhos: visitou a Terra Santa. Orando no Muro Ocidental de Jerusalém, pediu perdão pelos pecados católicos cometidos contra os judeus durante séculos. Ele trabalhou seu papado sobre um púlpito global, expressando a favor dos pobres e oprimidos e contra todas as formas que considerava injustas.

"Eu falo em nome daqueles que não podem ser ouvidos", disse ele em uma viagem à África. Criticou tanto os ditadores de direita quanto os de esquerda e advertiu que o capitalismo desenfreado não era a resposta para o empenho da humanidade. Um árduo defensor dos direitos humanos e da liberdade de religião, ele clamou por uma nova ordem econômica mundial e em defesa do direito dos trabalhadores, fazendo com que fosse apelidado de o "papa socialista".

Ele foi o primeiro papa a pregar em uma Igreja protestante e em uma sinagoga, e o primeiro papa a colocar o pé em uma mesquita (em Damasco). Entretanto, embora fosse um defensor da unidade cristã, permaneceu firme com o conservadorismo, responsável pelo crescente distanciamento com a comunidade anglicana. Ele travou uma perseverante batalha contra o aborto, a contracepção, o sexo antes do casamento, o divórcio e a homossexualidade. Dentro de sua própria Igreja, governou 1 bilhão de católicos com uma vontade de ferro, rejeitando totalmente as reformas liberais que poderiam, por exemplo, ter permitido o casamento de sacerdotes e mulheres no sacerdócio.

"A doutrina da Igreja não pode se embasar na opinião popular", disse ele uma vez. Em outra ocasião, declarou: "Deus sempre terá a última palavra".

Conhecido entre seus fiéis como o "atleta de Deus", por sua paixão pelo esqui e por caminhadas na montanha, o papa foi afetado pelo mal de Parkinson e artrite em seus últimos anos, fazendo com que fosse quase impossível ficar de pé ou caminhar sem que sofresse intensas dores. Falando sentado em uma cadeira de rodas, disse que havia sido reduzido a uma "fragilidade humana".

UM PAPA INCANSÁVEL

O líder soviético Josef Stálin questionou uma vez em tom de chacota: quantas divisões tem o papa? Nenhuma, mas isso não impediu o sem-divisão papa João Paulo de ajudar a derrubar os sucessores de Stálin.

Um viajante incansável, João Paulo superou 1,25 milhão de quilômetros (775 mil milhas) em 102 viagens internacionais a 130 países.

Organizou mais de 1.100 audiências gerais no Vaticano, assistidas por mais de 18 milhões de pessoas.

João Paulo canonizou mais de 477 santos, mais que todos os seus predecessores juntos, e emitiu 14 encíclicas sobre os ensinamentos da Igreja Católica.

Ele também publicou livros de teologia, filosofia, poesia e artes dramáticas.

Seu pontificado foi o terceiro mais longo na história da Igreja Católica Romana.

DALAI LAMA

O Dalai Lama, Tenzin Gyatso (1935-), é o líder espiritual do povo tibetano e o chefe do governo no exílio. Um dos maiores de-fensores do mundo da não violência, ele fugiu do Tibete em 1959, depois de uma fracassada revolta contra a ocupação chinesa. É um espinho no lado chinês, mas tem status de cult e uma multidão de seguidores no Ocidente.

O Dalai Lama tem dedicado sua vida à libertação do Tibete, mas teve de fazer sua residência no Ocidente.

CRONOLOGIA

1935: Nasce na vila de Takster, norte do Tibete, em 6 de julho.
1940: Entronizado como Dalai Lama, em Lhasa, Tibete.
1950: Torna-se chefe de Estado e do governo do Tibete.
1959: Foge para a Índia, depois que a China oprimiu a revolta.
1965: As Nações Unidas passam a terceira resolução sobre o Tibete.
1989: O Dalai Lama recebe o Prêmio Nobel da Paz.

O 14º DALAI LAMA nasceu Lhamo Thondub, em uma humilde família de camponeses, ao norte do reino montanhoso do Tibete e, de acordo com a tradição tibetana, ele foi reconhecido como a reencarnação do seu predecessor, o 13º Dalai Lama e, consequentemente, uma encarnação de Avalokiteshvara, o Buda da Compaixão.

Foi levado para ser educado por monges budistas e coroado como o líder espiritual do país no Palácio de Potala, em Lhasa, a capital do Tibete, em 22 de fevereiro de 1940. Em 1950, ele se tornaria o chefe de Estado e do governo, na mesma época em que o Exército da República da China entrou armado no Tibete, e passaria os próximos dez anos apelando à ajuda internacional na tentativa de evitar uma invasão chinesa em larga escala. No entanto, os eventos foram precipitados pelo seu povo, que organizou uma revolta em massa contra a ocupação chinesa em 1959. A revolta foi brutalmente contida pelos chineses e, mais de 44 anos depois, o Exército Vermelho ainda sofre com a oposição do Tibete.

O Dalai Lama fugiu para a Índia, onde estabeleceu um governo tibetano no exílio em Dharamsala, "Pequena Lhasa". Cerca de 80 mil refugiados o acompanharam no exílio. O Dalai Lama apelou às Nações Unidas, resultando em três resoluções feitas pela Assembleia Geral – em 1959, 1961 e 1965 – clamando a China para que respeitasse os direitos humanos dos tibetanos e seus desejos de autodeterminação. Mas a China os ignorou; Pequim tem argumentado consistentemente que o Tibete é uma província chinesa e se recusado a permitir que o Dalai Lama retorne para casa, a menos que ele obedeça às regras chinesas.

O Dalai Lama tem dedicado sua vida à libertação do Tibete, mas teve de fazer sua residência no Ocidente, onde alcançou quase um *status* de popstar. Seu rosto sorridente, sua cabeça raspada e seu roupão marrom e, acima de tudo, sua mensagem budista de oração, humildade e não violência fizeram dele uma figura muito amada e familiar ao redor do mundo. Ele vem sendo descrito como um "budista asceta superstar". Ganhador de muitos prêmios, em 1989 o Dalai Lama recebeu o Prêmio Nobel da Paz por sua constante oposição ao uso da violência na luta para a libertação do Tibete.

"O prêmio reafirma nossa convicção de que com a verdade, a coragem e a determinação como nossas armas, o Tibete vai ser libertado. Nossa luta deve permanecer sendo não violenta e livre do ódio", disse o Dalai Lama. Ele acrescentou que estava aceitando o prêmio em nome dos oprimidos de todos os lugares e de todos aqueles que lutam pela liberdade e trabalham para a paz mundial e ao povo do Tibete.

O Dalai Lama tem viajado extensamente e se encontrado com muitos líderes mundiais. Ele já viajou aos Estados Unidos pelo menos cerca de 15 vezes, atraindo multidões de costa a costa. Seus textos e livros sobre ele são extremamente populares. *A Arte da Felicidade* vendeu mais de 1,2 milhão de cópias. Há mais de 300 listas de procura por Dalai Lama no amazon.com, embora algumas sejam edições do mesmo livro. Sua imagem não é menos popular no Tibete; suas fotos são vistas nos para-brisas de caminhões, carros, ônibus e exibidas em outros lugares públicos em tamanha quantidade que os chineses não têm como lutar.

AUTONOMIA TIBETANA

Será que a China jamais irá conceder a independência do Tibete? Sob o atual regime, a resposta é quase certamente que não. Mas os regimes mudam. Países como a Estônia e o Quirguistão ressuscitaram dos mortos quando a União Soviética se desintegrou.

No decorrer dos anos, o Dalai Lama suavizou sua postura em relação ao Tibete, clamando apenas por uma "autonomia genuína" dentro da China e sugerindo a solução que foi aplicada em Hong Kong, quando a antiga colônia britânica foi devolvida a Pequim – "um país, dois sistemas". Os chineses condenam o Dalai Lama, chamando-o de "separatista".

Os tibetanos normalmente se referem ao Dalai Lama como Yeshin Norbu, *"A Joia que satisfaz os Desejos", ou simplesmente* Kundun, *"A Presença".*

WILLIAM WILBERFORCE

William Wilberforce (1759-1833), estadista e reformista britânico que exibiu coragem e persistência na liderança do movimento para a abolição do comércio de escravos. Ele apresentou um projeto de lei ao Parlamento para pôr fim ao comércio de humanos não menos que 12 vezes, até que finalmente se tornou lei.

"Agradeço a Deus por ter vivido para ver o dia em que a Inglaterra está disposta a dar 20 milhões de libras para a abolição da escravatura."

CRONOLOGIA

1759: Nasce em Hull, Inglaterra, em 24 de agosto.
1776-1779: Estuda na Universidade de Cambridge.
1780: Entra no Parlamento.
1789: Faz o primeiro discurso contra o comércio de escravos.
1791: Apresenta o primeiro projeto de lei para abolir o comércio de escravos.
1807: O Parlamento proíbe o comércio de escravos.
1825: Retira-se do Parlamento.
1833: Morre em 29 de julho.

FILHO DE UM RICO comerciante do porto de Hull, na costa leste inglesa, Wilberforce perdeu seu pai quando ainda era garoto e foi criado por uma tia por algum tempo, que era uma metodista rígida. Sua influência deixou fortes marcas evangélicas. Passou três anos na Universidade de Cambridge, onde conheceu William Pitt, que se tornaria o mais jovem primeiro-ministro da Grã-Bretanha e, aos 21 anos, ele ingressaria no Parlamento como membro por sua cidade natal, Hull. Ele mudaria de seção eleitoral em 1784 e se tornaria membro por Yorkshire. Naquele ano, também se converteria ao Cristianismo Evangélico, interessando-se em reforma parlamentar e social, incluindo questões tais como a emancipação católica (os católicos ainda eram ilegais). Um grupo de *Quakers* e o primeiro-ministro Pitt o persuadiram a entrar na causa da abolição do comércio de escravos, que havia se desenvolvido dos dois lados do Atlântico em um negócio altamente rentável.

Portos como Bristol e Liverpool haviam alcançado prosperidade com esse tipo de comércio. Navios carregados de mercadorias, tais como armas e tecidos, navegavam a oeste da África, trocando suas mercadorias por escravos e, em seguida, transportavam sua carga humana às Índias Ocidentais, onde eles seriam barganhados em troca de açúcar, tabaco, rum e melado. À parte este comércio triangular marítimo, que dependia dos escravos, as pessoas acreditavam que as economias

agrícolas das Américas e do Caribe entrariam em colapso sem seu trabalho. Os donos de escravos entrariam em uma séria luta.

Wilberforce e seus associados religiosos foram chamados primeiro de Santos, e depois ficaram conhecidos como a Seita de Clapham,
porque a maioria morava e cultuava no subúrbio de Clapham, ao sul
de Londres. À parte a abolição da escravatura, apoiavam as missões
cristãs, escolas para os pobres e se opunham aos esportes sangrentos
e jogos de azar. Wilberforce fez seu primeiro discurso no Parlamento
contra o comércio de escravos em 12 de maio de 1789 e apresentou seu
primeiro projeto de lei para aboli-lo em 1791, que foi derrotado por 163
votos contra 88. Ele continuou a campanha dentro do Parlamento e,
junto com um grupo de amigos, ajudou a formar no campo a Sociedade
Antiescravista. Em 1792, obteve êxito em conseguir um projeto de lei
aprovado para a abolição gradual do comércio — mas sem uma data específica acordada — e lutou em vão durante os anos de 1790. Ele tentou
novamente em 1804 e, em 1805, conseguiu com que um projeto de lei
passasse na câmara baixa, a Câmara dos Comuns, mas foi descartada
pela câmara alta, a Câmara dos Lordes. Uma tentativa final, em 1807,
surtiria efeito e um projeto de lei para abolir o comércio de escravos se
tornaria lei em 25 de março de 1807. Wilberforce foi clamado por seus
aliados no Parlamento.

A campanha para a abolição da escravatura ainda continuou, embora Wilberforce, que havia mudado de seção eleitoral novamente em
1812, tornando-se membro por Sussex, a princípio não tenha concordado com isso. Ele acreditava na abolição gradual, argumentando que os
escravos não estavam prontos para receberem a liberdade. Por fim, ele
acabou aceitando a abolição, mas retirou-se do Parlamento na época em
que estava sendo debatida. O Parlamento sancionou o Ato de Abolição
da Escravatura em agosto de 1833, um mês após sua morte.

A ABOLIÇÃO DA ESCRAVATURA

Os escravos foram trazidos e vendidos durante séculos em quase todo lugar conhecido como civilização. O comércio era um grande negócio no século XVIII e era aceito nos dois lados do Atlântico como algo normal e legítimo. Os escravos eram trazidos na maioria da África e vendidos na América.

A abolição do comércio de escravos teve no início algumas consequências inesperadas. Os donos de navios que eram pegos por não cumprirem a lei às vezes tinham suas cargas humanas atiradas ao mar, em vez de pagarem as multas por carregarem escravos.

As fortes características puritanas de Wilberforce revelam sua descrição em sua chegada na Faculdade de St. John, em Cambridge: "Fui apresentado na primeira noite da minha chegada a um grupo de homens tão desregrados quanto pudessem ser concebidos. Eles bebiam muito e suas conversas eram tão piores quanto suas vidas".

Quando ficou sabendo, em seu leito de morte, que o projeto de lei para abolição total da escravatura seria sancionado e que os proprietários das plantações iriam ser muito bem recompensados, Wilberforce disse: "Agradeço a Deus por ter vivido para testemunhar o dia em que a Inglaterra está disposta a dar 20 milhões de libras para a abolição da escravatura".

FREDERICK DOUGLASS

Frederick Douglass (1818-1895) foi um escravo fugitivo que fez campanha dos dois lados do Atlântico, com sua fina oratória para a abolição da escravatura, e tornou-se o primeiro cidadão negro a assumir um cargo de primeiro escalão no governo dos Estados Unidos.

"A escravidão não será abolida enquanto o negro não tiver o direito ao voto."

CRONOLOGIA

1818: Nasce em Tuckahoe, Maryland, em 7 de fevereiro.

1836: Primeiro plano de fuga fracassa; levado preso.

1837: Conhece Anna Murray.

1838: Foge para Nova York; casa-se com Anna Murray; muda o nome para Frederick Douglass.

1841: Discursa no encontro da Sociedade Antiescravista Americana; convidado para uma turnê de palestras.

1845: Autobiografia publicada; faz turnês na Grã-Bretanha.

1847: Retorna aos Estados Unidos.

1847: Lança o jornal *North Star*.

1859: Segunda turnê de palestras na Grã-Bretanha.

1874: Presidente do Banco Freedman's Savings and Trust Company.

1877: Delegado pelo distrito de Columbia.

1880: Oficial de cartório por Washington, D.C.

1889: Cônsul-geral dos Estados Unidos no Haiti.

1891: Renuncia ao cargo e retorna para casa.

1895: Morre em Washington, D.C., em 20 de fevereiro.

FREDERICK AUGUSTUS WASHINGTON Bailey era filho de pai branco e mãe negra e escrava e foi criado pela sua avó em uma plantação, em Maryland. Aos 8 anos, ele se tornou um criado na casa da família Auld, em Baltimore, onde recebeu uma educação rudimentar e aprendeu a ler e escrever. Foi colocado para trabalhar no campo aos 16 anos, sofrendo espancamentos e privações e, em 1836, fez uma tentativa fracassada de fugir. Depois de um breve período na prisão, foi levado para trabalhar na construção de navio, em Baltimore. Dois anos depois, fugiu para Nova York e, em seguida, para New Bedford, Massachusetts, onde trabalhou como operário. Para enganar os caçadores de escravos, ele mudou seu sobrenome para Douglass e se casou com o amor de sua vida, Anna Murray.

Douglass conseguiu projeção e sua primeira oportunidade em 1841, quando foi convidado para discursar em uma convenção antiescravista em Nantucket, Massachusetts. Sua eloquência natural e seu

relato de primeira mão sobre suas experiências como escravo o estimularam a seguir em uma nova carreira como agente da sociedade antiescravista local. Prosseguiu em uma turnê de conferências e tornou-se um
sucesso instantâneo como orador da plataforma para os abolicionistas.
Ele discursava para públicos de costa a costa, às vezes tendo de lidar
com duros tratamentos, especialmente dos ativistas a favor da escravidão.

Em 1845, publicou uma autobiografia, *A Vida e a Época de Fre-*
derick Douglass, e ainda temendo ser recapturado, deixou os Estados
Unidos por dois anos em uma turnê de palestras na Grã-Bretanha e na
Irlanda. Ele retornou com dinheiro suficiente para comprar sua liberdade e começar seu próprio jornal antiescravista, o *North Star* [Estrela do
Norte], um semanário que ele publicou em Rochester, Nova York, de
1847 a 1860. Também se tornou um mestre e condutor de trem metro-
politano, em Rochester.

Douglass retornou à Grã-Bretanha para uma segunda turnê de palestras em 1859, e voltou aos Estados Unidos, no ano seguinte, a tempo
de fazer a campanha para Abraham Lincoln. Durante a Guerra Civil,
tentou promover a abolição da escravatura como sendo um dos principais objetivos do Norte e ajudou a montar dois regimentos negros, o
54º e o 55º de Massachusetts. Ele reclamou pessoalmente ao presidente
Lincoln sobre as condições inferiores a que os soldados negros eram
submetidos; eles recebiam a metade do pagamento. Durante a reconstrução depois da guerra, Douglass foi um orador proeminente para os
antigos escravos e fez campanhas de forma resoluta para que houvesse
emendas na Constituição dos Estados Unidos, dando direitos civis to-
tais aos homens livres. "A escravidão não será abolida enquanto o negro
não tiver o direito ao voto", disse ele.

Em 1872, Douglass se mudou para Washington e, dois anos depois, ele se tornaria o presidente do banco Freedman's Savings and
Trust Bank – uma jogada desastrosa, tendo em vista que entrou rapidamente em falência. Em seguida, assumiu cargos políticos e no governo: delegado pelo distrito de Columbia, oficial de cartório e, de 1889 a
1891, ministro e cônsul-geral dos Estados Unidos no Haiti. Ele morreu
em Washington, em 1895.

A VERDADE NÃO TEM COR

O criador do jornal North Star *proclamou: "O direito não tem sexo – a Verdade não tem cor – Deus é Pai de todos nós e somos todos Irmãos".*

Em reuniões públicas, Douglass era apresentado como "um recém-formado da instituição da escravidão com seu diploma exposto nas costas".

Douglass foi estimulado a escrever sua autobiografia, especialmente porque sua inteligência e eloquência naturais levavam algumas pessoas a não acreditar em sua história de vida, que contava nos encontros que atendia pelo país. Seu relato se tornou um clássico da literatura norte-americana e uma fonte importante sobre a vida de um escravo. Publicado em 1845 como Narrativa da vida de Frederick Doulgass: um escravo americano, *foi um sucesso imediato.*

EMMELINE PANKHURST

Emmeline Pankhurst (1858-1928) foi uma líder militante do movimento do sufrágio feminino britânico, que fez campanha pelo direito de voto da mulher. Ela acreditava na ação direta – algo chocante para a época – e lutou com afinco pelos direitos da mulher durante toda a sua vida. Presa inúmeras vezes e resistindo a várias greves de fome, ela morreu apenas duas semanas antes que o Parlamento Britânico desse o direito igualitário de votos às mulheres.

Emmeline Pankhurst morreu apenas duas semanas antes que o Parlamento Britânico desse o voto às mulheres.

CRONOLOGIA

1858: Nasce Emmeline Goulden, em Manchester, em 14 de julho.

1872: Aos 13 anos, vai com a mãe à reunião do sufrágio feminino.

1872-1876: Estuda em Paris.

1876: Trabalha para o movimento sufragista feminino e conhece seu futuro marido, um advogado radical.

1889: Ajuda a fundar a Liga da Cidadania Feminina.

1892: Sai do Partido Liberal; afilia-se ao Partido Trabalhista.

1903: Com a filha Cristabel, forma a União Política e Social Feminina (WSPU).

1905: Demonstrações da sra. Pankhurst e membros do WSPU na Câmara dos Comuns.

1907-1909: Detida e levada à prisão.

1917: Fundação do Partido das Mulheres.

1917: Visita a Rússia, mora nos Estados Unidos e no Canadá.

1925: Retorna à Inglaterra; afilia-se ao Partido Conservador.

1928: Morre em 14 de junho.

EMMELINE PANKHURST nasceu em Manchester, filha de um próspero empreendedor. Em uma época anterior ao sufrágio universal, seus pais, os Goulden, apoiavam o movimento de reforma eleitoral, e Emmeline foi levada por sua mãe à reunião do sufrágio feminino quando tinha apenas 13 anos. Depois de terminar precocemente os estudos em Manchester, aos 15 anos ela seria enviada a Paris por quatro anos. Sua diretora francesa da escola acreditava que as meninas deveriam ter a mesma educação dos meninos, incluindo ciência e contabilidade, além do bordado.

Quando ela voltou a Manchester, em 1878, encontrou-se com Richard Pankhurst, um advogado e grande apoiador do sufrágio feminino. Pankhurst havia ajudado a esboçar o projeto de lei que mais tarde se tornaria a Lei do Direito de Propriedade da Mulher Casada (1882), que pela primeira vez permitia que as mulheres casadas controlassem sua propriedade e seus ganhos. Richard e Emmeline se casaram em 1889 e tiveram quatro filhos. Juntos eles ajudaram a formar a Liga da Cidadania Feminina em 1889, e mudaram sua fidelidade partidária para o recém-fundado Partido Trabalhista, na esperança de que eles se engajassem na sua causa.

Em 1895, a sra. Pankhurst se tornou Guardiã do Bem-Estar Social. Ela ficaria chocada ao ver como os internos nos reformatórios – idosos, crianças e, especialmente, as mulheres — eram tratados, sentindo-se mais propensa do que nunca a acreditar que o sufrágio feminino era o único caminho para que injustiças como aquelas fossem erradicadas.

Desiludida com as organizações políticas femininas existentes, a sra. Pankhurst fundaria a União Política e Social Feminina (WSPU — em inglês), em 1903, e encorajaria a classe operária feminina a se afiliar. Uma falta de interesse por parte da mídia forçaria a WSPU a usar métodos radicais — ação direta — para chamar atenção. Em 1905, a filha da sra. Pankhurst, Cristabel, e Annie Kenney atacaram um ministro do governo. Elas foram acusadas por agressão e, recusando-se a pagar a multa, foram presas. Esse desacato cometido por duas mulheres respeitáveis chocou a Inglaterra eduardiana. Por volta de 1907, a sra. Pankhurst se juntaria às suas filhas em Londres. Ela foi presa em várias ocasiões por suas demonstrações violentas, mas seu exemplo e seu encantador discurso público inspiraram outras mulheres a pressionar pelo voto.

Durante a Primeira Guerra Mundial, a WSPU suspendeu sua militância, mas a sra. Pankhurst, refletindo sobre as novas realidades das mulheres trabalhando em fábricas de munição, juntou suas energias fazendo campanha para que os sindicatos trabalhistas permitissem que as mulheres trabalhassem nas indústrias dominadas pelos homens. Então, em 1917, ela e sua filha Cristabel formaram o Partido das Mulheres. Elas reivindicavam os mesmos salários para as mesmas funções, leis iguais de casamento e divórcio, mesmo direito para os pais sobre as crianças, direitos e oportunidades iguais no serviço público e um sistema de benefícios para a maternidade. A sra. Pankhurst visitou a Rússia revolucionária depois da guerra e deu palestras nos Estados Unidos e no Canadá. Quando retornou à Inglaterra, ela mudaria de novo de partido e se tornaria uma candidata parlamentar pelo Partido Conservador por East End, em Londres, chocando sua outra filha, Sylvia, que era uma ardente socialista. Um projeto de lei dando os mesmos direitos de votos dos homens às mulheres se tornaria lei, graças à inspiração e à coragem resoluta da sra. Pankhurst, apenas duas semanas depois de sua morte, em 14 de junho de 1928.

"AÇÕES E NÃO PALAVRAS"

"Ações e não palavras" era o lema da União Política e Social Feminina (WSPU), fundada pela sra. Pankhurst em 1903. E não era um lema sem propósito: Emmeline superou dez greves de fome durante um período de 18 meses, quando estava na casa dos 50 anos.

Ela também se lembrava de ouvir seu pai dizer quando era criança: "Que pena que ela não nasceu homem".

"Não há dúvida alguma sobre a simplicidade do seu objetivo e a incrível força e nobreza de seu caráter... O resultado que ela almejava era a emancipação das mulheres, algo que acreditava muito, com uma sinceridade entusiasmada, ao que considerava ser uma repressão nociva."

Obituário da sra. Pankhurst no The Times.

MARTIN LUTHER KING JR.

Martin Luther King Jr. (1929-1968). Pastor da Igreja Batista que deu voz aos negros da América nos anos de 1950 e 1960 e liderou um movimento dos direitos civis não violentos com uma eloquência magnética, imortalizada em quatro palavras de um discurso: "Eu tenho um sonho". Ele foi assassinado por um homem branco.

"Eu estive no topo da montanha e vi a Terra Prometida."

CRONOLOGIA

1929: Nasce em Atlanta, Geórgia, em 15 de janeiro.
1948: Forma-se como bacharel em Sociologia.
1948: Ordenado pastor da Igreja Batista.
1951: Bacharel em Teologia.
1953: Casa-se com Coretta Scott (quatro filhos).
1955: Doutorado pela Universidade de Boston.
1954-1959: Pastor em Montgomery, Alabama.
1955-1956: Boicote dos ônibus em Montgomery.
1956: Conferência da Liderança Cristã do Sul.
1960-1968: Copastor da Igreja Batista Ebenezer.
1968: Assassinado em Mênfis, em 4 de abril.

NASCIDO EM ATLANTA, na Geórgia, filho e neto de pastores da Igreja Batista, King foi um estudante precoce e conquistou seu diploma de bacharel em Sociologia aos 19 anos, um bacharelado em Teologia aos 22 e um doutorado pela Universidade de Boston em Filosofia e Teologia, aos 26. Ele foi ordenado pastor da Igreja Batista em 1948, quando ainda cursava a faculdade.

Seu ministério em tempo integral foi como pastor de 1954 a 1959, na Igreja Batista da Dexter Avenue, em Montgomery, Alabama, no "extremo sul", onde a discriminação contra os negros ainda era institucionalizada. Foi a prisão, em 1955, de uma costureira, Rosa Parks, por ter se recusado a sair do assento "somente para brancos" em um ônibus em Montgomery, que transformou a vida de King.

Ele abraçou a causa, determinado a seguir os passos de seu herói, Mahatma Gandhi, que havia humilhado o Império Britânico e conquistado a independência da Índia, por meio de um protesto não violento. King foi eleito o presidente da Associação pelo Progresso de Montgomery (MIA – em inglês), que organizou um boicote contra os ônibus de Montgomery por 381 dias. Os manifestantes foram detidos e espancados e a casa de King foi dinamitada, mas eles não ofereceram resistência e o boicote foi uma vitória completa, quando a Suprema Corte declarou ilegal todo tipo de transporte público segregado.

King emergiu do protesto como a figura central no movimento pelos direitos civis e foi eleito presidente da Conferência de Liderança Cristã do Sul, que lhe serviu como uma plataforma nacional da qual discursaria contra a contínua e irrestrita discriminação contra os negros. Ele se tornaria um proeminente porta-voz tanto em seu país como no exterior, e seus discursos e sermões mexeram com a consciência da nação e deram aos negros um novo sentido de identidade e autoestima. Em 1963, organizou uma campanha massiva sobre os direitos civis em Birmingham, Alabama, na qual 3.300 manifestantes, incluindo King, foram presos, e liderou uma marcha histórica em Washington, em 28 de agosto de 1963, quando proferiu seu discurso "Eu tenho um sonho". Ele também fez vigorosa campanha contra a Guerra do Vietnã. Apesar de os críticos demandarem uma ação mais radical, King nunca se cansou de dar a outra face e continuou firme com seu protesto não violento, como por exemplo ocupando instalações e marchas de protesto. Foi detido mais de 30 vezes e foi solto em uma ocasião, em 1960, por ordem de John F. Kennedy, às vésperas da eleição presidencial. O gesto fez com que os votos dos negros apoiassem Kennedy.

As pressões que sofria na liderança do movimento dos direitos civis forçaram King a abandonar sua congregação religiosa em período integral, em 1959, assumindo, em vez disso, um papel menos exigente de copastor com seu pai na Igreja Batista Ebenezer, em Atlanta. Ele recebeu o Prêmio Nobel da Paz em 1964.

Em seu último sermão proferido, na véspera do seu assassinato, parecia pressentir sua morte. Ele disse que tinha "estado no topo da montanha e visto a Terra Prometida".

King foi assassinado com um tiro no dia seguinte, enquanto estava na sacada de um hotel em Mênfis, Tennessee. Ele e os ideais em que acreditava são celebrados todos os anos nos Estados Unidos, por meio de um feriado nacional, na terceira segunda-feira de janeiro.

CADEIA DE BIRMINGHAM

Entre os discursos e artigos de King, sua Carta da Cadeia de Birmingham é uma das mais comoventes. Ele a redigiu em maio de 1963, depois de ter sido preso, junto com outros 3.300 manifestantes pacíficos, pela polícia branca, que havia lançado sobre eles cachorros, jatos d'água e cassetetes. "Sabemos por meio de uma experiência dolorosa que a liberdade nunca será dada pelo opressor de forma voluntária", escreveu ele. "Deve ser demandada pelo oprimido."

Apesar da projeção da sua imagem, o reverendo King não foi um santo imaculado. De acordo com fitas do FBI, ele havia passado a noite anterior a seu assassinato com prostitutas no seu quarto de hotel. As fitas do FBI contêm algumas linguagens gráficas.

Cerca de 100 mil pessoas acompanharam seu funeral, em Atlanta. Seu assassino, James Earl Ray, que escapou foragido, foi sentenciado 99 anos de prisão.

THOMAS JEFFERSON

No epitáfio escrito por ele mesmo, Thomas Jefferson (1743-1826) relatou que fora o autor da Declaração de Independência dos Estados Unidos, do Estatuto de Liberdade Religiosa da Virgínia e fundador da Universidade da Virgínia – mas deixou de mencionar que havia servido dois mandatos como presidente dos Estados Unidos. Um aristocrata revolucionário, culto e instruído, Jefferson foi um brilhante condutor americano do Iluminismo.

"Decidimos com uma única mente morrer como homens livres a viver como escravos."

CRONOLOGIA

1743: Nasce em Shadwell, Albemarle Co., Virgínia, em 13 de abril.
1769: Eleito para a Câmara Legislativa da Virgínia.
1770: Começa a construção de sua mansão, Monticello, em Charlottesville.
1779-1781: Governador da Virgínia.
1790-1793: Secretário de Estado.
1785-1789: Serve como ministro americano na França.
1796-1800: Vice-presidente.
1797-1815: Presidente da Sociedade Filosófica Americana.
1801-1809: Presidente dos Estados Unidos.
1803: Compra da Louisiana.
1825: A Universidade da Virgínia é inaugurada.
1826: Morre em 4 de julho.
1943: Jefferson Memorial inaugurado por Franklin D. Roosevelt em Washington, D.C.

FILHO DE UM PRÓSPERO fazendeiro da Virgínia e formado em direito, Jefferson ingressou na política aos 26 anos, tornando-se um ativista na luta contra o controle britânico nas colônias norte-americanas. Seu assertivo panfleto, *Uma Visão Sumária dos Direitos da América Britânica* (1774), fez com que fosse a escolha perfeita para liderar a autoria da Declaração da Independência, em 1776, pelos colonos rebeldes. O mandato de Jefferson no cargo de governador do seu Estado natal, no auge da guerra revolucionária, foi ofuscado por acusações de incompetência e covardia na conduta de sua defesa. Apesar de ter sido exonerado posteriormente, a experiência o deixou ressentido. Junto com a morte de sua esposa em 1782, isso explica seu desejo de servir sua nova nação independente em um posto no exterior.

O legado legislativo de Jefferson na Virgínia incluía o compromisso na conclusão da liberdade religiosa, que os críticos viam como um golpe deísta no Cristianismo, e a abolição da herança e primogenitura para evitar o surgimento de uma "pseudoaristocracia". As condenações eloquentes e constantemente citadas de Jefferson contra a escravidão (cuja existência na América ele colocava a culpa na monarquia britânica) não causou impressão alguma nos seus companheiros do "latifundiarismo" da Virgínia nem evitou que ele deixasse de ser um grande dono de escravos até o final de sua vida. Embora servisse de instrumento evitando a propagação da escravidão a oeste e prevendo sua inevitável abolição, algo que era inconsistente com a constituição baseada na liberdade, Jefferson acreditava que a abolição deveria ser realizada com a deportação de antigos escravos.

Obrigações diplomáticas em Paris impossibilitaram Jefferson de participar do preparo da constituição da nova nação e ele lamentou a falha da inclusão da declaração dos direitos dos cidadãos ou a limitação do número de mandatos que um presidente poderia ter. Enquanto estava no exterior, Jefferson não teve grande êxito em promover o comércio americano, considerando a maioria dos europeus ignorantes quanto ao seu potencial, conseguindo assinar um tratado comercial apenas com a Prússia. Como um observador privilegiado da Revolução Francesa, ele era e continuou sendo crítico quanto à sua crueldade arbitrária e violência excessiva, embora apoiasse seu objetivo. Paradoxalmente, achava que os franceses eram incapazes de ter um governo republicano e acreditava que deveriam adotar uma monarquia constitucional como a Grã-Bretanha.

Servindo como primeiro secretário de Estado sob o comando de Washington e, em seguida, como vice-presidente de John Adams, Jefferson bateu de frente com o Partido Republicano fortemente agrarianista, que se opunha aos federalistas e ao favorecimento de Alexander Hamilton nos interesses comercial e urbanos. Como o terceiro presidente da nação, Jefferson viveu em uma austeridade autoconsciente, que se refletia em sua redução de impostos e de gastos militares. Isso foi compensado por sua visão da América como uma potência continental, o que o levou a enviar Lewis e Clark em uma odisseia transcontinental de exploração e domínio na compra da Louisiana, que dobraria de tamanho o território da nação.

Durante seu segundo mandato como presidente, Jefferson ordenou um boicote ao comércio exterior para libertar seu país do possível envolvimento na guerra entre a Grã-Bretanha e a França. Nada popular quanto aos interesses mercantis e marítimos, sua Lei de Embargo foi revogada em 1809, assim que saiu do cargo.

Ao contrário de Washington, Jefferson desfrutou uma longa aposentadoria, dedicada à satisfação de muitos de seus interesses culturais, especialmente na criação da Universidade da Virgínia, cujos edifícios e currículo educacional foram ambos projetados por ele. O "Sábio de Monticello" morreu no dia do 50º aniversário da Declaração da Independência.

UM AUTODIDATA

Jefferson passou a vida inteira estudando. Ele cresceu extremamente interessado em botânica, geologia, cartografia e exploração, e era apaixonado por latim e grego. Lia muita história, filosofia, literatura e era um grande cientista. Projetou sua própria casa em Monticello.

Um tecnófilo na tradição de Benjamin Franklin, Jefferson também inventou o elevador para alimentos, a cadeira giratória e o sistema decimal de cunhagem dos Estados Unidos.

Sua Declaração das Causas e Necessidade de Pegar em Armas, *de 1775, procurava justificar a resistência armada pelos colonos contra a Grã-Bretanha. "Nossa causa é justa. Nossa união é perfeita", escreveu Jefferson. "As armas que somos forçados a assumir pelos nossos inimigos, desafiando qualquer perigo, com total firmeza e perseverança por nossas liberdades, empregaremos para a preservação de nossas liberdades; com uma única mente decididos morrer como homens livres a viver como escravos."*

A compra de Louisiana da França, em 1803, deu à América todas as terras do oeste drenadas pelos Rios Missouri e Mississipi.

TOUSSAINT L'OUVERTURE

François Dominique Toussaint L'Ouverture (1743-1803) foi um escravo negro que liderou a rebelião que fez nascer o Haiti, que em 1804 se tornou a primeira nação independente do Caribe. Apesar de ter morrido na prisão antes que a independência fosse totalmente conquistada, esse escravo autodidata realmente superou a Grã-Bretanha, a Espanha e a França de Napoleão Bonaparte.

Vencendo sete batalhas em sete dias, os soldados de Toussaint ganharam o controle de quase toda a Hispaniola.

CRONOLOGIA

1743: Nasce em Santo Domingo (Haiti).
1789: Revolução Francesa.
1791: Revolta dos escravos haitianos.
1794: Toussaint ata aliança de volta com a França.
1800: Toussaint controla Santo Domingo.
1801: Toussaint invade Santo Domingo.
1802: Toussaint se entrega ao general Leclerc.
1803: Morre no Forte de Joux, Cordilheira do Jura, em 7 de abril.
1804: Haiti se torna uma república independente.

E M 1789, A COLÔNIA francesa de Santo Domingo, no lado ocidental da ilha de Hispaniola, que se tornou o Haiti, era um dos mercados imobiliários mais rentáveis no mundo. Suas plantações de açúcar supriam dois terços do comércio exterior da França – tudo produzido por escravos. A Revolução Francesa naquele ano repercutiu do outro lado do Atlântico, inclusive dividindo os brancos e, dois anos depois, os escravos se rebelaram em massa.

Toussaint era um daqueles escravos que teve a sorte de trabalhar para um dono humanitário como criador de animais, cocheiro e empregado doméstico. Ele era autodidata, inteligente, cheio de energia e um católico devoto. Quando estourou a revolta em 1781, Toussaint cuidou primeiro da segurança da família do seu dono. Em seguida, uniu-se às forças rebeldes e rapidamente já havia deixado sua marca como estrategista e planejador tático, habilidades oriundas de suas leituras de histórias. Ele se tornou um mestre em guerrilha e, sob a liderança dos rebeldes, alcançou uma sequência de vitórias militares, inicialmente em aliança com os inimigos da França – Grã-Bretanha e Espanha. Os espanhóis de Santo Domingo controlavam os dois terços do leste da ilha de Hispaniola.

Mas, em 6 de maio de 1794, e já em total comando dos rebeldes, Toussaint tomou uma decisão muito importante e retomou sua aliança com a França. Ele parecia ter sido estimulado pela decisão da Assembleia Nacional Francesa em abolir a escravatura – e pelo temor de que a Espanha e a Grã-Bretanha mudassem de palavra e reintegrassem a escravidão. Vencendo sete batalhas em sete dias, os soldados de Toussaint ganhariam o controle de quase toda a ilha.

De volta à proteção francesa, Toussaint foi promovido a general em 1797. Ele se tornou vice-governador de Santo Domingo em 1796, e depois foi nomeado comandante-chefe de todas as forças francesas na ilha. Nessa época, ele já estava alimentando maiores ambições – estabelecer um Estado autônomo com um governo composto por negros. O presidente dos Estados Unidos, John Adams, liderando uma nação independente e recém-formada, enviou ajuda e os últimos vestígios das forças mulatas francesas foram expulsos de Santo Domingo em fins de 1800. No ano seguinte, Toussaint liberou a espanhola Santo Domingo e libertou os escravos que se encontravam por lá.

Ele agora tinha o controle de toda a Hispaniola, fazendo com que a constituição fosse redigida de modo que se tornaria o governador-geral vitalício. Ele aplicou seus poderes ditatoriais para restaurar a ordem e colocar as plantações de volta em produção total.

Entretanto, problemas o aguardavam em Paris, onde Napoleão ainda considerava Santo Domingo como sendo essencial para a exploração do seu território norte-americano da Louisiana. Napoleão despachou seu cunhado, o general Charles Leclerc, para retomar a ilha liderando uma tropa de 20 mil soldados. Toussaint foi derrotado e se rendeu para Leclerc em 5 de maio de 1802. No início, ele foi bem cuidado e recebeu garantias de que teria sua liberdade. Mas, sob ordens de Napoleão, ele foi feito prisioneiro algumas semanas depois e levado de volta à França, onde morreu de inanição e negligência no gélido calabouço do Forte de Joux, na Cordilheira do Jura.

Seis meses depois, Napoleão, que estava de novo em guerra na Europa, cederia os direitos da Louisiana, pondo um fim às ambições francesas no hemisfério ocidental. Ele abandonou o Haiti e a era do regime colonial francês chegava ao fim.

O NAPOLEÃO NEGRO

*Toussaint, às vezes conhecido como o "Napoleão Negro" ou o "Precursor",
recebeu o nome de L'Ouverture – "A Abertura" – em 1793, depois de seu êxito
militar relâmpago contra os franceses.*

*Napoleão não demonstraria arrependimento algum sobre o tratamento que so-
frera Toussaint em suas mãos. "O que a morte de um miserável negro significa
para mim?", disse ele vários anos depois, enquanto ele mesmo estava exilado
em Santa Helena.*

JOSÉ DE SAN MARTÍN

José de San Martín (1778-1850) foi um dos principais líderes militares durante as guerras sul-americanas de independência contra a Espanha e é considerado o libertador da sua terra natal Argentina e do Chile e do Peru.

San Martín demonstraria uma distinta falta de ambição política, quando não aceitou a presidência do Chile.

CRONOLOGIA

1778: Nasce em Yapeyú, Argentina, em 25 de fevereiro.
1786: Muda-se para a Espanha.
1789: Ingressa no regimento de Múrcia do Exército espanhol.
1812: Retorna a Buenos Aires.
1817: Cruza os Andes; vitória em Chacabuco, Chile.
1818: Batalha de Maipú, em 5 de abril.
1821: Entra em Lima, proclama a independência do Peru.
1822: Encontro com Simón Bolívar, em Guayaquil.
1850: Morre em Boulogne-sur-Mer, em 17 de agosto.

NASCIDO DE PAIS ESPANHÓIS em Yapeyú, às margens do grande Rio Uruguai ao norte da Argentina, San Martín se mudou para a Espanha aos 6 anos para terminar os estudos. Ele se alistou no regimento de infantaria de Múrcia, em 1789 – o ano da Revolução Francesa – e passou os vinte anos seguintes servindo sob a bandeira espanhola, lutando contra os mouros, os ingleses, os portugueses e, finalmente, os franceses. Renunciou a seu posto em 1811 e, no ano seguinte, depois de passar um período em Londres, retornou a Buenos Aires, onde se casou com uma moça da região, Maria Escalada. Encontrou o continente agitado; a invasão de Napoleão na Espanha gerou uma incerteza nas colônias sul-americanas e desencadeou vários movimentos de independência. San Martín, possivelmente influenciado pelos revolucionários latinos, que havia conhecido em Londres, também se envolveria em um – a Loja Lautaro.

O recém-formado governo de Buenos Aires deu as boas-vindas a San Martín, comissionando-o como tenente-coronel e tornando-o responsável pelo novo regimento dos granadeiros montados. O regimento derrotou a tropa legalista perto das ravinas de San Lorenzo no Rio Paraná, em seu primeiro confronto, em 1813.

San Martín assumiu o controle do exército do norte em 1814. Nesse período, ele já estava totalmente decidido a romper com a Espanha, mas percebeu que a única maneira de manter a segurança da Argentina era expulsar os espanhóis do país vizinho, o Chile, e em seguida, conquistar o Peru. Em uma tacada de mestre, ele liderou um exército de 4 mil homens e cavalos cruzando os Andes e, em 12 de fevereiro de 1817, surpreendeu e derrotou os espanhóis na Batalha de Chacabuco. Alguns dias depois, seu exército entrava em Santiago, onde ofereceram a ele a presidência da nova nação do Chile, uma oferta que recusou em favor de seu lugar-tenente, o general chileno Bernardo O'Higgins.

No início de 1818, os espanhóis lançaram um contra-ataque, mas San Martín infligiu uma derrota decisiva contra eles na Batalha de Maipú – sua vitória mais celebrada.

San Martín agora voltava sua atenção para atacar o Peru e, em sua próxima tacada de gênio, ele organizou os rebeldes e montou uma marinha para lançar um ataque pelo mar. Com o almirante inglês lorde Cochrane no comando, a diversificada força naval rumou para Valparaíso, em agosto de 1820; menos de um ano depois, San Martín já havia tomado a capital, Lima. Ele proclamou a independência do Peru e foi nomeado o patrono do país. Enquanto isso, os espanhóis haviam recuado aos contrafortes andinos.

O que aconteceu em seguida nunca foi totalmente esclarecido. Mas San Martín havia tido um encontro com seu amigo revolucionário latino-americano, Simón Bolívar, cujo exército enfrentava os espanhóis para libertar as províncias do norte da América do Sul. O encontro entre os dois "libertadores" ocorreu em Guayaquil, em 26 de julho de 1822, e, depois desse encontro, San Martín renunciou a seu posto e retirou-se da vida pública. Ele deixou que Bolívar concluísse a conquista do Peru e, depois da morte de sua esposa, em 1824, saiu da América Latina e passou o resto de sua vida na Europa.

CRUZANDO OS ANDES

A travessia dos Andes liderada por San Martín tem sido comparada com o feito de Aníbal, quando liderou um exército sobre os Alpes. Sua habilidade e liderança permitiram que seus homens conseguissem negociar várias passagens em mais de 4 mil metros acima do nível do mar.

O que aconteceu em Guayaquil? A resposta mais provável é que Bolívar teria persuadido San Martín, que apenas seu exército era poderoso o suficiente para terminar a tarefa. Bolívar era mais ambicioso politicamente; ele se tornou presidente dos dois países e teve um terceiro que receberia seu nome, enquanto que San Martín demonstrava uma distinta falta de ambição política, quando recusou a presidência do Chile. Ele sacrificou sua carreira em nome da independência sul-americana?

San Martín deixou Buenos Aires pela última vez em 1824, depois da morte de sua esposa. Ele morreu mais de um quarto de século depois, em 1850, no porto do canal francês de Boulogne-sur-Mer.

SIMÓN BOLÍVAR

Simón Bolívar (1783-1830) foi um dos maiores generais da América do Sul e suas vitórias contra os espanhóis conquistaram a independência da Bolívia, da Colômbia, do Equador, do Peru e da Venezuela. Bolívar é chamado de El Libertador (O Libertador) e o "George Washington da América do Sul".

Ele começou a virar a mesa quando convenceu os donos de terras locais a aderirem à causa da independência.

CRONOLOGIA

1783: Nasce em Caracas, em 24 de julho.
1799: Viaja à Europa pela primeira vez.
1811: Revolta na Venezuela.
1813: Invade e depois perde Caracas.
1814: Invade e depois perde Bogotá.
1819: Invade Angostura.
1819: Batalha de Boyacá, eleito presidente da Colômbia.
1824: Eleito presidente da Bolívia.
1825: Eleito presidente do Peru.
1830: Abandona o poder; morre em Santa Marta, Colômbia, em 17 de dezembro.

BOLÍVAR NASCEU em uma próspera e poderosa família colonial em 1783, em Caracas, Venezuela. Seus pais morreram quando ainda era criança, foi educado em casa por tutores e guardiões e herdou uma fortuna. Quando jovem, ele viajou pela Europa, onde se casou com uma aristocrata espanhola, teve um contato direto com as novas ideias da Era do Iluminismo, e ficou fascinado e impressionado com a forma que Napoleão consolidava seu poder sobre a antiga ordem da Europa.

Assim que retornou à Venezuela, a nova esposa de Bolívar faleceu e sua morte parece ter surtido um efeito dramático na sua vida. Esse homem impulsivo e apaixonado agora se atiraria de vez na política e na ação militar. Ele retornou à Europa por alguns anos e voltou à Venezuela, passando pelo recém-independente Estados Unidos, para encontrar seu país prestes a ser dividido pela invasão de Napoleão na Espanha. A quem os venezuelanos agora deveriam se aliar – ao usurpador José Bonaparte ou ao deposto rei Fernando VII da Espanha?

Bolívar se uniu a um grupo de patriotas e eles o enviaram à Grã-Bretanha para buscar ajuda. Em 5 de julho, a Venezuela se tornou a primeira das colônias americanas da Espanha a declarar independência.

Bolívar recebeu o comando da estratégica cidade costeira de Puerto Ca-
bello, mas fracassou em defendê-la e a Primeira República Venezuelana
desmoronou e ele fugiu do país para a Colômbia. Lá, lançou seu Manifesto de Cartagena, uma chamada para recorrer às armas e, já sendo um
veterano e experiente em ataques surpresa ao estilo de guerrilhas, derrotou todos que encontrava à sua frente, reconquistou Caracas em 1813,
estabeleceu a Segunda República e assumiu o poder como ditador. Mas
isso não duraria muito; os espanhóis lançaram um contra-ataque para
retomar a cidade e, no ano seguinte, Bolívar sofreu uma derrota similar,
primeiro invadindo e, em seguida, perdendo Bogotá.

Entretanto, Bolívar estava começando a aprender a lição mais importante na sua luta contra o domínio espanhol; com apenas alguns milhares de homens sob seu comando, ele precisava do apoio dos donos
de terras locais e de seus cavalos. Ele viraria a mesa quando começou a
animá-los a aderir à causa da independência. Da Jamaica, escreveu um
segundo manifesto e, enquanto isso, com o apoio do recém-independente Haiti, reuniu uma nova tropa, que incluía mercenários veteranos
ingleses e irlandeses das guerras napoleônicas. Ele mudou de tática e
assegurou a base na região do Orinoco, em Angostura (atual Ciudad
Bolívar). De lá, em 17 de dezembro de 1819, proclamou a República
da Colômbia (atual Equador, Colômbia, Panamá e Venezuela), tornando-
se o primeiro presidente. Agora ele liderava seu exército de menos de
2.500 homens em um dos ataques mais ousados da história militar – das
planícies alagadas até as montanhas cobertas de gelo dos Andes – e surpreendeu os espanhóis em Boyacá, em 7 de agosto de 1819. Três dias
depois, entraria em Bogotá.

Por fim, a Venezuela se tornaria livre do domínio espanhol, dois
anos mais tarde na Batalha de Carabobo, e Bolívar seguiria então para
libertar o Equador, completando a conquista do Peru, junto com seu
fiel general, Antonio José de Sucre, na Batalha de Ayacucho, em 9 de
dezembro de 1824. O novo Estado da Bolívia, batizado em sua homenagem, foi estabelecido no ano seguinte. Agora, ele controlava metade
do continente.

No entanto, Bolívar não teve êxito como líder de governo e sua visão da Grande Colômbia gradualmente desmoronaria, à medida que um
por um dos países declarava sua independência de seu crescente reino
autocrata. Em 1828, Bolívar havia ficado apenas com a Colômbia e, com
a saúde debilitada, renunciou em 1830 e morreu de tuberculose e falido.

O DESTINO CHAMA

Foi em uma viagem a Roma que Bolívar determinou seu destino pela primeira vez; no Monte Sacro, ele fez um juramento de libertar seu país do domínio espanhol.

O sonho de Bolívar de uma América Latina unificada nunca se tornaria uma realidade. Ele convocou um congresso no Panamá, em 1826, para discutir uma confederação dos países americanos de língua espanhola, mas apenas a Colômbia, o Peru, o México e os Estados da América Central compareceram.

Bolívar se casou pela segunda vez com Manuela Sáenz, uma ardente revolucionária que ele conhecera em Quito. Ela o salvou de uma tentativa de assassinato com uma adaga, em 1828.

CHEFE JOSEPH

Chefe Joseph (1840-1904), da tribo dos Nez Percé, foi um dos líderes da resistência indígena americana contra a invasão branca no oeste dos Estados Unidos, liderando seu povo em uma épica e condenada marcha em busca de refúgio no Canadá controlado pela Grã-Bretanha.

"Ouçam-me, meus chefes, meu coração está doente e triste. Onde o sol agora se encontra, eu não lutarei mais para sempre."

CRONOLOGIA

1840: Nasce em Wallowa Valley, a leste do território de Oregon.
1877: Lidera uma fuga de 1.400 milhas em combate até a fronteira do Canadá.
1879: Apela sem obter êxito ao presidente Rutherford B. Hayes.
1903: Apela sem obter êxito ao presidente Theodore Roosevelt.
1904: Morre em 21 de setembro, na Reserva de Colville, Washington.

NASCIDO COM UM NOME ÍNDIO In-Mut-Too-Yah-Lat-Lat (Trovão Vindo da Água para a Terra), o chefe Joseph era filho de um cristão convertido. Educado em uma escola missionária, ele assumiu o lugar de seu pai como chefe dos nez percé, em 1873. Apesar de essa poderosa tribo ter se mantido em termos amigáveis como os novos colonos, a crescente invasão branca na região do noroeste do Pacífico levou alguns líderes indígenas a questionarem a validade dos tratados territoriais assumidos com o governo dos Estados Unidos, argumentando que os chefes responsáveis pelos acordos não representaram exatamente os interesses tribais. O Tratado de Stevens, negociado em 1855, havia resultado em uma grande reserva no Oregon e Idaho, no entanto, quando descobriram ouro no Oregon em 1863 nove décimos do território relacionado foram exigidos de volta. Nem o chefe Joseph nem seu pai participaram da última negociação. As hostilidades começaram em 1877, depois que o governo dos Estados Unidos forçou a relutante tribo nez percé a deixar sua terra nativa em Wallowa Valley, no Oregon, e mudar-se para Idaho.

No início, o chefe Joseph havia concordado, mas reavaliou suas opções, quando um grupo de seus guerreiros matou um destacamento de brancos. Temendo retaliação do exército, ele resolveu liderar cerca de 300 guerreiros e suas famílias com segurança para o outro lado da fronteira do Canadá. Entre os dias 17 de junho e 30 de setembro, os refugiados percorreram 1.400 milhas* do Oregon, passando por

---

*N.T.: Equivale a cerca de 2.250 quilômetros.

Washington e Idaho, até chegar em Montana, fugindo das tropas de soldados regulares e aliados indígenas de pelo menos dez vezes o número deles e frustrando-os em quatro grandes ataques de retaguarda e vários pequenos combates. O papel do chefe Joseph foi primeiramente de liderança, em vez de ser o comandante militar direto. Apesar de os jornalistas agirem rápido em apelidá-lo de "o Napoleão Vermelho", seus seguidores mais imediatos eram liderados por seu irmão mais novo, Olikut, e a orientação estratégica era dada por um chefe chamado Looking-Glass (1832-1877), que havia fugido da reserva de Idaho para se colocar a serviço do chefe Joseph. Essa dramática odisseia tribal ganhou enorme admiração, não apenas pela habilidade e exemplo inspirador do seu líder, mas também por sua evidente preocupação com seus seguidores mais vulneráveis, sua humanidade para com os inimigos capturados e sua integridade em comprar em vez de saquear suprimentos durante a jornada.

Finalmente cercado nas Montanhas de Bear Paw, a menos de 40 milhas* da fronteira e da libertação, depois de cinco dias de cerco, o chefe Joseph rendeu seu povo em custódia da tropa de busca comandada pelo general Nelson Miles com palavras de assombrosa melancolia: "Eu estou cansado de lutar. Nossos chefes estão mortos".

Muitos de seus chefes guerreiros que não foram mortos em combate conseguiram escapar para o Canadá. Enviados inicialmente a uma extensão de terra árida em Oklahoma, onde muitos adoeceram e morreram, o resto dos seguidores sobreviventes do chefe Joseph recebeu a permissão de se mudar para uma reserva no Estado de Washington, em 1885. O próprio chefe Joseph fez duas jornadas a Washington, D.C., para apelar pessoalmente aos presidentes para que seu povo pudesse retornar para sua terra nativa no vale. Ele foi recebido com grandiosos discursos, mas sem a devolução.

---

* N.T.: Equivale a 64 quilômetros.

UMA RENDIÇÃO DIGNA

DEPOIS DE CINCO DIAS DE BATALHA NAS MONTANHAS DE BEAR PAW, O CHEFE JOSEPH SE RENDERIA EM 5 DE OUTUBRO DE 1877 COM ESTAS PALAVRAS:

"Eu estou cansado de lutar. Nossos chefes foram mortos; Looking-Glass está morto, Ta-Hool-Hool-Shute está morto. Os idosos estão todos mortos. Cabe aos jovens dizerem sim ou não. Aquele que lidera os jovens está morto. Faz frio e não temos cobertores; as criancinhas estão congelando até a morte. Meu povo, alguns deles conseguiram fugir para as montanhas e estão sem cobertores e sem comida. Ninguém sabe onde estão, talvez morrendo de frio. Eu quero ter tempo para cuidar das minhas crianças e ver quantas delas ainda posso encontrar. Talvez eu as encontre em meio aos mortos. Ouçam-me, meus chefes, eu estou cansado; meu coração está doente e triste. Onde o sol agora se encontra, eu não lutarei mais para sempre."

THEODOR HERZL

Theodor Herzl (1860-1904). Fundador do Sionismo, o movimento para estabelecer uma pátria judaica na Palestina. Depois de um congresso de sionistas em Basle, em 1897, ele se tornaria o primeiro presidente da Organização Sionista Mundial. Cinquenta anos após sua morte, o Estado de Israel foi fundado.

O Estado judaico ideal para Herzl foi planejado como sendo pluralista, neutro, mantedor da paz e secular.

CRONOLOGIA

1860: Nasce em Budapeste, em 2 de maio.
1878: A família se muda para Viena.
1882: Estuda Direito na Universidade de Viena.
1884: Recebe o doutorado de Direito; começa a escrever.
1894: Em Paris durante o Caso Dreyfus.
1897: Primeiro Congresso Sionista em Basle, Suíça.
1898: Viaja para o Império Otomano e Palestina.
1903: Visita a Rússia e a Inglaterra.
1904: Morre de pneumonia em Edlach, Áustria, em 3 de julho.

THEODOR HERZL nasceu em Budapeste, Hungria, e cresceu no espírito liberal da classe média judaica alemã, desfrutando uma cultura secular. Ele deixou a escola secundária por causa de sua atmosfera antissemita, mudando-se em 1875 para uma escola onde a maioria dos estudantes era composta por judeus. Sua família se mudou para Viena em 1882 e, embora Herzl tenha recebido um doutorado em Direito pela Universidade de Viena, em 1884, decidiu se concentrar em escrever peças teatrais e jornalismo. Ele se casou com a filha de um rico empresário judeu vienense em 1889 e, em 1891, foi enviado a Paris como correspondente do principal jornal vienense, *Neue Freie Presse*. Ficou chocado com o antissemitismo na França e suas experiências como jornalista por lá convenceram-no de que a resposta para os judeus não era assimilar a cultura dos países em que eles estavam vivendo, mas se organizarem em um nível internacional e imigrarem para seu próprio Estado.

A onda de antissemitismo que varreu a França durante o Caso Dreyfus, em 1894, no qual um oficial judeu foi injustamente acusado de espionar para os alemães, apenas reforçou sua convicção. Herzl concluiu que o antissemitismo era tão enraizado na sociedade que não tinha como ser superado pela assimilação. Escreveu um panfleto, *Der Judenstaat* (O Estado Judeu), em 1896, declarando que o problema era nacional e não individual, e que a solução era que as potências mundiais deveriam concordar com um Estado judeu. Ele não foi o único a ter essas ideias: Judah Alkalai (1798-1878), um rabino sefardita da Croácia, que havia viajado por toda a Europa fundando organizações que persuadiam os judeus a retornarem a Israel, ajudou a abrir o caminho.

O Estado judaico ideal para Herzl era planejado como sendo pluralista, neutro, secular e com manutenção da paz, onde os métodos cooperativos socialistas ajudariam a desenvolver o território.

Judeus influentes, como o barão Hirsch e o barão Rothschild, eram céticos, mas os judeus do Leste Europeu estavam entusiasmados e, como resultado, o Primeiro Congresso Sionista se reuniu em Basle, com cerca de 200 representantes, em agosto de 1897. O primeiro encontro de judeus no âmbito secular e nacional adotou o Programa Basle, reconhecendo o movimento sionista, e lançou a proposta de que o "Sionismo busca estabelecer uma casa para o povo judeu na Palestina garantida sob a lei pública". O movimento sionista internacional passou a se reunir todo ano, mudando sua sede em 1936 para Jerusalém.

Herzl era incansável em seus esforços para persuadir as grandes potências a aceitar seu ponto de vista, viajando à então Palestina controlada pelos otomanos, Turquia, Inglaterra e Rússia. O objetivo final do Sionismo era o estabelecimento de um Estado judeu na Palestina, mas quando a Grã-Bretanha propôs Uganda, no leste da África, como casa para os judeus, Herzl sentiu que poderia ser uma alternativa temporária para os judeus russos, que estavam sofrendo perseguição. Isso gerou uma revolta no Congresso Sionista de 1903, e a rejeição de Uganda como a pátria judaica pelo Congresso de 1905.

Por volta da época da morte de Herzl, aos 44 anos, em Viena, em 1904, o Sionismo era uma força crescente na política mundial e, menos de cinquenta anos mais tarde, o Estado de Israel seria de fato estabelecido.

UMA VIDA PELO SIONISMO

*Herzl escreveu em seu diário, depois do Primeiro Congresso Sionista de 1897:
"Em Basle, fundei o Estado judeu. Se eu fosse dizer isso hoje, seria saudado
com riso universal. Em cinco anos talvez e, certamente em cinquenta, cada um
irá vê-lo".*

*A frase de Herzl "Se você desejar, não será um conto de fadas", tornou-se o
lema do movimento sionista.*

*Seu nome ainda vive na primeira escola de gramática hebraica – Herzlia – fun-
dada em Tel Aviv, e na cidade de Herzliya, ao norte de Tel Aviv, como também
nos bosques e ruas espalhadas por Israel. Ele foi reenterrado em uma colina
conhecida como o Monte Herzl, perto de Jerusalém, em 1949, logo após a fundação do Estado de Israel.*

KEMAL ATATÜRK

Mustafá Kemal Atatürk (1881-1938). Herói de guerra que criou a república secular da Turquia do que havia sobrado do antigo Império Otomano Islâmico. Ele se tornou seu primeiro presidente e foi um grande modernizador, mas seu país ainda se sente desconfortável com sua divisão secular-islâmica.

Saudado como o Salvador de Istambul, depois de Galípoli, Atatürk foi promovido e recebeu o título de paxá.

CRONOLOGIA

1881: Nasce em Salônica, em 12 de março.
1899: Entra no Colégio de Guerra em Istambul.
1905: Gradua-se no Colégio Staff como capitão.
1911-1912: Luta contra os italianos na Líbia.
1915: Repele as forças aliadas em Galípoli.
1916: Derrota os russos na frente de batalha leste.
1918: Os otomanos no exterior se retiram da Síria.
1919: Convoca os turcos para lutar pela independência.
1920: Estabelece o governo provisório em Ancara.
1921: Derrota os gregos na Batalha de Sakarya.
1923: Torna-se presidente do novo Estado turco.
1934: Recebe o título de Atatürk.
1938: Morre em Istambul, em 10 de novembro.

N ASCIDO MUSTAFÁ RIZI em Salônica, na época um próspero porto do Império Otomano, filho de um oficial de alfândega, ele cresceu para se tornar um soldado. Apelidado de Kemal – "o perfeito" – por seu professor de matemática, ingressou na escola de cadetes do Exército e, em 1899, entrou para o Colégio de Guerra, em Istambul. Ele se graduou como tenente em 1902 e foi promovido a capitão depois de concluir o Colégio Staff, em 1905. Como um jovem oficial, envolveu-se no movimento secreto Jovem Turco, que se opunha ao governo otomano autocrático, e suas ligações com os nacionalistas ofuscavam sua carreira militar.

Kemal já havia participado em combates antes da Primeira Guerra Mundial, na qual os otomanos ficaram do lado dos alemães, mas seu maior feito foi a defesa de Galípoli, em 1915, quando desempenhou um papel importante repelindo o desembarque das tropas aliadas inglesas, australianas, neozelandesas e senegalesas. Ele foi saudado como o

"Salvador de Istambul" e, no ano seguinte, depois de vencer a batalha contra os russos, foi promovido a general, recebendo o título de paxá.

Os vitoriosos Aliados da Primeira Guerra Mundial impuseram termos humilhantes ao antigo Império Otomano. Sob o Tratado de Sèvres, em 1920, foi dividido e ocupado. Não permitiam aos turcos sequer abrir seus próprios bancos. O tratado deu à Grécia grandes fatias da Anatólia e da Trácia, e proclamaram um Estado armênio independente. Depois que o sultão assinou o acordo, o Conselho Supremo dos Aliados em Paris convidou a Grécia para entrar e "restaurar a ordem em Anatólia". Eles não haviam contado com Kemal, que havia sido nomeado chefe de uma pequena tropa para reprimir o protesto durante a ocupação.

Kemal, por sua vez, voltou-se contra a ocupação e, em 19 de maio de 1919, havia convocado os turcos para se erguerem e lutarem por sua independência. Ele havia montado seu quartel-general em Ancara, no centro da Turquia, onde estabeleceu um governo provisório. A invasão do exército estrangeiro para controlar um tratado desigual era justamente o que Kemal precisava. Em dois anos, ele já havia expulsado os gregos de volta para o mar, deposto o sultão, negociado com os italianos e franceses e, com a ajuda da Rússia, acabado com os armênios e os curdos no leste. Os ingleses decidiram negociar e Kemal garantiu um novo acordo – o Tratado de Lausanne, de 1923. Desta vez em termos iguais, e a Turquia surgiu das cinzas depois de seis séculos do governo otomano, um país livre com Kemal como seu líder. A nova República Turca foi proclamada em 29 de outubro de 1923.

Kemal construiu um moderno Estado turco. A pedra fundamental foi a secularização. O Islamismo, que dominou por muito tempo em todas as classes e estilos de vida, foi confinado às mesquitas e à privacidade da casa. O califado foi abolido em 1924 e a lei, secularizada. A nova constituição de 1928 retirou a declaração de que a Turquia era um Estado islâmico. A religião foi banida da vida pública e o uso de véu foi considerado ilegal. Inclusive o fez, um chapéu em forma de cone com o topo reto, que havia sido originalmente importado da Europa, foi tirado da moda. O calendário ocidental foi introduzido e o sábado substituiu a sexta-feira muçulmana como sendo o "fim de semana". A escrita arábica turca foi latinizada. A poligamia foi proibida e as mulheres receberam o direito do voto. A revolução secular de Kemal foi tão abrangente que ele acabou transformando a Turquia, nos anos de 1930, em um dos Estados liberais mais avançados do mundo. A Assembleia Nacional conferiu o título de Atatürk – "Pai dos Turcos"

– para Kemal em 1934, confirmando seu lugar na história turca. Um bebedor inveterado durante toda a sua vida, morreu de cirrose hepática em Istambul, em 10 de novembro de 1938.

PAI DA TURQUIA

Durante a defesa de Galípoli, Kemal foi atingido por um pedaço de projétil, mas o relógio, que levava no bolso da camisa, salvou sua vida.

Kemal Atatürk ainda é onipresente na Turquia com suas estátuas espalhadas em vários lugares e seu retrato exibido em edifícios públicos, nas notas bancárias e nos selos postais.

Entretanto, mais de duas gerações depois da sua morte, a Turquia ainda tenta ser membro da União Europeia e os militantes dentro da Turquia ainda continuam determinados em fazer com que o país retorne ao Islamismo.

MAHATMA GANDHI

Mahatma Gandhi (1869-1948), líder nacionalista, homem santo e grande proponente do protesto não violento, liderou a Índia pacificamente contra o domínio do Império Britânico e, logo em seguida, morreu nas mãos de um assassino hindu.

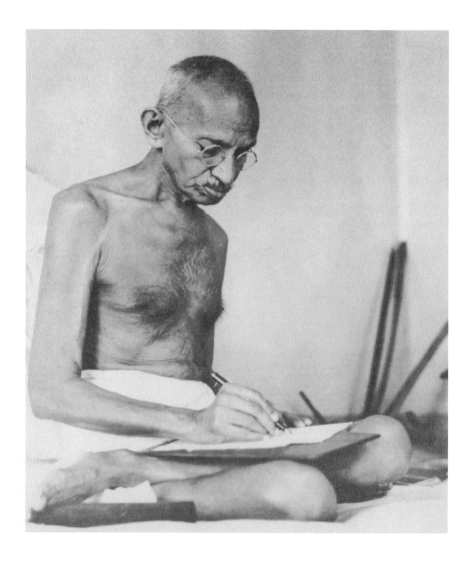

"O que eu penso da civilização ocidental? Eu penso que seria uma boa ideia."

CRONOLOGIA

1869: Nasce em Porbandar, Gujarãt, em 2 de outubro.

1882: Casa-se com sua noiva adolescente.

1888: Vai para Londres para estudar Direito.

1891: Torna-se um advogado; volta para casa.

1892: Advogado em Bombaim.

1893: Muda-se para a África do Sul.

1894: Funda o Congresso Indiano de Natal.

1906: Inicia o Movimento de Resistência Passiva.

1915: Retorna à Índia.

1919: Massacre de Amritsar; movimento de não cooperação se espalha nacionalmente.

1922-1924: Dois anos na prisão.

1930: Marcha Dândi do anti-imposto do sal.

1931: Representa o Congresso Nacional nas negociações em Londres.

1934: Renuncia da liderança do Congresso Nacional.

1942: Internado por dois anos.

1947: A Índia conquista a independência.

1948: Assassinado em Nova Delhi, em 30 de janeiro.

NASCIDO MOHANDAS KARAMCHAND Gandhi, na cidade de Porbandar, na Índia ocupada pelos ingleses, onde atualmente se situa o Estado de Gujarãt, Gandhi foi educado na cidade vizinha de Rãjkot, onde seu pai era primeiro-ministro de um governante local. Casado de acordo com o costume, aos 13 anos, ele navegou para Londres aos 18 anos para estudar Direito, deixando para trás sua esposa e o filho pequeno. A Inglaterra vitoriana abriu os olhos de Gandhi para as realidades do mundo industrializado, e também para a filosofia e as principais religiões. Ele se tornou advogado em 1891 e, depois de tentar se ajustar em sua própria cidade de Bombaim, aceitou uma oferta de um empresário indiano para trabalhar na África do Sul.

Gandhi passou 21 anos na África do Sul, e foi lá, confrontado com a humilhação racial, que se tornaria um ativista político. Um catalisador estava sendo lançado de um compartimento do vagão da primeira classe porque ele era um indiano de meia casta, mesmo tendo comprado um bilhete da primeira classe. Gandhi logo surgiria como líder da comunidade indiana sul-africana e assegurou algumas medidas de justiça racial e política para seus compatriotas indianos. Em 1894, ele fundou o Congresso Indiano de Natal. Na África do Sul, também desenvolveu um método de resistência não violenta, que ele chamou de *satyãgraha* e, ao mesmo tempo, nutriu sua própria e distinta visão espiritual da vida.

Em 1909, em uma viagem de volta à Índia, Gandhi escreveu um pequeno tratado sobre o domínio indiano. Retornou à Índia em definitivo em 1915, e viajou extensivamente se envolvendo, do mesmo modo que fez na África do Sul, em várias lutas locais. Ele finalmente se voltaria contra os britânicos, depois da Primeira Guerra Mundial, e entraria fundo na política, depois do Massacre de Amritsar, em 1919, quando um general do Exército britânico ordenou que suas tropas atirassem em centenas de manifestantes desarmados. Gandhi iniciou uma campanha em âmbito nacional de não cooperação passiva, incluindo um boicote dos bens de consumo ingleses. Transformou o inativo Congresso Nacional Indiano em um movimento eficaz e assumiu o manto do movimento nacionalista da Índia. Gandhi foi preso pela primeira de muitas vezes na Índia, em 1922, depois de fazer uma acusação comovente contra o domínio britânico durante seu julgamento.

Solto depois de passar dois anos na cadeia, Gandhi começou a preparar a Índia psicológica e sociologicamente para a independência; ele falou contra o sistema de castas, pediu tolerância no diálogo inter-religioso e trabalhou para restaurar a consciência da autoconfiança nacional. Pregou o que chamava de "a nova ciência da não violência", baseada na crença de um amor universal, e recebeu o título de Mahatma ("Grande Alma").

Para um crescente público, ele propagou suas ideias em absolutamente tudo, desde higiene e vegetarianismo à educação e, àqueles que escutavam, promoveu seus ideais de uma sociedade socialista e utópica.

Em 1928, Gandhi pediu à Grã-Bretanha que desse à Índia o *status* de domínio e reiterou seu pleito em 1930, incitando os indianos a não pagarem impostos, especialmente todos os impostos do sal, contra os quais liderou uma impressionante marcha nacional. Os britânicos se estremeceram e ele foi enviado a Londres para as negociações em 1931, mas não surtiu efeito algum e foi preso novamente assim que retornou à Índia. Enquanto estava preso, começou outra greve de fome para protestar contra a decisão do governo de segregar os "intocáveis" da

Índia. Na ocasião da sua soltura, jurou que não voltaria ao seu "ashram" enquanto a Índia não se tornasse independente e, depois de renunciar à liderança do Congresso Nacional em 1934, fixou residência em uma vila remota no coração do continente, em Sevagram. Nessa época, ele já era um líder com uma autoridade inquestionável e não tinha mais necessidade de manter cargo político; ao contrário, eram os políticos que batiam à sua porta.

Gandhi e a liderança do Congresso permaneceram neutros durante a Segunda Guerra Mundial, mas a maioria dos seus membros trabalhou como médico interno em 1942, depois ele fez um discurso no qual em tom severo pediu que os britânicos "desistissem da Índia". Com o Partido Trabalhista no poder, em Londres, depois da guerra, as negociações para a independência se intensificaram, e com elas as tensões entre muçulmanos e hindus. Gandhi corajosamente foi de vila em vila tentando pôr fim à violência sectária, enquanto cerca de 1 milhão de pessoas morreram nos dias que antecederam à independência e a partilha do subcontinente em 1947, e embarcou em seu último jejum para a morte. O jejum ajudou a parar a revolta em Calcutá, em setembro de 1947, e persuadiu ambas as comunidades em Delhi a fechar um acordo, em janeiro de 1948, de viver em uma "amizade perfeita". No entanto, alguns dias depois, enquanto caminhava para as orações no final da tarde, Gandhi foi assassinado com um tiro por Nathuram Godse, um hindu revoltado com sua aceitação pragmática da divisão do subcontinente em uma Índia Hindu e um Paquistão Muçulmano. Segurando sua última oração nas mãos, o moribundo Gandhi abençoou seu assassino: "Hey, Rama" (Ó, Deus).

UMA VIDA ASCETA

"A não violência é a maior força à disposição da humanidade. É mais poderosa que a mais poderosa das armas de destruição criada pela ingenuidade humana", disse Gandhi.

"O que eu acho da civilização ocidental? Eu acho que seria uma boa ideia."
Gandhi era atraído por uma vida simples, trabalho manual e austeridade. Não tinha interesse algum pelo dinheiro, poder ou prazer sensual – somente para o ser interior.

Religião, não a política, era seu lema principal. "O que eu venho me empenhando e tentando alcançar nesses trinta anos", escreveu em sua autobiografia, "é ver Deus face a face."

HO CHI MINH

Ho Chi Minh (1890-1969). Líder comunista vietnamita que conduziu seu país nas guerras de independência contra a França e os Estados Unidos. Ele morreu antes de derrotar os Estados Unidos, mas sua determinação e seu ardor revolucionário ajudaram a moldar o mapa pós-colonial do Sudeste Asiático.

"Nós nunca concordaremos em negociar sob a ameaça de bomba."

CRONOLOGIA

1890: Nasce em Kim-lien, Vietnã Central, em 19 de maio.
1907: Professor escolar.
1911: Ingressa em um navio francês como comissário de bordo.
1912-1923: Trabalha no exterior, principalmente na Inglaterra e na França.
1920: Membro fundador do Partido Comunista Francês.
1923: Muda-se para Moscou.
1930: Funda o Partido Comunista Vietnamita.
1941: Funda o Viet Minh.
1945: Funda a República Democrática do Vietnã.
1954: Derrota os franceses em Dien Bien Phu, em 7 de maio.
1969: Morre em Hanói, em 2 de setembro.

NASCIDO NGUYEN TAT THANH, filho de um simples oficial no Vietnã dominado pela França, ele foi educado em escolas francesas e tornou-se professor escolar. Percorreu os mares como comissário de bordo em um navio francês e, depois, teve vários outros trabalhos em Londres e Paris – lavador de garrafas, jardineiro, varredor, garçom e retocador de fotos. Durante a Conferência de Paz de Versalhes, depois da Primeira Guerra Mundial, tentou se encontrar com o presidente Wilson dos Estados Unidos para pressionar sobre a independência vietnamita. Mas ele foi posto de lado; os vencedores não estavam prontos para aplicar seus princípios de autodeterminação em suas colônias. Estava ativo com os socialistas franceses, contribuindo com artigos para os jornais e, em 1920, inspirado pela Revolução Russa, ele se tornaria membro fundador do Partido Comunista Francês.

Ele se juntou ao grupo e à folha de pagamento do Internacional Comunista e mudou-se para Moscou em 1923. Passou dois anos na Universidade de Moscou e, desde então, seria um revolucionário profissional. Uma de suas primeiras tarefas foi organizar um movimento revolucionário entre os exilados vietnamitas em Canton. Ele fundou o Partido Comunista Vietnamita (mais tarde indo-chinês), em 1930, em Hong Kong, onde foi preso por ordem dos franceses, que o condenaram

à morte *in absentia* (em ausência). Mas, deixando os franceses con-
trariados, acabou sendo solto em 1933. Viveria no exílio em Moscou
e na China por alguns anos, passando um tempo com o futuro líder
comunista, Mao Tsé-tung, em 1938 – uma experiência que não o agra-
dou. Em 1941, ele formou o movimento de independência de domínio
comunista, o Viet Minh, para lutar contra os japoneses que haviam invadido o Vietnã. Foi nessa época que adotaria o nome de guerra Ho Chi
Minh, que significa o "Iluminador", e pelo qual passaria a ser conhecido pelo resto de sua vida. Ele foi reprimido pelo governo anticomunista
de Chiang Kai-shek e ficou preso por 18 meses. Libertado com a ajuda
dos Estados Unidos, ele se juntaria outra vez ao Viet Minh e embarcaria
em uma longa luta armada pela independência do Vietnã.

Depois da queda do Japão no fim da Segunda Guerra Mundial,
Ho Chi Minh tirou o máximo de proveito dos chineses e dos franceses
que estavam retornando e, com habilidade, estabeleceu seu Viet Minh
em Hanói. Lá, em 2 de setembro de 1945, ele proclamou a República
Democrática do Vietnã e tornou-se seu primeiro presidente. A França,
recém-libertada da Alemanha e sob a liderança de Charles de Gaulle, não estava preparada para deixar o Vietnã seguir seu rumo e, desse
modo, o palco estava montado para o grande feito de Ho Chi Minh; os
diálogos fracassaram e, em 1946, ele conduziu seu novo país à guerra
contra os franceses. Ninguém acreditava que esse homem franzino de
barbicha rala pudesse ganhar, pelo menos todos os franceses. Mas Ho
Chi Minh contava com um brilhante comandante militar, Vo Nguyen
Giap, e oito anos de intenso confronto culminaram com a derrota dos
franceses, em Dien Bien Phu; em 1954, o Vietnã do Norte se tornou um
país reconhecido internacionalmente. No entanto, o país foi dividido. O
Vietnã do Sul permaneceu nas mãos dos franceses e, em seguida, sob a
proteção dos norte-americanos, enquanto o Vietnã do Norte, isolado do
resto do mundo e sob a liderança do "tio Ho", afundou na pobreza e na
feiura, coletivizado no totalitarismo comunista.

Entretanto, Ho Chi Minh ainda não havia terminado. Ele continuou jogando as cartas nacionalistas e, com habilidade, manteve tanto
a Rússia quanto a China do seu lado. Ainda estava determinado a reunificar o país e, de 1959 para a frente, o Norte começou a armar os insur-
gentes do Sul, os vietcongues, liderados pelos veteranos do Viet Minh.
Mas, nessa época, a saúde de Ho Chi Minh estava se deteriorando. Ele
renunciou como líder do partido em 1959, embora permanecesse como
chefe de Estado. Ainda estava simbolicamente no comando quando as
bombas norte-americanas começaram a cair sobre Hanói em 1965, e

seu nome estava na resposta norte-vietnamita a uma mensagem pessoal do presidente Lyndon Johnson dos Estados Unidos: "Nós nunca concordaremos em negociar sob a ameaça de bomba".

Ho Chi Minh morreu de insuficiência cardíaca em 1969, seis anos antes de sua vitoriosa tropa ter invadido Saigon, mas continuou sendo um dos principais arquitetos da primeira e única (até o momento) derrota militar sofrida pela potência dos Estados Unidos. Ho Chi Minh é o inquestionável pai do Vietnã moderno.

MESTRE DO DISFARCE

Ho Chi Minh tinha vários pseudônimos e disfarces. Tinha cerca de dez nomes falsos: um era monge budista. Escreveu artigos para a imprensa socialista francesa sob o pseudônimo de Nguyen Ai Quoc (Nguyen, o Patriota), e viajou para a China como Ly Thuy. Ele também escreveu Caderno da Prisão, *talvez sem surpresa alguma, enquanto estava na prisão na China, um livro de poesia e um manual de revolução.*

Saigon foi renomeada Ho Chi Minh em sua homenagem, depois da conquista comunista em 1975. Está enterrado lá em um mausoléu de granito e contra sua vontade. Ele queria que suas cinzas fossem enterradas nas montanhas.

Mao Tsé-tung

*Mao Tsé-tung (1893-1976) foi um líder guerrilheiro chinês,
que lutou uma guerra civil por 22 anos para dominar o país mais
populoso do mundo e, em seguida, governou por outros 26 anos,
com seu próprio estilo de comunismo revolucionário.*

"*O poder político nasce do cano de uma arma.*"

CRONOLOGIA

1893: Nasce na Província de Hunan, em 26 de dezembro.
1911-1912: Soldado do Exército Nacionalista.
1921: Cofundador do Partido Comunista Chinês.
1931: Funda o Exército Vermelho; presidente da República Soviética Chinesa.
1934: Embarca na "Longa Marcha" para fugir das tropas nacionalistas.
1937: Aliança com os nacionalistas para lutar contra os japoneses.
1945: Reinicia a guerra civil.
1949: Proclama a República Popular da China; eleito presidente.
1958-1961: "Grande Passo Para a Frente".
1966-1969: Revolução Cultural.
1976: Morre em Pequim, em 9 de setembro.

N ASCIDO EM UMA FAMÍLIA camponesa moderadamente próspera na vila de Shao-shan, na província de Hunan, Mao recebeu uma boa educação clássica chinesa. Quando jovem, serviu como soldado no Exército revolucionário, que derrubou a última dinastia imperial e que estabeleceu a República Chinesa.

Mais tarde, Mao mudaria para Pequim, onde entraria em contato pela primeira vez com a ideologia revolucionária. Estudava Marx e Engels enquanto trabalhava como assistente de livraria na Universidade de Pequim, entre 1918 e 1919, e se tornaria um ativista político engajado. Em 1º de julho de 1921, Mao participou da primeira reunião do Partido Comunista Chinês, em Xangai. O partido forjou uma relação próxima com o Kuomintang (Nacionalistas), até que Chiang Kai-shek assumiu o comando e rompeu dramaticamente com os comunistas em 1927. A decisão de Chiang desencadeou uma guerra civil que duraria, entre pausas e retomadas, 22 anos, e que terminaria com sua derrota e o triunfo de Mao.

Na mesma época, Mao havia retornado às suas raízes camponesas e começado a fomentar revoltas, construindo o apoio comunista no campo; o Kuomintang continuou sendo o partido nas cidades e nos povoados. Mao lançou uma série de levantes, a mais conhecida foi a desastrosa "Revolta da Colheita de Outono", em Hunan, mas foram brutalmente reprimidos, logo ele fugiu para as montanhas de Jinggang, onde montou um exército guerrilheiro. Em 1931, invadiu parte de Jiangxi e fundou a República Soviética Chinesa. Suas guerrilhas camponesas passaram a ser o Exército Vermelho e ele se tornou de fato o chefe de um Estado rebelde.

Chiang, que havia lutado muito para destruir os guerreiros e unificar o país, estava determinado a acabar com esse último pavio de resistência. Ele cercou a república separatista com 700 mil homens e Mao perdeu metade de seu exército. Os 100 mil restantes romperam as linhas nacionalistas e fugiram para o noroeste. Nos próximos dois anos, na "Longa Marcha", eles viajaram 6 mil milhas* até achar proteção em Yan'an, na fronteira soviética, e Mao consolidou seu poder sobre o partido.

Os comunistas de Mao firmaram uma paz constrangedora com os nacionalistas durante a Segunda Guerra Mundial – ambos se opunham à invasão japonesa, com Mao cada vez mais ativo em sua base em Yan'an. Mas eles se separaram depois da derrota do Japão e a guerra civil reiniciou. Durante os anos de guerra, os comunistas foram se tornando cada vez mais fortes e precisaram apenas de quatro anos para expulsar Chiang sobre o Estreito de Formosa para Taiwan. A China continental estava agora nas mãos de Mao e, em 1949, ele proclamou a República Popular.

A China se encontrava mais uma vez livre do domínio estrangeiro e uma vez mais totalmente unida – ainda assim era subserviente a uma mistura de ideologia marxista importada, que se tornou conhecida como Maoismo. O "Grande Passo Para a Frente" de Mao – uma massiva reorganização da China rural em comunas – resultou em fome generalizada, que matou cerca de 20 milhões de pessoas. Rivalidades com Moscou sobre a liderança do mundo comunista resultou na ruptura sino-soviética nos anos de 1960. A hierarquia comunista chinesa tentou marginalizar Mao e ele respondeu no final da década de 1960, lançando a Revolução Cultural, na qual os Guardas Vermelhos entraram em um ataque furioso. A revolução dividiu a sociedade e outros milhões de pessoas sofreram ou pereceram. Mao, bem mais velho e sofrendo do mal de Parkinson, encorajou um culto à sua personalidade; sua imagem trajando uma túnica de camponês e suas citações eram exibidas por todas as partes como marca registrada.

---

* N.T.: Equivale a 9.600 quilômetros.

O PEQUENO LIVRO VERMELHO

Seu Pequeno Livro Vermelho – Os Pensamentos do Presidente Mao – *fez dele um dos homens mais ricos da China, onde a leitura era obrigatória. Ele era um escritor prolífico.*

As ideias de Mao sobre luta revolucionária e guerrilha influenciaram movimentos revolucionários ao redor do mundo. "O poder político nasce do cano de uma arma", disse ele.

Mao tinha também muitos críticos. A visão oficial da República Popular da China de hoje é que ele foi um grande líder revolucionário que cometeu muitos erros no fim de sua vida, especialmente criando um culto à sua personalidade.

Mao adorava nadar. Ele se casou três vezes e teve quatro filhos. Sua primeira esposa foi morta pelos nacionalistas; sua terceira esposa, Lan P'ing, era uma atriz de cinema.

FIDEL CASTRO

Fidel Castro (1926-) liderou um grupo de guerrilheiros esquerdistas para tomar o poder em Cuba em 1959, em uma revolta armada contra o regime ditatorial de Fulgêncio Batista, e passou a governar sua ilha caribenha desde então como um Estado comunista de partido único à sombra da América capitalista.

Em menos de dois anos depois de recorrer às armas, a tropa de Castro composta por 800 guerrilheiros havia derrotado um exército poderoso de 30 mil homens.

CRONOLOGIA

1926: Nasce em Mayari, Cuba, em 13 de agosto.
1945: Forma-se no Colégio Belém, Havana.
1950: Ph.D. pela Universidade de Havana.
1953: Ataque fracassado ao Quartel de Moncada.
1953-1955: Prisioneiro.
1955: Exílio no México.
1956: Retorna a Cuba, inicia revolta armada.
1959: Batista forçado ao exílio, Castro assume o poder.
1959-1976: Primeiro-ministro.
1976-: Chefe de Estado.

FIDEL ALEJANDRO CASTRO RUZ cresceu junto à plantação de açúcar de sua família, uma propriedade de 23 mil acres, perto de Birán, na província Oriente, em Cuba. Seu pai era um trabalhador imigrante original da Galícia, na Espanha. Quando criança, Castro trabalhava nas plantações de cana-de-açúcar, mas aos 6 anos foi estudar nas escolas jesuítas, primeiro em Santiago e, depois, no Colégio Belém, de Havana, onde se tornou o melhor atleta.

Em 1945, começou a estudar Direito na Universidade de Havana e formou-se em 1950 com um Ph.D., embora passasse a maior parte de seus anos de estudante como ativista político, quando adquiriu um gosto pela ação direta; participou em uma conspiração contra o ditador da República Dominicana, o general Trujillo, e juntou-se às manifestações estudantis nas ruas da capital colombiana, Bogotá. Castro começou a trabalhar como advogado com a intenção de conseguir uma cadeira no parlamento nas eleições de 1952, quando foram canceladas depois que o general Fulgêncio Batista derrubou o governo do presidente Carlos Prio Socarrás em um golpe de Estado. Castro desafiou a decisão da corte e, quando esta rejeitou seu pedido, ele recorreu às armas. Em 26 de julho de 1953, Castro liderou 150 homens em um ataque ao quartel de Moncada, em Santiago de Cuba, a segunda maior base militar do país, na esperança de incitar uma revolta popular. Metade dos agressores foi morta ou capturada e Castro e seu irmão Raúl foram levados prisioneiros. Castro fez uma defesa política comovente durante seu julgamento, declarando de forma desafiadora que a "história me absolverá". Eles foram sentenciados a 15 anos de prisão, mas foram soltos por uma anistia política em maio de 1955.

Castro foi para o México, onde recrutou outro grupo armado – o Movimento Revolucionário 26 de Julho. O grupo composto por 82 homens desembarcou na costa norte da província de Oriente em 2 de dezembro de 1956 e todos, com exceção de 12, foram imediatamente mortos. Os sobreviventes, incluindo Castro, seu irmão e um voluntário argentino, Che Guevara, fugiram para Sierra Maestra, e foi a partir desse forte montanhoso que eles travaram uma impressionante e bem-sucedida guerrilha contra o regime de Batista. As guerrilhas de Castro atraíram mais voluntários e conquistaram vitórias espetaculares contra um exército cada vez mais desmoralizado. Em menos de dois anos, a tropa de Castro composta de 800 guerrilheiros havia derrotado um exército profissional de 30 mil homens; Batista fugiu do país no dia de Ano-Novo de 1959 e Castro liderou uma entrada vitoriosa em Havana. Castro se nomeou comandante-chefe das Forças Armadas e primeiro-ministro; ele era o líder inquestionável.

Castro havia subido ao poder com o apoio da maioria dos cubanos, prometendo restaurar a constituição de 1940. Mas, ao assumir o poder, ele se tornou um ávido marxista-leninista, confiscou as propriedades que pertenciam aos estrangeiros, estatizou a agricultura e instigou reformas abrangentes no bem-estar e na educação para beneficiar os pobres. Ele transformou Cuba em um Estado comunista de partido único e, de forma brutal, reprimiu todos os dissidentes e opositores políticos. A maioria da classe média fugiu do país, alguns estabelecendo uma grande e ativa comunidade anticastro em Miami, na Flórida.

No início, os Estados Unidos haviam reconhecido o novo governo, em 7 de janeiro de 1959, mas as relações logo se azedaram, à medida que o novo governo cubano desapropriava as propriedades pertencentes aos norte-americanos e, em fevereiro de 1960, anunciaram um pacto comercial com a União Soviética para barganhar o petróleo russo por açúcar cubano. De forma efetiva, Cuba se tornaria um satélite soviético e, no clima da Guerra Fria dos anos de 1960, os Estados Unidos romperam com as relações diplomáticas e impuseram um embargo comercial. Os dois países têm mantido suas desavenças desde então, e várias vezes estiveram próximos de um confronto – como foi o caso da invasão da Baía dos Porcos liderada pela CIA, em 1961, e a conhecida Crise dos

Mísseis de Cuba, em 1962, quando Washington enfrentou Moscou e forçou os russos a retirarem suas armas nucleares da ilha. Nos últimos anos, uma emigração em massa de Cuba para os Estados Unidos tem gerado maiores tensões entre os dois países.

Com sua barba e charuto na boca, Castro se tornou um símbolo internacional da revolução comunista e sua retórica antiamericana tem sido seu cartão de visita, mas suas tentativas em expandir as revoluções marxistas para outras partes da América Latina fracassaram. Che Guevara, um de seus mais fiéis tenentes, morreu tentando fomentar uma revolta camponesa na Bolívia, e os movimentos guerrilheiros esquerdistas, que ele apoiava no continente, foram desmoronando um a um. As forças cubanas serviram de substitutos para a União Soviética em vários conflitos no Terceiro Mundo, especialmente na guerra civil angolana.

Embora houvesse incríveis avanços na saúde e na educação, o Comunismo fracassou tentando gerar prosperidade em Cuba e, com isso, a ilha foi se tornando cada vez mais dependente da União Soviética. A queda da União Soviética, em 1990, agravou as dificuldades econômicas e resultou em uma nova onda de imigração ilegal e, apesar de a necessidade econômica ter forçado Castro a permitir um retorno parcial à livre iniciativa, acabou deixando a Cuba de Castro como sendo o último país comunista no hemisfério ocidental.

UMA VIDA PELA REVOLUÇÃO

Castro, que havia sido "excomungado" pela Igreja Católica, permitiu a visita do papa João Paulo II a Cuba, em 1998. Após a visita, Castro restabeleceu o Dia de Natal como feriado nacional.

Renomado por seus discursos, que frequentemente duram até várias horas, Castro talvez possa ser melhor resumido em uma de suas declarações mais curtas: "Eu amo o poder, e eu sou a revolução", disse ele em 1987.

Em 2003, ele se tornou o chefe de governo há mais tempo no poder do mundo.

O pai de Castro, Angel Castro y Argiz, teve dois filhos com sua primeira esposa e mais cinco com sua cozinheira, Lina Ruiz Gonzales. Castro e seu irmão Raúl são dois dos cinco.

NELSON MANDELA

Nelson Rolihlahla Mandela (1918-) se tornou o símbolo in-ternacional da luta para libertar a África do Sul do apartheid e o primeiro presidente negro do país. Uma figura de liderança no grupo dos direitos civis no Congresso Nacional Africano, ele passou 27 anos na prisão, antes de ser libertado em 1990, depois que o presidente F. W. de Klerk cedeu às pressões internacionais e concordou em pôr fim ao apartheid.

"Eu tenho sonhado com o ideal de uma sociedade livre e democrática na qual todas as pessoas possam viver juntas em harmonia."

CRONOLOGIA

1918: Nasce no distrito de Umtata, Transkei, em 18 de julho.
1942: Une-se ao grupo de direitos civis, o Congresso Nacional Africano.
1943: Forma-se na Faculdade da Universidade de Fort Hare.
1944: Ajuda a fundar a Liga Jovem do ANC.
1952: Qualifica-se como advogado, abre um escritório de advocacia em Joanesburgo.
1956: Detido e acusado de alta traição, absolvido em 1961.
1962: Detido novamente, sentenciado a cinco anos de detenção.
1964: Condenado por traição e sabotagem, sentenciado à prisão perpétua.
1990: Libertado da prisão, proibição do ANC é suspensa.
1993: Recebe o Prêmio Nobel da Paz, junto ao presidente F. W. de Klerk.
1994: Eleito presidente da África do Sul nas primeiras eleições gerais e democráticas.
1999: Aposenta-se da vida pública.

NELSON ROLIHLAHLA MANDELA – o nome do meio significa "encrenqueiro" – era filho de um chefe da tribo thembu e, consequentemente, até certo ponto protegido da pobreza sofrida pela maioria de seus conterrâneos negros sul-africanos, imposta pela política segregacionista racial do país, conhecida como apartheid. Nascido em 1918 na província Umtata de Transkei, atual província do Cabo Oriental, aos 7 anos, foi o primeiro filho da família a ir à escola.

Depois da educação secundária na Escola de Healdtown, Mandela foi enviado para a Universidade de Fort Hare, na época a única escola de nível superior na África do Sul que oferecia vagas para negros, onde recebe o diploma de bacharel em Artes. Aos vinte e poucos anos, Mandela já estava se tornando cada vez mais politizado, influenciado especialmente por Walter Sisulu, um dos pensadores mais brilhantes no Congresso Nacional Africano (ANC – em inglês). Mandela se uniu à organização em 1942 e, com Sisulu, Oliver Tambo e outros, desempenhou um papel importante, criando a Liga Jovem do ANC, com o objetivo de ampliar e radicalizar a base de apoio do ANC. Seu crescente radicalismo lhe custou vaga em Fort Hare, e foi obrigado a concluir seu diploma por correspondência, enquanto morava em Joanesburgo, trabalhando para conseguir suas qualificações jurídicas.

Quando o Partido Nacional venceu as eleições de 1948, mantendo a plataforma do apartheid, a liderança da Liga Jovem, incluindo Mandela, preparou um programa de ação defendendo boicotes, greves, desobediência civil e não cooperação com o propósito de obter cidadania plena e representação parlamentar direta para todos os sul-africanos, independentemente da raça. O programa foi adotado como política da ANC em 1949, e, quando Sisulu se tornou seu secretário-geral, Mandela se uniu a ele no Comitê Executivo Nacional no ano seguinte.

Em 1952, o ANC lançou uma campanha de desobediência em massa e Mandela viajou pelo país organizando o apoio, que rendeu a ele seu primeiro encontro sério com a lei e uma sentença de seis meses de prisão em liberdade condicional. No mesmo ano, ele abriria um escritório de advocacia, em Joanesburgo, em parceria com Oliver Tambo.

O final da década de 1950 foi marcado por mais encontros com a lei e com a prisão e o encarceramento de Mandela, incluindo uma acusação de traição, na qual ele acabaria sendo absolvido em 1961. O Massacre de Sharpeville em 1960, quando 67 negros foram assassinados durante uma demonstração antiapartheid, resultou na proibição do ANC.

À medida que a luta pelas liberdades democráticas se intensificava, o ANC chegou à conclusão, em 1961, de que a luta armada seria sua única opção realista e estabeleceu o Umkhonto we Sizwe ("Lança da Nação"), como um núcleo armado, com Mandela servindo como seu comandante. Sua bem-sucedida evasão da polícia, durante esse período, rendeu a ele o apelido de "Cavaleiro Negro". Mas, em 1962, sua sorte acabaria e seria preso por cinco anos, por ter saído ilegalmente do país em busca de apoio. Dois anos depois, foi acusado por traição e sabotagem e sentenciado à prisão perpétua.

Mandela foi encarcerado na famosa prisão de Robben Island, próxima à Cidade do Cabo, junto com vários outros líderes importantes do ANC. No entanto, durante os dezoito anos que passou por lá, seu renome internacional cresceu e a pressão para acabar com o sistema de apartheid se intensificou. Em 1982, foi transferido para uma prisão de segurança máxima, próxima à Cidade do Cabo, que oferecia melhores condições.

Depois de encontros com vários estadistas internacionais e "investiga-dores" do regime de apartheid, Mandela entrou em contato direto com o governo em 1988 e, no ano seguinte, teve sua primeira reunião com o presidente P. W. Botha. Quando F. W. de Klerk assumiu a presidência no final daquele ano, ele mandou libertar Walter Sisulu e outros líderes im-portantes do ANC da prisão, enquanto desmontava a estrutura do apar-theid. Mandela se encontrou com De Klerk em dezembro e, dois meses depois, em 11 de fevereiro de 1990, ele se tornaria um homem livre.

As quatro décadas seguintes assistiram a uma erradicação estável de décadas de repressão, junto com os preparativos para as primeiras eleições completas da África do Sul. Mandela e De Klerk receberam reconhecimento internacional pela transformação pacífica, quando re-ceberam o Prêmio Nobel da Paz de 1993. Em maio de 1994, com uma impressionante maioria de votos, Nelson Mandela se tornaria o primei-ro presidente negro do país.

Mandela foi presidente por cinco anos e, tanto durante seu manda-to quanto depois de aposentado, ele continuou trabalhando incessante-mente como um embaixador internacional pela paz e justiça.

DISCURSO DO BANCO DOS RÉUS

Durante seu julgamento em Rivônia, que durou de outubro de 1963 a junho de 1964, Mandela proferiu sua crença: "Eu tenho lutado contra a dominação branca, eu tenho lutado contra a dominação negra. Eu tenho sonhado com o ideal de uma sociedade livre e democrática na qual todas as pessoas possam viver juntas em harmonia, e com a igualdade de oportunidades. É um ideal que eu espero viver para ver e alcançar. Mas, se for necessário, é um ideal pelo qual eu estou preparado para morrer".

A esposa de Mandela, Winnie, fez muito para manter a causa do ANC viva e transformar seu marido no prisioneiro político mais famoso do mundo. Mas, depois de sua libertação, o casal se separou e por fim se divorciou em 1996. Mandela se casou novamente no dia do seu 80º aniversário, em julho de 1998, com Graca Machel, viúva do primeiro presidente de Moçambique.

SHAKA ZULU

Shaka Zulu (1787-1828) foi um chefe guerreiro que criou um poderoso grupo armado, que varreu seus inimigos e estabeleceu o Império Zulu do sul da África.

Shaka aprimorou as formações complexas de batalha, de forma notável a formação "búfalo" de "cabeça" e "chifres".

CRONOLOGIA

1787: Nasce.
1802: Shaka se junta ao exército mtetwa.
1816: Torna-se chefe dos zulus com a morte de seu pai.
1817: Começa a expansão do Império Zulu.
1820: Começa o *Mfecane*.
1827: Morte de sua mãe.
1828: Assassinado por seus meios-irmãos, em 22 de setembro.

SHAKA NASCEU EM 1787, filho ilegítimo de Senzangakona, um chefe da então pouco conhecida tribo zulu, e de Nandi, uma princesa órfã do clã langeni. Senzangakona repudiou Nandi, e ela e Shaka foram viver no exílio com a tribo langeni, onde tanto a mãe quanto o filho foram tratados com estranheza. A tribo langeni expulsou Nandi e seu filho e eles encontraram abrigo com os mtetwa. Já desde 1802, Shaka havia se juntado ao exército mtetwa e rapidamente se destacava como um destemido e habilidoso combatente. Ele se distinguiu em duelos, usando o escudo e a lança, e nos seis anos seguintes chegaria ao topo do exército mtetwa. Na ocasião da morte do pai de Shaka, em 1816, o chefe dos mtetwas, Dingiswayo, ofereceu sua ajuda militar para que ele pudesse conquistar sua herança de direito, como chefe dos zulus.

Shaka tinha enormes ambições para uma tribo que contava com pouco mais de 1.500 homens. O objetivo dele era reinar em todo o sul da África e começou a montar um poderoso exército zulu. Ele estabeleceu cidades militares e supriu seu exército com o melhor treinamento e provisões, sem contar com uma disciplina rígida. Seus soldados eram obrigados a manter o celibato e a violação dessa regra era punida com a morte. Qualquer soldado que demonstrasse medo durante a batalha era morto instantaneamente. Ele dividiu seu exército em regimentos ou *impi* e, como os romanos, ele incorporava as tribos derrotadas em seu grupo. Também incorporou os regimentos femininos. Seus homens conseguiam marchar 50 milhas* por dia.

Shaka revolucionou as armas do exército zulu e suas táticas militares. Aprimorou as formações complexas de batalha para flanquear e confundir seus inimigos, de forma notável a formação "búfalo", quando os "chifres" fechavam em círculo o exército inimigo. Era costume que os guerreiros atirassem suas lanças e depois recuassem. Shaka mudou essa abordagem na batalha e criou uma lança de apunhalar, que forçava seus homens a enfrentar o inimigo em um combate mais próximo.

Ele lutava guerras sangrentas, que normalmente terminavam com a total aniquilação de seus inimigos, destruindo milhares e matando, pelo menos, 1 milhão de pessoas. Foi primeiro atrás dos langenis, para vingar a humilhação que sofrera quando criança, espetando seus líderes em estacas em suas habitações; em seguida, destruiu os butelezis. Depois que Dingiswayo, chefe dos mtetwas, morreu em 1817, não havia quem pudesse deter Shaka. Ele varreu as áreas costeiras e, em 1820, começou a destruir sistematicamente todas as tribos rivais no Planalto de Natal – um extermínio chamado de *Mfecane* ("Esmagamento"). O Império Zulu finalmente se estenderia do Cabo à Tanzânia.

Shaka teve contato com os europeus pela primeira vez em Natal, em 1824, e ofereceu a eles extensões de terra. Ele fora tratado de uma ferida por um visitante inglês. Shaka parece ter ficado totalmente louco depois da morte de sua mãe em 1827. Em seu sofrimento, matou 7 mil zulus, não plantaram por um ano e o leite – o produto principal dos zulus – foi banido. Shaka foi assassinado pelos seus meios-irmãos em 1828. Eles o esfaquearam até a morte e jogaram seu corpo em um pote vazio de grãos.

---

* N.T.: Equivale a 80 quilômetros.

O MFECANE

O desarraigado povo, vítimas do Mfecane, *imigrou para o norte, onde se situa a atual Tanzânia, e ao sul até a província do Cabo. A devastação foi tão grande que os bôeres atravessaram vastas áreas totalmente desabitadas, quando cruzaram Natal em sua Grande Jornada, em 1830.*

O nome de Shaka, embora seja glorificado nos dias de hoje, era na realidade um insulto – "iShaka" era um parasita intestinal que achavam que era responsável pelas irregularidades menstruais, e diziam os anciãos zulus que tinha sido a causa da gravidez de Nandi.

O poder zulu durou cinquenta anos depois da sua morte, o exército de Shaka derrotou os soldados ingleses na Guerra Zulu.

CHIANG KAI-SHEK

Chiang Kai-shek (1887-1975). Estadista e líder militar que unificou a China após derrubar a Dinastia Manchu e levar seu país à vitória contra o Japão, até perdê-lo quatro anos mais tarde para os comunistas. Ele estabeleceu a China Nacionalista na ilha de Taiwan.

Chiang governou Taiwan como um benevolente ditador até sua morte em 1975.

CRONOLOGIA

1887: Nasce em Fenghua, província de Chekiang, em 31 de outubro.
1907: Ingressa na Academia Militar de Tóquio.
1911: Retorna à China no início da revolução.
1917: Assistente militar de Sun Yat-sen.
1926: Assume como chefe militar do Kuomintang.
1927: Casa-se com Mei-ling Song; rompe com os comunistas.
1928: Derrota os guerreiros regionais; unifica a China.
1943: Participa da Conferência do Cairo.
1945: A Segunda Guerra Mundial termina.
1946-1949: Fase final da guerra civil chinesa.
1949: Chiang Kai-shek foge do continente para Taiwan.
1975: Morre em Taipei, em 5 de abril.

NASCIDO EM UMA MODESTA e próspera família de comerciantes, em uma remota vila rural na província oriental de Chekiang, Chiang estudou em uma faculdade militar em Paoting, no norte da China, e foi enviado para a Academia Militar em Tóquio, de 1907 a 1911. O futuro líder da revolução chinesa, Sun Yat-sen, foi um de seus colegas de classe. Ele serviu no exército japonês, e a disciplina dos soldados japoneses e a capacidade deles de suportarem os sofrimentos causaram-lhe uma impressão que duraria para sempre.

Quando a revolução começou, em 1911, Chiang retornou a Xangai e participou na derrubada do governo imperial e no estabelecimento da República da China, em 1912. Em 1918, ele se uniu ao Kuomintang de Sun, os nacionalistas que estavam lutando contra os comandantes militares da China pelo controle do país. Ele se tornou o assistente militar de Sun e, em 1923, Sun o enviou para a União Soviética, para buscar auxílio soviético para o governo nacionalista que se encontrava cercado. Quando retornou, foi nomeado comandante da recém-criada Academia Militar de Whampoa.

Após a morte de Sun em 1925, Chiang assumiu o posto de comandante-chefe do Exército nacionalista e se mostrou como um líder político e forte no partido. Ele lançou a Expedição do Norte para acabar com os guerreiros do norte e conduziu um vitorioso Exército nacionalista até Hankou, Xangai e Nanjing. Em uma dramática mudança de sorte, romperia com os comunistas em 1927, desencadeando uma guerra civil duradoura e fatal. Chiang rapidamente ganharia o controle total do Kuomintang e, em 1928, dominou Pequim e nomeou-se como o chefe do governo nacionalista em Nanjing e como o generalíssimo de todas as Forças Nacionalistas Chinesas.

Chiang foi sequestrado por um general nacionalista rival em 1936, e forçado a acabar com a guerra civil para estabelecer uma frente unificada para lutar contra os japoneses, que haviam invadido a Manchúria em 1931, e que se mostraram dispostos a um ataque total na China. A guerra com o Japão rompeu com força total em 1937, mas mesmo a trégua entre os nacionalistas e os comunistas nunca foi realmente contida. Chiang mudou sua capital para Chongqing, depois que os japoneses invadiram Nanjing e, assim que a guerra sino-japonesa se fundiu com a Segunda Guerra Mundial, ele começou a jogar no cenário mundial. A China Nacionalista chegou a ser vista como um reduto contra o Japão e o general, ao estilo monge, trajando uniforme militar sem condecorações, começou a ter relações amigáveis com Roosevelt, Stálin e Churchill. Em 1942, ele foi nomeado comandante supremo das Forças Aliadas na China e, no ano seguinte, representou a China na Conferência do Cairo. Os Aliados, no entanto, nunca acreditaram totalmente nele, sempre suspeitando que ele estivesse mais interessado em sua luta contra os comunistas que na guerra contra o Japão.

A estatura internacional de Chiang foi reforçada por sua terceira e bela esposa. Após se separar das duas primeiras, ele se casou em 1927 com Mei-ling Song, filha de um proeminente magnata da indústria editorial de Xangai e educada nos Estados Unidos, e acabou adotando sua crença cristã. Mei-ling tinha um brilhante talento para relações públicas e foi a pessoa responsável por transformar a imagem de Chiang no exterior.

Mas o poder gera complacência e corrupção e a China ainda era predominantemente feudal. Chiang havia cruelmente reprimido os guerreiros, mas não havia desmantelado seus territórios feudais. Os camponeses, que representavam 90% da população, ainda não tinham participação no país, e Chiang não tinha visão alguma para com eles. Ele havia perdido tempo com a guerra e permitido que seu Exército endurecesse. Com o final da guerra, Chiang fracassou em fazer um acordo com os comunistas e a guerra civil continuou. Em quatro anos de uma sangrenta luta, na qual pelo menos 5 milhões de pessoas foram mortas, Chiang foi expulso da China por um exército aguerrido liderado por Mao Tsé-tung.

Chiang se retirou para Taiwan, onde governou como um benigno ditador fascista até sua morte, em 1975. Seus últimos anos foram ofuscados pela decisão de seus antigos aliados, Japão e Estados Unidos, de se posicionarem no reconhecimento da China Comunista continental, mas seu legado é uma próspera ilha que desenvolveu alguma semelhança de democracia genuína.

MEI-LING SONG

Mei-ling Song foi uma das mulheres mais influentes do século XX. Seu pai era empresário e pastor metodista chinês. Educada nos Estados Unidos e graduada na Faculdade de Wellesley, em Literatura Inglesa e Filosofia, em 1917. Ela conheceu Chiang em 1920 e apenas se casaram depois que ele concordou em se converter do Budismo para o Cristianismo. Um poder atrás do trono do general, em 1943, ela se tornou a primeira cidadã chinesa e apenas a segunda mulher a discursar em uma sessão conjunta da Câmara e do Senado dos Estados Unidos.

"A única coisa que tenho de oriental", disse Mei-ling certa vez, "é meu rosto." Após a morte de seu marido, ela retornou aos Estados Unidos, onde morreu em 23 de outubro de 2003, aos 105 anos.

AUNG SAN SUU KYI

Aung San Suu Kyi (1945-), líder em cativeiro de Mianmar, é um símbolo internacional de oposição pacífica à opressão. Ela tem passado, entre saídas e entradas, cerca de dez anos em detenção ou sob prisão domiciliar por liderar a oposição contra os governantes militares em seu país e sua tenacidade e coragem fizeram com que fosse admirada ao redor do mundo. Ela foi ganhadora do Prêmio Nobel da Paz em 1991.

"Mianmar" tem resistido sistematicamente aos apelos internacionais para libertar Suu Kyi e restaurar a democracia.

CRONOLOGIA

1945: Nasce em Rangum (atual Yangon), em 19 de junho.
1947: O general Aung San, pai de Suu Kyi, é assassinado.
1948: A Birmânia ganha a independência.
1962: O general Ne Win toma o poder.
1967: Gradua-se pela Universidade de Oxford.
1988: Retorna à Birmânia para cuidar de sua mãe.
1988: Forma a Liga Nacional pela Democracia.
1989: Colocada em prisão domiciliar.
1990: A Liga Nacional pela Democracia conquista 82% dos votos.
1991: Ganha o Prêmio Nobel da Paz.
1995: Libertada da prisão domiciliar.
1999: Seu marido Michael Aris morre.
2000-2006: Intermitentes prisões domiciliares.

SUU KYI ERA FILHA do líder nacional da Birmânia, Aung San, que liderou seu país na luta pela independência da Inglaterra. Ele foi assassinado em 1947, quando ela tinha apenas 2 anos. Foi educada na Birmânia e na Índia, onde sua mãe era a embaixadora birmanesa no início da década de 1960. Depois de estudar Ciências Políticas na Universidade de Delhi, ela se transferiu para a Universidade de Oxford por três anos e graduou-se em 1967, com um diploma em Ciências Políticas, Filosofia e Economia. Foi lá que ela conheceu e mais tarde se casou com um acadêmico de Oxford, Michael Aris. Ela embarcaria em uma carreira internacional com as Nações Unidas, em Nova York, desempenhando vários papéis governamentais e de pesquisas no Butão, na Índia e no Japão, antes de voltar para Oxford e criar seus dois filhos. Sem dúvida alguma teria permanecido por lá, se não fosse o fato de sua mãe ficar doente.

Suu Kyi retornou a Mianmar (na época Birmânia) para cuidar de sua mãe, em 1988, e encontrou o país tumultuado; uma revolta popular contra os militares que haviam tomado o poder, em 1962, estava sendo reprimida de forma violenta. Milhares de pessoas morreram e Suu Kyi enfrentou o desafio. "Eu não poderia, como filha do meu pai, ficar indiferente diante do que está acontecendo", disse ela em seu primeiro comício em massa para meio milhão de pessoas diante do famoso pagode de Shwedagon, em Yangon. "Esta crise nacional pode de fato ser chamada de a segunda luta pela independência."

Ela fundou um partido de oposição, a Liga Nacional pela Democracia, em 1988, e foi detida em 1989, por suposta incitação de violência. No ano seguinte, em 1990, sua Liga Nacional pela Democracia conquistou uma vitória esmagadora nas eleições, contando com 82% dos votos. Mas os militares, que se autodenominavam Conselho de Estado para o Restabelecimento da Ordem e da Lei, recusaram-se a entregar o poder. Os generais birmaneses começaram a reprimir todo tipo de resistência e impuseram uma nova punição mais severa a Suu Kyi. Ela foi barrada de receber visitantes, nem seus filhos e marido, e foi mantida em confinamento solitário. Quando ganhou o Prêmio Nobel da Paz em 1991, seus filhos foram recebê-lo em seu nome. Os juízes chamaram-na de "um dos exemplos mais extraordinários de coragem civil na Ásia".

Ela foi libertada em 1995, mas mantida sob rígida vigilância e, em seguida, foi detida novamente e confinada em sua casa, em setembro de 2000. Seu marido morreu de câncer em 1999, sem poder vê-la durante três anos. Ofereceram a ela a chance de viajar à Inglaterra para seu funeral, mas ela se recusou, sabendo que os militares não permitiriam que ela retornasse a Mianmar. Eles haviam se recusado a dar um visto de entrada para que ele pudesse visitá-la anteriormente. Suu Kyi foi libertada novamente, em maio de 2002, e imediatamente continuou fazendo campanha para a Liga Nacional pela Democracia, e acabou novamente sendo colocada em prisão domiciliar em sua casa à beira do lago em Yangon, em setembro de 2003, depois de ter passado por uma grave cirurgia.

MEDALHA DA LIBERDADE

Suu Kyi serve de modelo em sua luta pela restauração da democracia, do mesmo modo que serviu Mahatma Gandhi e, acima de tudo, em seu compromisso com a não violência como um meio de atingir seus objetivos políticos. Ela sempre usa uma flor no cabelo em público.

Em 2000, o presidente dos Estados Unidos, Bill Clinton, conferiu a Medalha Presidencial da Liberdade, a mais elevada homenagem civil do país, para Suu Kyi, pelo seu compromisso com a democracia.

Sob prisão domiciliar, Suu Kyi diz que se mantém ocupada estudando e se exercitando. Ela medita, pratica francês e japonês e toca piano.

Mianmar, como os militares chamam agora a antiga Birmânia, tem resistido sistematicamente aos apelos internacionais para libertar Suu Kyi e restaurar a democracia.

ESPÁRTACO

Espártaco (c.120-71 a.C.) foi um escravo e gladiador romano, nascido na Trácia, que liderou uma grande rebelião contra Roma.

Um exército de 3 mil homens marchou de Roma; Espártaco os pegou de surpresa e capturou a todos.

CRONOLOGIA

120 a.C.: Data estimada do nascimento de Espártaco.
73 a.C.: Espártaco lidera uma rebelião de gladiadores.
72 a.C.: Os gladiadores derrotam as tropas romanas.
71 a.C.: Espártaco é derrotado e morto.

TRÁCIO DE NASCIMENTO, Espártaco serviu no Exército romano, mas por algum motivo teve problemas com as autoridades – possivelmente por deserção – e ele e sua esposa acabaram sendo vendidos como escravos. Foram levados ao mercado de escravos em Roma e ambos foram comprados por Lêntulo Batiato, que conduzia uma escola de gladiadores em Cápua. Os gladiadores eram treinados para lutar na arena e entreter os romanos, muitos deles até a morte.

Em Cápua, Espártaco estava determinado a fugir. "Se devemos lutar, devemos lutar também por nossa liberdade", contam que havia dito. Usando espetos e facas roubadas das cozinhas, 78 gladiadores abriram caminho pelas ruas e fugiram para o campo, onde derrotaram uma pequena tropa que fora enviada para capturá-los. Eles agora contavam com armas e montaram um acampamento no topo do Monte Vesúvio, dentro da cratera do vulcão adormecido.

Um exército de 3 mil homens marchou de Roma para cercá-lo. Mas os gladiadores, usando cordas, que tinham traçado com vinhas para descerem na face do penhasco impenetrável, fizeram um ataque surpresa e capturaram toda a tropa romana. O Senado em Roma se apressou em despachar mais duas tropas para reprimir os escravos, mas ambas foram derrotadas. Nascia uma lenda e um crescente número de escravos começou a se aglomerar ao seu redor; em 72 a.C., menos de um ano depois da sua fuga de Cápua, Espártaco já comandava um exército de 70 mil homens. A maioria dos exércitos romanos estava combatendo no exterior, logo as tropas regulares em menor número na Itália foram superadas pelos rebeldes.

Espártaco agora podia percorrer toda a extensão da Itália e se propôs a atravessar os Alpes em busca da liberdade. No entanto, não conseguiu persuadir os gauleses e os germânicos, que haviam se juntado às suas tropas para que o acompanhassem. Enquanto isso, Roma elegia um novo general para liderar uma tropa contra Espártaco – Marco Licínio Crasso. Homem rico, ele parecia ser um dos poucos homens do alto escalão em Roma disposto a arriscar sua reputação contra um bando de escravos.

Crasso montou um exército composto por seis legiões. Ele enviou seu lugar-tenente Múmio na frente com duas legiões para incomodar os escravos e com ordens estritas de não lutar uma batalha campal. Mas Múmio desobedeceu às ordens e acabou sendo derrotado. Crasso sentenciou que as legiões derrotadas fossem dizimadas – tiraram a sorte de um em cada dez soldados sobreviventes para ver quem iria morrer.

Espártaco seguiu para o sul, onde se empenhou em uma fracassada tentativa de fugir para a Sicília. Crasso o alcançou e se juntou ao exército de Pompeu, que acabara de retornar da Espanha à Itália. No início de 71 a.C., Espártaco decidiu arriscar uma batalha decisiva contra os romanos. Ele sabia que ia ser tudo ou nada e matou seu próprio cavalo antes de o combate começar, dizendo que, se ganhasse o dia, ele iria precisar de um cavalo melhor e, se perdesse, não haveria necessidade de ter uma montaria. Em Petélia, na Lucânia, os romanos prevaleceram e Espártaco primeiro foi ferido e depois morto. Todos os escravos rebeldes pereceram, exceto 6 mil que foram capturados e crucificados ao longo do caminho de Cápua para Roma.

HERÓI REVOLUCIONÁRIO

Espártaco é geralmente saudado como herói das massas e revolucionário social. De fato, há evidências de que ele não queria nada além de sua liberdade e voltar para casa. No entanto, seu nome era frequentemente invocado pelos revolucionários – especialmente pela Liga Espartaquista Comunista Alemã, liderada por Rosa Luxemburgo e Karl Liebknecht, que foram mortos em uma fracassada revolta contra o governo alemão, em 1919.

Da mesma forma que os gladiadores originais mexiam com a imaginação do público nos anfiteatros romanos, acontece com representações mais brandas sobre suas proezas nos dias de hoje. O sucesso de Hollywood intitulado apenas Espártaco, *dirigido por Stanley Kubrick e estrelando Kirk Douglas como Espártaco, e um balé russo de 1968, com música composta por Aram Khachaturian.*

MAXIMILIEN ROBESPIERRE

Maximilien François Marie Isidore de Robespierre (1758-1794) foi um dos principais líderes da Revolução Francesa de 1789 e o principal arquiteto do "Terror" que eventualmente o destruiu. Não há uma figura na Revolução Francesa que gerou tanta controvérsia.

Um homem frio e solitário, a integridade pessoal de Robespierre nunca seria questionada.

CRONOLOGIA

1758: Nasce em Arras, em 6 de maio.
1769: Inicia estudos em Paris, no Colégio Louis-le-Grand.
1781: Recebe o diploma em Direito.
1782: Exerce a advocacia em Arras.
1789: Eleito para os Estados Gerais.
1791: Nomeado promotor público.
1792: Eleito para a nova Convenção Nacional.
1793: Execução do rei Luís XVI.
1793-1794: Comitês de Segurança Pública.
1794: Declarado fora da lei, guilhotinado em 28 de julho.

NASCIDO EM UMA FAMÍLIA de descendência francesa e irlandesa com recursos modestos, ao norte na pequena cidade de Arras, Robespierre ganhou uma bolsa de estudos no Colégio Louis-le-Grand, e depois estudou Direito na Universidade de Paris. Ele retornou à sua cidade natal para exercer a profissão de advogado e juiz. Era sincero com as palavras e às vezes radical nas questões sociais, mas ganhou reputação por sua honestidade. Sempre frugal e trajando roupas simples, mais tarde seria conhecido como "o incorruptível".

Eleito para os Estados Gerais, a Assembleia Nacional se reuniu às vésperas da Revolução Francesa, em maio de 1789. Robespierre, um hábil e incansável orador, rapidamente emergiu como um dos radicais. Por volta de 1790, já era líder dos jacobinos, um clube político que defendia a democracia irrestrita e a retirada da monarquia, e tornou-se um herói popular das massas de Paris.

Depois da queda da monarquia em 1792, Robespierre foi eleito primeiro deputado por Paris em uma nova Convenção Nacional. Ele desempenhou um papel importante no julgamento do rei Luís XVI, discursando 11 vezes e argumentando que o rei tinha de morrer para que a França pudesse viver. O rei foi executado publicamente em janeiro de 1793. Em julho de 1793, Robespierre foi eleito membro do corpo executivo da Convenção Nacional, o Comitê de Segurança Pública. O primeiro comitê (abril-julho de 1793) foi dominado por Georges Danton, que também era advogado, e o segundo (julho de 1793 - julho de 1794), por Robespierre. Os comitês assumiram o poder total e estabeleceram seu controle sobre a França por meio de uma rede de comitês em cada departamento e comunidade. A França estava tumultuada, enfrentado contrarrevoluções domésticas – revoltas em Vendée e por todo lugar – e sofrendo com a ameaça de invasão da Prússia e da Áustria. O comitê reagiu ordenando a morte dos opositores da revolução – tanto real quanto imaginária. Assim começou a fase do "Terror", com Robespierre servindo como o instigador-chefe. Ele substituiu Danton em julho de 1793 e tornou-se na prática um ditador da França. Danton e seus aliados foram mandados para a guilhotina em abril do ano seguinte, por questionarem os propósitos do Terror. A revolta em Vendée, o desafio mais sério da revolução nas províncias, foi reprimida com brutal violência – afogamentos e execuções em massa: o primeiro genocídio da Europa moderna.

O Terror era um instrumento deliberado de política, desenvolvido para criar um clima de medo e de incertezas. Com um mar de espiões e regulamentações mesquinhas, fiscalizadas pelo Tribunal Revolucionário, que alimentava suas vítimas à guilhotina, ninguém se sentia seguro. O que fez com que Robespierre chegasse a isso é o que sempre tem fascinado os historiadores. Ele parecia estar sendo conduzido por um genuíno senso de obrigação; longe de ser apenas um simples fanático, combateu os inimigos tanto da extrema esquerda como da direita moderada. Era frio, reservado e solitário, mas sua integridade nunca seria questionada.

A ruína de Robespierre começou com sua insistência em um decreto que proclamava o culto ao Ser Supremo como religião oficial – homenagem de Robespierre às ideias do escritor Jean Jacques Rousseau. Isso contrariou tantos os católicos romanos como os ateus. Em julho de 1794, Robespierre foi eleito presidente da Convenção Nacional e, com isso, o reinado de Terror se intensificou. Mas os assassinatos aparentemente perversos pareciam menos justificáveis, à medida que uma série de vitórias militares removeu o perigo iminente de uma invasão estrangeira. Robespierre, que havia se retirado da luta diária, de repente parecia vulnerável.

Conspiradores barraram Robespierre de discursar na Convenção Nacional em 27 de julho e, enquanto tentava angariar apoio na cidade, ele seria declarado um fora da lei. Ferido com um tiro de pistola no queixo, ele foi detido e rapidamente levado a julgamento de acordo com o sistema de tramitação rápida que ele mesmo havia implementado. Robespierre foi condenado à morte e guilhotinado junto com seus dois aliados mais próximos, e 19 pessoas que o apoiavam foram guilhotinadas no dia seguinte.

UMA REPUTAÇÃO DO MAL

Robespierre foi difamado depois da revolução como sendo um ditador sedento de sangue. Mas historiadores imparciais o veem mais como um reformista social radical, que se tornou um cego subserviente da violência. Seus ideais sociais eram avançados para sua época; ele tencionava nivelar os extremos da riqueza, um aumento na posse de pequenas propriedades e trabalho e educação para todos.

O relacionamento entre Robespierre e Danton tem sido o assunto de muitas peças teatrais, filmes e livros. Uma das mais conhecidas é A Morte de Danton, *do dramaturgo alemão Georg Büchner (1835).*

Robespierre enfrentou sua morte de forma estoica, mas soltou um grito na guilhotina, quando o carrasco arrancou o curativo que cobria seu queixo ferido.

GIUSEPPE GARIBALDI

Giuseppe Garibaldi (1807-1882), um líder nacionalista e guerrilheiro que ajudou a criar o Estado moderno da Itália, era um aventureiro de capa e espada, cujas explorações fizeram dele um herói em dois continentes, Europa e América do Sul.

Garibaldi tornou-se um mestre em combate de guerrilha, derrotando forças profissionais com batidas e retiradas e emboscadas.

CRONOLOGIA

1807: Nasce em Nice, em 4 de julho.
1834: Sentenciado à morte pela revolta de Piemonte.
1834-1848: América do Sul.
1848-1849: Revolução e fracasso da república de Roma.
1859: Derrota os austríacos nos Alpes.
1860: Conquista a Sicília e Nápoles.
1871: Vence a Batalha de Dijon junto com os franceses.
1874: Eleito ao Parlamento italiano.
1882: Morre na ilha de Caprera, em 2 de junho.

GARIBALDI FOI um autodidata, filho de um pescador de Nice, que começou a vida como um humilde marinheiro mercante. Sua realização mais importante foi liderar um exército guerrilheiro libertando a Itália da ocupação estrangeira; além disso, superou 14 anos de batalhas na América do Sul, recebeu um posto de comando da União pelo presidente Abraham Lincoln dos Estados Unidos, na Guerra Civil Americana, e participou da guerra franco-prussiana de 1870-1871.

A lendária cruzada de Garibaldi para libertar o sul da Itália começou em maio de 1860, quando comandou dois navios a vapor em Gênova e levou uma força voluntária de 1.070 guerrilheiros, os "Camisas Vermelhas", à vitória contra 12 mil soldados regulares na Sicília.

Três meses depois, ele cruzaria o Estreito de Messina para a pátria italiana, derrotando os exércitos do monarca Bourbon, às margens do Rio Volturno, em 26 de outubro de 1860, para ocupar Nápoles e conquistar todo o sul do novo reino da Itália.

A Itália não existia como nação quando Garibaldi nasceu. Era dividida em Estados combatentes, ducados, principados e territórios governados pelos papas em Roma e era também dominada pelas duas potências vizinhas – França e Áustria.

Inspirado pelos primeiros nacionalistas italianos, Garibaldi, nessa época um capitão da Marinha mercante e servindo na Marinha piemontesa, embarcou em uma longa e revolucionária carreira ao participar de um motim com a intenção de provocar uma revolta contra os austríacos, em 1834.

A revolta fracassou: Garibaldi foi sentenciado à morte *in absentia* e fugiu para a América do Sul, onde viveu de 1836 a 1848, participando em várias revoltas no Brasil e lutando ao lado do Uruguai em sua guerra de independência com a Argentina.

Garibaldi se apressou de volta à Europa no início das revoltas de 1848, para lutar para o *Risorgimento*, ou a ressurreição da Itália, e, junto com Giuseppe Mazzini, ele estabeleceu uma república em Roma antes de ser dizimada pelas tropas francesas em 1849. Sua esposa brasileira, Anita, que havia lutado com ele, morreria durante a campanha, em que Garibaldi se recusava a aceitar a derrota, demonstrando uma coragem exemplar e uma liderança fora de série. Ele conseguiu escapar, primeiro para Tangier e, em seguida, para a América do Norte, onde se tornou cidadão norte-americano, e finalmente ao Peru onde, por algum tempo, voltou à sua ocupação original como capitão de navio.

Garibaldi voltou à Europa em 1854, e quatro anos depois juntou-se a outra tentativa de reunificar a Itália. Essa teve sucesso – especialmente graças à extraordinária capacidade de liderança militar de Garibaldi. Na América do Sul, ele havia se tornado um mestre em combates de guerrilha, capaz de derrotar forças profissionais com batidas e retiradas e emboscadas.

Ele derrotou os austríacos nos Alpes, em 1859, e rumou para o sul com sua famosa expedição dos "Mil". Depois da queda de Nápoles e impaciente para concluir a reunificação da Itália, Garibaldi lançou mais duas expedições militares fracassadas – para ocupar Veneza e Roma, onde acabou sendo ferido e capturado no processo. Políticas internacionais forçariam, por fim, os austríacos a ceder Veneza e os franceses a se retirarem de Roma, e a Itália acabou sendo unificada e tornou-se um país livre novamente em 1870.

Garibaldi ainda iria à guerra mais uma vez, lutando ao lado dos franceses contra os prussianos em 1871, o que lhe rendeu um posto na Assembleia Nacional da França.

Também foi eleito ao Parlamento da Itália em 1874. Ele passou sua velhice em Caprera, como um estadista altamente respeitável em ambos os lados do Atlântico e um magnífico capitão da revolução nacional — o "herói de dois mundos".

Os Camisas Vermelhas

Os guerreiros de Garibaldi eram famosos por suas camisas vermelhas. Foi no Uruguai que ele vestiu seus homens com camisas vermelhas, obtidas de uma fábrica em Montevidéu, que tinha a intenção de exportá-las para os matadouros na Argentina.

As memórias de Garibaldi, Autobiografia de Giuseppe Garibaldi, *foram publicadas em 1887 e geraram um enorme impacto, inspirando, entre outros, o movimento pela independência da Índia.*

Além de ser venerado como um herói da reunificação italiana em seu próprio país, Garibaldi foi honrado com uma estátua na cidade de Nova York. Ele fez com que a cidade de Londres parasse, quando prestou uma visita triunfante à Grã-Bretanha, em 1864.

VLADIMIR LÊNIN

Vladimir Lênin (1870-1924) foi um dos grandes líderes revolucionários do mundo e o fundador do primeiro Estado marxista, a União Soviética. Ele se tornou um símbolo universal da ideologia comunista e inspirou movimentos revolucionários ao redor do mundo.

"Paz, pão, terra e todo o poder aos soviéticos."

CRONOLOGIA

1870: Nasce em Simbirsk, no Rio Volga, em 22 de abril.

1887: Alexander, irmão de Lênin, é executado em maio.

1895: Detido em São Petersburgo.

1897: Primeiro exílio.

1898: Casa-se com Nadezhda Krupskaya.

1899: Segundo exílio na Sibéria.

1900: Libertação de Lênin e publicação do *Iskra*.

1902: Publicação de *O Que Fazer?*

1905: Início da Primeira Revolução Russa.

1917: Em fevereiro, a Revolução Russa derruba o czar; em outubro, os bolcheviques instigam a segunda Revolução.

1918: Os bolcheviques se tornam o Partido Comunista; início da guerra civil e execução da família real.

1921: Nova política econômica.

1924: Lênin morre em Gorky, em 21 de janeiro.

VLADIMIR ILYICH ULYANOV nasceu em uma classe privilegiada na Rússia do século XIX. Seu pai, Ilya, um inspetor de escolas primárias, era casado com Maria Alexandróvna, filha de um rico médico judeu. Lênin era um dos seis filhos; era um aluno dedicado na escola e gostava de praticar esportes ao ar livre. Ele sofreria um grande golpe em sua juventude quando, em 1887, seu irmão mais velho, Alexander, foi detido e enforcado por conspiração de assassinato do czar Alexander – um evento que colocaria Lênin no caminho da revolução.

Lênin estudava na Universidade de Kazan no mesmo ano, mas foi prontamente expulso por atividades ilegais de oposição e exilado na propriedade de seu avô na vila de Kokushkino. No exílio, começou a ler os escritores revolucionários europeus, especialmente Karl Marx, e tornou-se um marxista declarado. Depois de se qualificar como advogado, ele se mudou para São Petersburgo em 1893, onde atuou na oposição subversiva contra o regime czarista.

Lênin ajudou a montar uma organização de trabalhadores marxistas em São Petersburgo, motivo pelo qual foi detido durante 15 meses, junto com sua futura esposa, Nadezhda Krupskaya, antes de ser enviado para o exílio por três anos na Sibéria. Libertado em 1900, fugiu para o exterior onde se juntou com seus companheiros revolucionários para começar um jornal, *Iskra* (Centelha), e em 1902 publicou seu trabalho seminal, *O que fazer?*

Nessa época, Lênin já havia chegado ao ponto de acreditar que a revolução apenas teria êxito se fosse liderada por um pequeno grupo de profissionais – em vigor, controlada do topo. Sua insistência em um grupo revolucionário profissional divide o principal grupo opositor, o Partido Operário Social Democrata Russo. Duas poderosas facções emergiram no Congresso do partido, em 1903, que ocorreu em Londres – os mencheviques (minoritários, em russo), que se opunham a Lênin, e os bolcheviques (maioritários, em russo), que o apoiavam com uma pequena maioridade.

Lênin estava no exterior quando explodiu a revolução em 1905; ele retornou para casa depois que ela havia perdido força e, com suas repressivas consequências, voltou novamente ao exílio. Os mencheviques e os bolcheviques brigaram durante anos por causa do fracasso da revolução de 1905 e separaram-se de forma irrevogável em 1912. Enquanto isso, Lênin enfrentava dificuldades no exílio. Ele continuou escrevendo e acabou produzindo sua mais importante obra filosófica, *Materialismo e Empiriocriticismo*, em 1909. Quando rompeu a Primeira Guerra Mundial, ele convocou os operários a se unirem contra a guerra e a "transformar a guerra imperialista em uma guerra civil". A tarefa deles era destruir o capitalismo, não lutar uns contra os outros.

Lênin perdeu o início da revolução, em fevereiro de 1917, que derrubou o regime czarista; voltou escondido para a Rússia, atravessando pela Alemanha um mês depois em um trem selado. A Rússia se encontrava nas mãos de um governo burguês provisório e frágil, liderado por Alexander Kerensky, e seu exército ainda estava tendo dificuldades na guerra. Lênin aproveitou o momento e clamou por uma revolução absoluta, e o partido bolchevista emergiu de um congresso emergencial com o *slogan*: "Todo o Poder aos Soviéticos".

Uma revolta dos operários fracassou em julho e Lênin passou agosto e setembro na Finlândia pressionando seu caso para uma insurreição armada na capital. Ela finalmente ocorreu em 25 de outubro – "A Revolução de Outubro" –, e alguns dias depois Lênin seria eleito o presidente dos comissários do povo – na realidade, chefe do governo.

Lênin, gradual e cautelosamente, consolidou o poder do novo Estado soviético. Ele terminou a guerra contra a Alemanha, aceitando os termos punitivos, e começou a programar o que era até então um sonho no papel – o Estado comunista. Começou com transferências massivas de terra para o decepcionado proletariado, que havia sofrido com o peso da guerra e um decreto de nacionalização da indústria. A maior preocupação de Lênin, no entanto, era permanecer no poder, e o jovem Estado soviético tinha primeiro de se contentar com uma guerra civil brutal, que durou de 1918 a 1921, bem como uma fome devastadora que matou milhões.

Depois da guerra, Lênin tinha se comprometido a assegurar a sobrevivência do Comunismo e decretou uma nova política econômica, com o objetivo de restaurar a economia do mercado. Mas ele sofreu o primeiro de três derrames cerebrais em maio de 1922 e, depois disso, perdeu o controle direto do governo. Um mestre estrategista, não viveria o suficiente para ver seu sonho tornar-se um pesadelo nas mãos de seu sucessor, Joseph Stálin.

REVOLUCIONÁRIO ROLLS-ROYCE

Lênin tinha um fetiche por Rolls-Royces. Possuía nove, incluindo o único Rolls-Royce com meia-lagarta do mundo, adaptado com esquis na parte frontal para dirigir na neve.

"Pão, não guerra" era um dos slogans *mais famosos de Lênin.*

"Eu vou fazê-los pagarem por isso! Eu juro!", Lênin supostamente teria dito ao saber da execução de seu irmão.

A autópsia de Lênin revelou que seu cérebro havia encolhido um quarto do seu tamanho normal. Seu corpo foi embalsamado e colocado em um caixão de cristal em um mausoléu no Kremlin, onde ainda permanece exibido – quase o último resquício simbólico da União Soviética.

CHE GUEVARA

Che Guevara (1928-1967) foi um líder revolucionário sul-americano, que ajudou a colocar Fidel Castro no poder em Cuba e que morreu em vão tentando acender uma rebelião camponesa na Bolívia. Sua morte o converteu em um herói global da esquerda e, quase quarenta anos depois, sua imagem icônica de um revolucionário barbudo, trajando uma boina, permanece como um símbolo de protesto ao redor do mundo.

Em Cuba, Guevara provou que era um líder obstinado e cheio de recursos, logo conquistando o título revolucionário de Comandante.

CRONOLOGIA

1928: Nasce em Rosário, Argentina, em 14 de junho.
1953: Qualifica-se como médico.
1955: Encontra Fidel Castro.
1956: Desembarca com Castro na costa sul de Cuba.
1958: O presidente Batista é derrubado.
1959: Presidente do Banco Nacional de Cuba.
1961: Ministro da Indústria de Cuba até 1965.
1965: Fracassa tentando fomentar uma revolta guerrilheira no Congo.
1967: Executado próximo a Vallegrande, Bolívia, em 9 de outubro.

NASCIDO ERNESTO GUEVARA em uma família de origem hispano-irlandesa de classe média, na cidade argentina de Rosário, em 1928, Guevara se qualificou como médico em 1953, pela Universidade de Buenos Aires, mas nunca exerceu a profissão. Suas intensas viagens como estudante pelo continente convenceram-no de que a revolução era o único remédio para as desigualdades sociais da América Latina, e assim ele foi à Guatemala unir-se ao regime pró-comunista de Jacobo Arbenz Guzmán. Quando Guzmán foi derrubado do poder por um golpe de Estado apoiado pelos Estados Unidos, em 1954, Guevara fugiu para o México, onde se encontrou com Castro e juntos treinaram em um acampamento militar guerrilheiro, conduzido por um veterano da guerra civil espanhola, onde "Che" acabou alcançando as melhores marcas.

Os rebeldes invadiram Cuba em 1956, desembarcando em uma praia na província de Oriente, onde quase foram exterminados. Os poucos sobreviventes, incluindo Guevara que estava ferido, conseguiram chegar à Sierra Maestra, onde construíram seu exército guerrilheiro. Guevara logo provou que era um líder obstinado e cheio de recursos, e assim recebeu o título revolucionário de Comandante. No final de 1958, os rebeldes já haviam enviado o presidente Batista, que era apoiado pelos Estados Unidos, para o exílio. Eles entraram em Havana em 2 de janeiro de 1959 e estabeleceram um governo marxista.

Como presidente do Banco Nacional e, mais tarde, ministro da Indústria, Guevara teve um papel importante no alinhamento da economia de Cuba baseada na exportação de açúcar e tabaco com o Bloco Soviético, depois que os Estados Unidos haviam imposto um bloqueio comercial. Mas, embora fosse um ávido anticapitalista, nunca se sentiria completamente confortável com o Comunismo Soviético.

No fundo, mais revolucionário que administrador, Guevara partiu em várias missões para Castro, algumas confidenciais: na Europa, Rússia, África, Ásia e até em Pequim. Ele renunciou ao cargo em 1965, para promover a revolução em outros países. Uma missão para fomentar uma revolta no Congo fracassou e, em 1967, enquanto orientava um movimento guerrilheiro na Bolívia, foi ferido em um confronto com as tropas do governo boliviano, capturado e, em seguida, executado.

Cuba tem promovido "Che" como um símbolo das virtudes revolucionárias, sacrifício e internacionalismo, dentro e fora do país, desde sua morte. Muitas pessoas ao redor do mundo, no entanto, rejeitam totalmente o estilo de insurreição armada de Guevara.

SOLDADO DA REVOLUÇÃO

Guevara editou o jornal rebelde Cuba Libre *durante a guerra, e depois disso escreveu* A Guerra de Guerrilhas, O Homem e o Socialismo em Cuba *e* Reminiscências de uma Guerra Revolucionária Cubana.

"Che foi o mais completo ser humano da nossa geração", disse Jean-Paul Sartre. Será que ele diria a mesma coisa no mundo pós-comunista e pós-onze de setembro dos dias de hoje?

Guevara adquiriu seu apelido do seu idioma nativo; os argentinos frequentemente pontuam suas falas com a interjeição "che" – originalmente uma palavra em italiano, que significa camarada ou amigo.

Os restos mortais de Che Guevara foram levados de volta à Cuba pelos seus seguidores em 1997, onde foram colocados em um mausoléu, em Santa Clara.

LECH WALESA

Lech Walesa (1943-) liderou a revolta dos operários poloneses nos estaleiros de Gdansk, que gerou o sindicato Solidariedade e, como consequência, derrubou o regime comunista na Polônia. Um laureado do Prêmio Nobel da Paz, ele se tornou presidente do seu país.

Um símbolo de protesto, no fim das contas Walesa foi um revolucionário muito impaciente para se tornar um estadista.

CRONOLOGIA

1943: Nasce em Popowo, próximo a Wroclawek, em 29 de setembro.
1980: Lidera a greve dos operários, funda o Solidariedade.
1981: Comunistas poloneses impõem lei marcial.
1983: Recebe o Prêmio Nobel da Paz.
1990: Eleito presidente da Polônia.
1995: Perde a eleição presidencial; retorna ao estaleiro.
2000: Perde novamente a eleição presidencial; abandona a política.

FILHO DE UM CARPINTEIRO, Walesa se tornou eletricista no enorme estaleiro Lênin em Gdansk, norte da Polônia, em 1967. As demonstrações por alimento em 1970, em que vários manifestantes foram mortos do lado de fora dos portões do estaleiro, fizeram com que se unisse ao movimento sindical secreto, na realidade uma oposição ilegal contra os comunistas. Ele perderia seu emprego depois de participar em uma nova onda de protestos dos operários, em 1976, e passaria os próximos quatro anos trabalhando principalmente como um ativista subversivo e brincando de gato e rato com a polícia polonesa.

Seu momento de destaque veio no verão de 1980, quando os trabalhadores poloneses, demonstrando uma confiança renovada em sua oposição aos comunistas, apoiados pelos soviéticos em baixa popularidade acompanhada pela eleição do papa polonês, João Paulo II, iniciaram greves por todo o país. Walesa pulou a cerca e assumiu o controle em um protesto dentro do estaleiro Lênin e, em seguida, passou a liderar o comitê de greve entre as fábricas, que atiraram suas luvas no governo comunista cercado em Varsóvia. O comitê, que se autodenominava Solidariedade, demandava o direito de formar um sindicato livre e o direito à greve – liberdades jamais ouvidas no Bloco Oriental, onde o Partido Comunista dominante controlava tudo. Com seu famoso bigode de morsa, Walesa se tornaria um herói global do dia para a noite. Era ousado, duro e encantador, e habilmente apoiado por vários outros ativistas intelectuais; durante as duras negociações e apoiado por uma greve geral, eles minaram os comunistas. O Sindicato Livre Solidariedade nasceu em 31 de agosto de 1980 e, sob a liderança de Walesa durante os 16 meses seguintes, sua adesão de membros cresceu para cerca de 10 milhões. O Solidariedade havia se tornado um protesto em massa contra o regime comunista, ameaçando os próprios alicerces do controle soviético sobre a Europa Oriental.

Pressionados por Moscou, os comunistas revidaram em 13 de dezembro de 1981, impuseram a lei marcial e suspenderam o Solidariedade. Walesa e seus principais auxiliares foram presos e passaram 11 meses em detenção. O Solidariedade voltou a operar em segredo, ainda sob o comando de Walesa, e os protestos continuaram. Walesa recebeu o Prêmio Nobel da Paz em 1983, mas, temendo que não pudesse retornar ao país, enviou sua esposa Danuta a Oslo para recebê-lo. Uma nova onda de protestos em 1988 e a liberação da glasnost, em Moscou, forçaram os comunistas a negociarem novamente com Walesa. O Solidariedade foi legalizado de novo e venceu todas as vagas livres nas eleições parciais parlamentares, em 1989. No ano seguinte, em dezembro de 1990, Walesa foi eleito presidente da Polônia em uma vitória esmagadora.

Walesa não teve o mesmo êxito no intenso papel cerimonial de presidente. Ele se sentiu frustrado com sua falta de poder e se rendeu ao seu comportamento às vezes errático, e seu discurso simples e de estilo confrontante, combinado com sua oposição à nova lei do aborto, fizeram com que perdesse a reeleição, em 1995. Ele voltou por um breve período ao estaleiro – mais como um gesto de protesto – e concorreu novamente para presidente, em 2000. Dessa vez, obteve menos de 1% dos votos, anunciando em seguida que estava abandonando a política.

Ele foi um grande símbolo e um grande líder de protesto, mas no fim era mais um revolucionário impaciente, nada sutil nem inteligente o bastante para se tornar um grande estadista.

SEGUINDO O PAPA

Lech Walesa sempre prestou homenagem ao papel do papa João Paulo na marcha da liberdade na Polônia. A visita do papa, em 1979, mostrou aos poloneses que ainda havia milhões de crentes, que rejeitavam os comunistas oficialmente ateus e isso gerou confiança neles para que lançassem greves de âmbito nacional no verão seguinte.

Quando Walesa assinou o acordo do sindicato com os comunistas, ele usou uma caneta com uma foto enorme do papa.

O movimento subversivo dos trabalhadores poloneses (KOR) desempenhou também um papel importante no fomento e na organização das greves de 1980.

MARCO POLO*

Marco Polo (1254-1324), um mercador e aventureiro venezia-no, passou 24 anos viajando pela Ásia, passando da Mongólia até a China. Seus relatos de suas jornadas ao Extremo Oriente inspi-raram e abriram caminho para as grandes viagens de descobertas.

*N.E.: Sugerimos a leitura de *Marco Polo – A Incrível Jornada,* de Robin Brown, Madras Editora.

No seu leito de morte, Marco Polo diria: "Não contei nem a metade do que vi".

CRONOLOGIA

1254: Nasce, muito provavelmente, em Veneza.
1271: Parte para o Oriente com seu pai e seu tio.
1275: Chega à corte de Kublai Khan.
1295: Retorna a Veneza.
1298: Capturado pelos genoveses, dita o livro sobre suas viagens.
1299: Libertado do cativeiro, retorna a Veneza.
1324: Morre em Veneza, em 9 de janeiro.

NASCIDO EM UMA PRÓSPERA família de comerciantes, Marco Polo cresceu em Veneza. Ele tinha apenas 6 anos quando seu pai, Niccolò, e seu tio, Matteo, seguiram os mesmos passos de outros europeus para encontrar novos mercados no Oriente – em uma jornada que os levaria até a corte do grande imperador mongol Kublai Khan, em sua nova capital, Khanbalik, onde atualmente se situa Pequim. Eles retornaram a Veneza nove anos depois com contos de riquezas e esplendores jamais sonhados e com um pedido do grande khan para que o papa enviasse 100 missionários para converter seus membros da tribo mongol.

Munidos de cartas e presentes do papa, e acompanhados por dois frades dominicanos que logo os abandonariam, Niccolò e Matteo partiram novamente para o Oriente, em 1271. Também levaram junto o filho de Niccolò de 17 anos, Marco. Eles passariam um quarto de século viajando. Passaram pela Armênia, Pérsia, Afeganistão, sobre a Cordilheira do Pamir e ao longo da Estrada da Seda, cruzando as vastas estepes mongóis e o Deserto de Gobi, até a China, finalmente chegando em 1275, na corte de inverno do grande khan, em Khanbalik. Eles viajaram por três anos e meio e encontravam-se a 5.600 milhas* longe de casa.

Talentoso linguista e mestre em quatro idiomas, Marco se tornou um dos favoritos do khan e foi nomeado para cargos mais elevados em sua administração. Ele serviu na corte do khan e foi enviado em várias

---

* N.T.: Equivale a cerca de 9 mil quilômetros.

missões especiais na China, Birmânia e Indonésia, alcançando lugares onde os europeus jamais percorreriam novamente até o século XIX. Ele se tornou membro do conselho privado de Kublai Khan e, por três anos, serviu como representante do khan na cidade de Yangzhou. Marco ficou especialmente fascinado com a nova cidade do khan e seu palácio – o melhor, disse ele, que jamais existiu. Também notou algumas realizações distintas orientais – dinheiro de papel, carvão e o correio imperial.

O grupo de Polo ficou na corte do khan por dezessete anos e acumulou grande riqueza em joias e ouro. Eles estavam ansiosos para partir, temendo o que pudesse vir a acontecer, caso o khan morresse. No início, o khan não deixava que partissem, mas eles se propuseram a acompanhar uma princesa mongol até a Pérsia e acabaram indo para casa, em 1292. Dois anos de viagem pelo mar, cruzando o sul do Mar da China e o Oceano Índico, conduziram-nos até Hormuz, de onde viajaram por terra até Constantinopla e, finalmente, para Veneza, onde parentes e amigos já os haviam dado como mortos há muito tempo.

Três anos depois que Marco retornou a Veneza, ele foi capturado pelos genoveses enquanto comandava uma galé veneziana, e passou um ano em uma prisão genovesa. Foi lá que ele ditou o relato da sua jornada. "Eu acredito que foi a vontade de Deus que fez com que voltássemos, para que os homens soubessem das coisas que os aguardam no mundo", relatou Marco. "Não há outro homem que tenha explorado tanto no mundo."

Libertado da prisão em 1299, retornou a Veneza, onde se casou, teve três filhas e viveu confortavelmente até sua morte em 1324, aos 70 anos.

RELATOS DE UM VIAJANTE

Marco Polo ditou o relato de suas aventuras na Ásia para um colega de prisão, Rusticiano de Pisa, que era um reconhecido escritor de romances. As Viagens de Marco Polo, *publicado pela primeira vez como* Divisament dou Monde (Descrição do Mundo), *se tornou um* best-seller *na era medieval e é indiscutivelmente um dos livros de viagem mais influentes da história.*

O livro também foi conhecido como Il Milione (O Milhão), *uma provável referência ao apelido que Marco adquiriu quando retornou a Veneza – ouviam-no frequentemente contando sobre os "milhões" disso e daquilo que havia visto – ou a descrença que as pessoas tinham sobre suas histórias.*

Alguns céticos sugerem que ele nunca pisou na China; não há registros chineses sobre sua jornada. Em seu leito de morte, pediram a ele para que desistisse de suas "mentiras", mas apenas respondeu: "Não contei nem a metade do que eu vi".

O livro teve uma influência incalculável sobre futuros exploradores, nada menos que em Cristóvão Colombo, que navegou para o oeste da Europa, acreditando que chegaria no Extremo Oriente descrito por Marco Polo.

CRISTÓVÃO COLOMBO

Cristóvão Colombo (1451-1506) era um aventureiro e comerciante de origem genovesa, que navegou em direção ao Ocidente, cruzando o Atlântico em busca da rota para a China e chegou ao Mar do Caribe, abrindo o caminho para a América, que dizem popularmente que foi ele que descobriu.

Embora seja quase certo que outros já haviam estado por lá antes dele, para Colombo a viagem ao Atlântico era um passo gigantesco ao desconhecido.

CRONOLOGIA

1451: Nasce em Gênova, entre agosto e outubro.
1476: Fixa residência e casa-se em Portugal.
1484: Concebe o plano para a "Empreitada das Índias".
1485: Muda-se para a Espanha.
1492: Parte para as Índias e "descobre" a América.
1493: Retorna à Espanha.
1493-1496: Segunda viagem.
1498-1500: Terceira viagem.
1502-1504: Quarta viagem.
1506: Morre em Valladolid, Espanha, em 20 de maio.

FILHO DE UM TECELÃO espanhol e mãe italiana, Colombo nasceu e cresceu na cidade-Estado costeira de Gênova e quando jovem partiu para o mar em viagens comerciais. Em 1476, ele se mudou para Portugal, onde seu irmão Bartolomeu trabalhava como cartógrafo e lá se casou em 1479. Essa era época de grande expansão marítima – os navios portugueses estavam gradualmente descendo a costa da África, empurrando as fronteiras do mundo conhecido, e Colombo navegou com eles em várias viagens pela África Ocidental. Estimulado pelas informações que adquiria durante suas jornadas marítimas e pelos mapas que passou a estudar com voracidade, Colombo começou a acreditar que poderia encontrar um caminho para chegar às fabulosas riquezas do Oriente, que Marco Polo e outros haviam descrito, navegando para o Ocidente cruzando o Oceano Atlântico. Seguindo os conselhos de uma comissão real, o rei João II de Portugal se recusou a financiar sua planejada empreitada – especialmente porque os navegadores portugueses estavam prestes a encontrar uma rota marítima para a Ásia através do (Chifre) Horn da África.

Demonstrando a determinação de um homem com uma missão, Colombo se mudou para a Espanha em 1485 com sua companheira espanhola, e foi pedir auxílio da rainha Isabel e do rei Fernando. A

princípio, eles também menosprezaram seu plano, depois que a comissão real espanhola também não aconselhou o investimento, mas
a onda da história mudou de forma espetacular a favor de Colombo.
Em 1492, a última fortaleza dos mouros na Espanha, em Granada,
caiu nas mãos de Fernando e Isabel. Animados com essa vitória decisiva contra os "infiéis" e atraídos pelos possíveis ganhos econômi-
cos e estratégicos, concordaram em financiar a expedição.

Colombo fez um grande negócio; ele seria o vice-rei de todos os
territórios que encontrasse, sendo que um décimo de todos os metais
preciosos que encontrasse nessas terras seria dele. Ele partiu em 3 de
agosto de 1492, do porto espanhol de Palos, ao sul, com três navios –
a *Santa Maria*, uma nau a velas com um convés de 35 metros e duas
caravelas menores sem convés, a *Pinta* e a *Niña*. Embora seja quase
certo que outros já haviam estado por lá antes dele – os *vikings* e possivelmente os pescadores bretões –, em termos de exploração a jornada era um passo ousado e corajoso rumo ao desconhecido. Depois de
vários dias enfrentando os perigos, eles avistaram terra e remaram até
a praia, em 12 de outubro, mais possivelmente em Guanahaní, uma
minúscula ilha localizada nas Bahamas, que Colombo tomou posse e
deu o nome de San Salvador. Em seguida, a expedição desembarcou
em Cuba e na ilha de Hispaniola, onde deixaram para trás 39 homens
para estabelecer o primeiro acampamento europeu no Novo Mundo.
O acampamento foi construído com os restos da nau *Santa Maria*,
que havia se chocado nas rochas próximas à costa.

O destino do forte, La Navidad, caracteriza o resto das aventuras
de Colombo no Caribe. Seus primeiros contatos com os nativos das
ilhas foram pacíficos, mas a matança e os saques contra os nativos
começaram logo em seguida e o forte foi destruído como forma de
retaliação, assim que ele partiu.

Colombo retornou à Espanha em março de 1493, triunfante e
com grandes honrarias; ele era agora almirante do mar oceano. Ele
lideraria mais três expedições ao Caribe. A segunda viagem, de 1493
a 1495, foi uma enorme empreitada. Estabeleceu os primeiros assen-
tamentos europeus permanentes no Novo Mundo, La Isabella e Santo
Domingo, onde atualmente se situa a República Dominicana, mas
terminou em derramamento de sangue, com Colombo derrotando as forças nativas e enviando muitos deles de volta à Espanha como escravos.

Colombo inspecionou outras ilhas, da Jamaica a Antigua, e ainda
acreditava que estava pisando ou estava próximo da pátria de Catai
– uma convicção que se apegou mesmo depois de fazer mais duas

viagens, nas quais navegou para tão longe quanto a Venezuela e o Panamá. Sua última viagem foi marcada por divergências e rebelião e apenas a rainha Isabel, na Espanha, conseguiu salvar Colombo da desgraça.

Ele morreu longe do mar, em Valladolid, no centro da Espanha, em 1506.

UM NAVEGADOR DE PRIMEIRA CLASSE

Colombo era conhecido como Cristoforo Colombo na Itália, sua terra natal, e Cristóbal Colón, em sua adotada Espanha. Sua reputação vem sendo criticada nos tempos modernos. Ele tem sido retratado como um cruel e ambicioso imperialista, ingênuo empreendedor e um administrador incompetente. Mas é impossível superestimar o poder de sua visão e suas realizações náuticas e, acima de tudo, seu brilhantismo em termos de navegação e conhecimento náutico – quatro viagens de descoberta cruzando o Atlântico em 12 anos, em uma época que cruzar o canal entre a França e a Inglaterra já era uma grande aventura.

Colombo continuou viajando após sua morte. Seus restos mortais foram enterrados em Sevilha e, em seguida, transferidos para Santo Domingo e (é quase certo) levados para Havana, antes que fossem finalmente retornados a Sevilha, em 1899.

FERNÃO DE MAGALHÃES

Fernão de Magalhães (1480-1521), navegador e explorador hispano-português, foi o primeiro europeu a cruzar o Oceano Pacífico e liderou a primeira circum-navegação do globo. Ele provou, acima de qualquer dúvida, que o mundo era redondo e que o Pacífico e o Atlântico eram oceanos separados.

Magalhães levou 38 dias de luta contra as agitadas ondas e tempestades, para seguir seu caminho ao longo do estreito que hoje leva seu nome.

CRONOLOGIA

1480: Nasce em Sabrosa, norte de Portugal.
1505: Junta-se à expedição portuguesa rumo à Índia.
1511: Participa da captura portuguesa de Málaca.
1512: Ferido em uma expedição portuguesa no Marrocos.
1519: Navega a oeste para as Índias com expedição espanhola.
1520: Navega pelo Estreito de Magalhães para o Pacífico.
1521: Morre na Ilha Mactan, Filipinas, em 27 de abril.

FILHO DE PEDRO Rui de Magalhães, um pequeno nobre e prefeito de sua cidade, Magalhães foi criado na corte real de Lisboa, um dos grandes centros para viagens de descobertas que estava abrindo novas fronteiras para a Europa. Ele partiu para o mar ainda jovem, navegou e lutou com as expedições enviadas à África e à Índia, no início da década de 1500, para conseguir o controle do Mar Arábico e estabelecer os portos comerciais ao redor do Oceano Índico. Magalhães também participou com Portugal na tomada, em 1511, do porto malaio de Málaca – a porta de entrada para o comércio com as riquezas do Oriente, de onde os portugueses prosseguiram para Molucas (ou Ilhas das Especiarias). Magalhães retornou para casa como capitão em 1512 e, no ano seguinte, sofreu um grave ferimento lutando no Marrocos, que o deixou permanentemente manco.

Por volta dessa época, ele se desentendeu com o rei de Portugal. O rei Manuel recusou seu pedido de aumento de salário e, mais importante ainda, não queria saber dos planos de Magalhães de navegar contornando o extremo da América do Sul, em busca de uma rota alternativa para as Ilhas das Especiarias. Destemido, Magalhães se voltou ao vizinho rival de Portugal e ofereceu seus serviços ao jovem rei Carlos I da Espanha. Seu plano atraiu os espanhóis porque, sob os termos do Tratado de Tordesilhas, o mundo conhecido na época havia sido dividido em dois hemisférios: tudo que ficava a leste da linha de demarcação pertencia a Portugal e tudo que ficava a oeste, à Espanha. Se Magalhães pudesse encontrar uma rota a oeste contornando a América do Sul, consequentemente as ilhas ricas em especiarias poderiam ser abertas para a Espanha.

Magalhães foi plenamente nativo. Recebeu a nacionalidade espanhola, casou-se com a filha de um oficial influente de Sevilha, fez um filho e partiu em setembro de 1519, comandando cinco navios espanhóis e cerca de 250 homens. Depois de cruzar o Atlântico, a frota seguiu acompanhando a costa da América do Sul e entrou em águas nunca antes navegadas. A frota, inicialmente, tentou encontrar uma passagem através do largo estuário do Rio da Prata e, em seguida, rumaram ao sul e invernaram por seis meses ao sul da Patagônia, onde Magalhães reprimiu um motim executando seus líderes e abandonando um dos líderes conspiradores na praia: na época, era o equivalente a abandonar um homem na Lua.

Depois de perder um dos navios, a frota contornou a ponta do extremo sul do continente, em 21 de outubro de 1520, e entrou na passagem que hoje se chama de Estreito de Magalhães. Levou 38 dias de luta contra as agitadas ondas e tempestades ocidentais para conseguir atravessar o traiçoeiro estreito; a tripulação do *San Antonio* desertou e retornou à Espanha.

Eles anotaram no diário de bordo 330 milhas* – menos de 10 milhas por dia – até que finalmente emergiram no mar aberto do Pacífico. Como Colombo quando avistou terra pela primeira vez no Caribe trinta anos antes, eles não tinham a mínima ideia de onde estavam – e com certeza não faziam ideia alguma de que o oceano que se encontrava diante deles era tão vasto. Magalhães se dirigiu para o norte e, finalmente, a oeste, conduzindo-se ao vasto e vazio Pacífico. Com a maioria das provisões da expedição para seu retorno à Espanha no amotinado *San Antonio*, Magalhães juntou toda a sua força de liderança e coragem para fazer com que a frota seguisse adiante. Seus homens, tomados por escorbuto e com sede, tiveram de se contentar em mascar couro fervido e comer ratos, até que por fim chegaram a Guam, em 6 de março de 1521, seu primeiro desembarque em 99 dias.

Magalhães navegou até as Filipinas, tornando-se o primeiro europeu a chegar às ilhas, onde inocentemente se envolveu em uma guerra local em nome do rei de Cebu. Ele foi morto por uma flecha envenenada, enquanto atacava a ilha de Mactan.

Dois de seus navios sobreviventes prosseguiram viagem até as Ilhas das Especiarias, onde foram carregados com a carga valiosa, e um deles, o *Victoria*, completou a circum-navegação do globo ao redor do

---

* N.T.: Equivale a cerca de 530 quilômetros.

Cabo da Boa Esperança, e retornou a Sevilha em 9 de setembro de 1522. Sua carga de especiarias foi o suficiente para pagar pela expedição, mas voltou com apenas 18 europeus e quatro índios sobreviventes.

MONTE VIDEO!

A capital do Uruguai, Montevidéu, recebeu seu nome da viagem de Magalhães. O monte, no qual ela foi construída, foi avistado enquanto seu navio sondava o estuário do Rio da Prata. "Monte video" (Eu vejo um monte), gritou Magalhães. Navegando pelo Estreito de Magalhães que hoje leva seu nome, a tripulação de Magalhães viu fogueiras queimando na praia. Elas tinham sido acesas pelos caçadores nativos e, assim, os marinheiros chamaram o lugar de Tierra del Fuego – *Terra do Fogo.*

Quando a frota de Magalhães emergiu no mar aberto, seus homens se sentiram tão aliviados em encontrar o mar calmo que eles chamaram o oceano que estava diante deles de Mare Pacifico, *o Oceano Pacífico.*

Fernão de Magalhães é seu nome em português; em espanhol, Fernando de Magallanes.

Um membro da tripulação, o italiano Antonio Pigafetta, manteve um diário de toda a jornada ao redor do mundo – uma fonte importante para nossa informação sobre essa jornada épica.

HERNÁN CORTÉS

Hernán Cortés (1485-1547) foi um explorador espanhol que liderou um pequeno exército, que conquistou o poderoso Império Asteca no México. Sua ousadia militar garantiu uma vitória impressionante, que inspiraria outros a invadir os territórios em busca de riquezas por toda a América Central e do Sul.

Em Vera Cruz, Cortés ordenou que se afundasse toda a sua frota, exceto um único navio; seus homens agora teriam de acompanhá-lo ou morrer.

CRONOLOGIA

1485: Nasce em Medelín, Extremadura.
1504: Navega para o Novo Mundo.
1511: Junta-se a Diego Velázquez na conquista de Cuba.
1519: Cortés lidera expedição no México.
1521: Conquista os astecas.
1524: Lidera expedição em Honduras.
1528: Navega de volta à Espanha.
1530: Retorna ao México.
1540: Aposenta-se na Espanha.
1547: Morre em Sevilha, Espanha, em 2 de dezembro.

CORTÉS NASCEU EM Medelín, em Extremadura, Espanha, em uma família humilde. Ele estudou Direito na Universidade de Salamanca, mas saiu sem terminar seus estudos e decidiu, como muitos outros jovens aventureiros espanhóis da época, procurar sua fortuna no Novo Mundo. Cortés estava com 19 anos quando, em 1504, navegou para a ilha de Hispaniola (atual Santo Domingo), onde recebeu terras e escravos índios, sendo também nomeado notário. Em 1511, ele participou da conquista de Cuba sob o comando de Diego Velázquez, um soldado influente que se tornaria o governador de Cuba. Cortés foi duas vezes eleito o prefeito da capital, Santiago de Cuba.

Em 1518, Cortés convenceu Velázquez a nomeá-lo líder de uma expedição no continente mexicano, que havia sido descoberto apenas recentemente. Em fevereiro de 1519, Cortés partiu de Cuba com 11 navios e um exército de 600 homens e 16 cavalos. Ele desembarcou na Península de Yucatán e conquistou a cidade de Tabasco. Os índios primitivos que estavam parados ao longo da costa pensaram que os navios espanhóis eram "montanhas flutuantes" e ficaram aterrorizados quando viram homens brancos e barbudos. A chegada de Cortés coincidia com a profecia do retorno de Quetzalcoatl, um deus asteca. Os homens estranhos, seus cavalos e armas intimidaram os nativos e Cortés explorou

suas crenças de que era a reencarnação de seu deus, e assim eles o receberam junto com seus tripulantes de forma amigável.

Os tabascanos contaram a Cortés sobre o deslumbrante Império
Asteca cheio de riquezas e seu grande imperador guerreiro Montezuma.
Eles deram aos espanhóis alimentos e mulheres; uma delas, Malinche,
foi batizada com o nome de Marina e tornou-se a companheira de Cortés. Suas habilidades como guia e intérprete, e sua astúcia, foram cruciais para a expedição.

Os espanhóis partiram para o norte de Tabasco e Cortés estabeleceu o porto fortificado de Vera Cruz. Ali, em uma atitude ousada
de determinação, Cortés mandou afundar toda a sua frota, exceto um
navio; seus homens agora teriam de acompanhá-lo ou morrer.

Os astecas eram soberanos poderosos, mas não fizeram muito para
assimilar suas províncias subalternas. Com crueldade, Cortés explorou
essa divergência que havia dentro do Império Asteca. Ele formou alianças com os diferentes povos que ressentiam e temiam seus soberanos
astecas, especialmente os tlaxcaltecas, e conquistou milhares de aliados
locais.

Ignorando as ameaças que havia recebido de Montezuma, Cortés
liderou seu exército e seus aliados nativos até a capital, Tenochtitlán,
uma cidade construída sobre ilhas flutuantes, que é a atual e moderna
Cidade do México, em 8 de novembro de 1519. Montezuma deu boas-
vindas aos espanhóis, mas Cortés, antecipando suas segundas intenções, pegou Montezuma como refém e fez com que jurasse lealdade
ao rei da Espanha. Enquanto isso, o governador Velázquez, invejando
o sucesso de Cortés, enviou um pequeno exército ao México sob o comando de Narváez para reprimir Cortés por insubordinação. Cortés
deixou Pedro de Alvarado em comando de Tenochtitlán, enquanto foi
se encontrar com o exército de Narváez, que era três vezes maior que
seu próprio exército. Infiltrando-se à noite no acampamento espanhol,
Cortés capturou Narváez e obrigou suas tropas a se alistarem no próprio
exército de Cortés.

Quando retornou, ele encontrou a capital asteca em um caos total: o pequeno regimento de Alvarado havia sido atacado. Ele retaliaria
matando centenas de astecas durante um festival, causando uma revolta sangrenta. Montezuma foi morto – provavelmente apedrejado até a
morte, apesar de relatos sobre sua morte divergirem – e os espanhóis e
seus aliados foram expulsos pela trilha que levava para longe da cidade
durante a noite de 30 de julho de 1520 ("Noite Triste"). Mas Cortés
reuniu seu exército em retirada, derrotou um contra-ataque asteca e

alguns meses depois retornou para cercar a cidade. Dessa vez, ele usou bergantins para controlar o lago no qual a cidade havia sido construída e, depois de uma luta sangrenta, Tenochtitlán foi finalmente derrotada com pólvora, cavalos e armas em 13 de agosto de 1521; a luta heroica dos astecas havia terminado.

A Cidade do México foi construída sobre as ruínas da antiga capital asteca e a colonização do México procedeu de forma rápida. Cortés agora era o governante absoluto das vastas terras e foi nomeado governador e capitão geral da Nova Espanha, como o México era chamado naquela época.

Mas seu grande poder estava começando a ruir; a corte espanhola temia que Cortés pudesse se tornar um governante independente e ele havia feito inimigos poderosos, especialmente Velázquez, que montou uma campanha política contra ele na Espanha. Cortés revidou enviando cinco cartas ao rei Carlos V da Espanha.

Ele continuou a liderar expedições no fim de sua vida, mas nenhuma foi tão bem-sucedida como a conquista dos astecas. Navegou de volta à Espanha em 1528, para se defender diante do rei das acusações de crueldade contra os nativos, mas retornou ao México em 1530, e aposentou-se em sua propriedade, próxima à Cidade do México. Quando um vice-rei foi nomeado para governar o México em 1540, o desiludido Cortés mudou-se de volta à Espanha, onde morreu em 1547.

UMA CONQUISTA CRUEL

Quando Cortés e seus espanhóis chegaram ao México, os índios, que nunca haviam visto cavalos antes, acharam que o cavalo e o cavaleiro eram uma única criatura.

Versos de Flores e Canções Tristes *(escrito por um poeta asteca pós-conquista): "Nada além de flores e canções tristes foi o que restou no México e Tlatelolco, onde uma vez existiram guerreiros e sábios".*

Na época de seu julgamento na Espanha, Cortés afastou a multidão para se dirigir ao rei Carlos V. Irado, disse ele: "Eu sou o homem que conquistou mais províncias para vós do que vosso pai vos deixou em cidades".

JAMES COOK

O capitão James Cook (1728-1779) foi um explorador que fez três grandes viagens oceânicas e transformou o mundo conhecido atualmente colocando a Austrália, a Nova Zelândia e a Antártica e os vastos territórios do Pacífico no mapa.

"Eu tinha ambições não somente de ir aonde nenhum homem tenha chegado antes, mas até tão longe quanto fosse possível a um homem chegar."

CRONOLOGIA

1728: Nasce em Marton, Yorkshire, em 27 de outubro.

1736: A família fixa residência em Great Ayton.

1744: Cook começa a trabalhar em Staithes.

1746: Cook se muda para o sul em Whitby; encontra emprego com o capitão John Walker.

1755: Ingressa na Marinha Real como um simples marinheiro.

1759: Participa do mapeamento do Rio São Lourenço, no Canadá.

1760-1767: Mapeia as ilhas de Newfoundland, St. Pierre e Miquelon fora da costa leste do Canadá.

1768-1771: Primeira viagem ao redor do mundo no *Endeavour*.

1772-1775: Segunda viagem ao redor do mundo nos navios *Resolution* e *Adventure*.

1776-1780: Terceira viagem ao redor do mundo nos navios *Resolution* e *Discovery*.

1779: Morto no Havaí, em 14 de fevereiro.

FILHO DE UM TRABALHADOR do campo no vilarejo de Marton, em Yorkshire, Cook abandonou a escola aos 12 anos e foi ser auxiliar de mercearia na cidade portuária de Staithes. A costa de Yorkshire cercada de penhascos o chamava para o mar e, em 1746, Cook se mudou para a cidade vizinha de Whitby a fim de trabalhar para um transportador de carvão chamado John Walker. Ele passaria onze anos servindo esse iluminado *Quaker*, aperfeiçoando sua habilidade em pilotar um barco, transportando carvão, subindo e descendo a traiçoeira costa leste da Inglaterra para os portos noruegueses, bálticos e irlandeses. Por volta dos 27 anos, ele já havia chegado a primeiro marinheiro e alistou-se na Marinha Real como um hábil marinheiro. Sendo rapidamente promovido, já era mestre aos 29 anos.

Depois de servir na batalha na Baía de Biscay, Cook foi despachado para o Canadá, onde foi incumbido de uma tarefa perigosa para avaliar o Rio São Lourenço. Enfrentando nativos hostis, Cook desenhou a cartografia subindo o canal, onde a frota inglesa levaria o general Wolfe e seus homens, em 1759, para atacar as Planícies de Abraão e retomar a cidade de Quebec dos franceses. Três anos depois, Cook participou da retomada de Newfoundland e foi comissionado para avaliar a topografia da costa leste do Canadá. Ele produziu um trabalho escrito sobre o eclipse solar que observou na costa de Newfoundland, em 1766; isso lhe rendeu uma grande oportunidade.

Impressionado pelo trabalho e por sua reputação de habilidoso navegador, a Sociedade Real e o Almirantado decidiram enviar o tenente Cook em uma expedição ao Pacífico Sul para fazer mais observações astronômicas e determinar de uma vez por todas se a *Terra Australis* realmente existia. Apenas partes do grande Território Sul haviam sido prospectadas e ninguém conhecia sua total extensão, como também não tinham certeza de que se tratava de um continente.

Cook partiu em 25 de agosto de 1768, no *Endeavour*, um carvoeiro de Whitby convertido em navio, com 85 homens, incluindo uma equipe de cientistas, entre eles Joseph Banks. Depois de uma parada no Taiti, na primavera de 1769, Cook navegou ao sul em busca do continente desconhecido, chegando à Nova Zelândia seis semanas depois. Ele fez contato, na maioria amigável, com os maoris, circumnavegou a região, desenhou o mapa cartográfico tanto das ilhas do sul como das do norte (os estreitos entre eles levam seu nome) e, na Enseada da Rainha Carlota, Cook formalmente tomou posse das ilhas em nome do rei George III.

Saindo da Nova Zelândia, o *Endeavour* seguiu ao norte e, 19 dias depois, Cook avistou pela primeira vez a grande ilha continental da Austrália. Ele navegou subindo pela costa leste e, finalmente, ancorou na Baía Botânica. Mais uma vez, levou um grupo até a praia e hasteou a bandeira do Reino Unido para reivindicar a terra, que nomeou de Nova Gales do Sul. Ele ganhou novos e vastos territórios sem derramar uma gota de sangue, embora a expedição tenha chegado perto de um desastre, quando o *Endeavour* se chocou contra um recife no caminho de retorno.

De volta à Inglaterra, Cook foi promovido a comandante e despachado em uma segunda viagem, em 1772, com dois navios, o *Resolution* e o *Adventure* – desta vez para explorar os mares ao redor da Antártica e "completar a descoberta do hemisfério sul". A segundo viagem durou três anos, durante os quais Cook cobriu 60 mil milhas,* atravessando o Atlântico sul glacial e tornando-se o primeira a navegar

*N.T.: Equivale a cerca de 96 mil quilômetros.

ao redor da Antártica, e preenchendo até ali as regiões em branco do mapa do Oceano Pacífico, incluindo as Ilhas Marquesas e Tonga. Essa viagem estabeleceu o mapa do mundo como o conhecemos hoje e os registros de sua navegação na gélida Antártica abriram caminho para os grandes exploradores polares nos próximos séculos.

A terceira e última expedição de Cook foi em busca da passagem do norte – uma passagem marítima no topo do mundo que ligaria o Pacífico ao Atlântico. Com o *Resolution* e o *Discovery*, o recém-promovido capitão Cook partiu em 1776, navegando pela Austrália e Nova Zelândia, antes de atacar o norte do Pacífico em águas não mapeadas além do Estreito de Bering. Seu caminho estava bloqueado por uma parede de gelo no Cabo Glacial, e, depois de mapear o nordeste da Sibéria, Cook retornou às águas mornas do Pacífico Sul. Seus dois navios ancoraram na Baía de Kealakekura, no Havaí, em janeiro de 1779. Lá ele foi morto algumas semanas depois em um conflito com habitantes da ilha após o roubo de um barco.

O CALDO DE COOK

O cuidado que Cook tinha com a higiene e a dieta foi algo revolucionário – e salvou vidas. Como prevenção contra o escorbuto, na época o maior responsável pelas mortes em longas viagens marítimas, ele forçava seus homens a beber seu "caldo". Era feito de cocleária, geleia de cenoura, repolho azedado, xarope de limão e outros ingredientes vegetais. Era provavelmente nojento, mas funcionou.

O naturalista Joseph Banks, entusiasmado com as novas plantas e flores que descobrira nas praias, persuadiu Cook a nomear sua primeira ancorada na Austrália de Baía Botânica. Banks exagerou um pouco em sua descrição dos campos nas redondezas, quando os primeiros condenados lá chegaram dezenove anos depois da descoberta: os "prados" eram na realidade pântanos.

ROBERT PEARY

Explorador polar norte-americano, creditado como sendo o primeiro homem a pisar no Polo Norte. O mais obcecado de todos os exploradores árticos, Peary inspirou sua pequena equipe em uma incrível "corrida para o Polo" de quatro dias que os faria ser os primeiros a alcançar o topo do mundo.

"A sorte e todo o inferno estão contra mim, mas eu ainda conquistarei."

CRONOLOGIA

1856: Nasce em Cresson, Pensilvânia, em 6 de maio.

1881: Ingressa na Marinha dos Estados Unidos como cartógrafo.

1885: Torna-se obcecado com a ideia do Polo Norte e uma exploração ártica.

1886: Primeira expedição à Groenlândia.

1891: Segunda expedição à Groenlândia: Peary e Henson alcançam a costa norte da Groenlândia.

1906: Alcança a posição mais longe ao norte de 87° 6'; publica um relato de suas viagens, *Nearest the Pole*.

1909: A equipe de Peary se torna a primeira a chegar ao Polo Norte, em 6 de abril.

1911: Aposenta-se da Marinha como contra-almirante.

1920: Morre em Washington, em 20 de fevereiro.

ROBERT PEARY NASCEU EM CRESSON, Pensilvânia, em 1856. Seu pai morreu quando ele tinha 2 anos, deixando o pequeno Robert para ser criado por sua mãe. Com uma infância tranquila e aventureira, Robert passava mais tempo brincando ao ar livre do que sentado dentro de casa. Aos 24 anos, Peary se alistou na Marinha dos Estados Unidos como cartógrafo e aceitou um posto no projeto de um canal na Nicarágua. Enquanto estava na Nicarágua – onde a floresta no início o havia atraído e agora parecia ser muito calma – foi que Peary leu um livro sobre o Ártico e sua imaginação foi às nuvens com a ideia de uma exploração polar.

Em 1886, de férias da Marinha, ele deu início à sua primeira expedição, à Groenlândia, com o objetivo fixo de cruzar no seu ponto mais largo. Apesar de sua tentativa ter sido um fracasso – na realidade Peary viajou menos de 100 milhas* antes de ser forçado a recuar –, a experiência confirmaria a crescente obsessão de Peary com o Ártico e com sua realização: "Eu devo alcançar a fama!", escreveu em uma carta para sua mãe enquanto se encontrava na Groenlândia. O Ártico era onde Peary pretendia encontrar sua fama, como sendo o primeiro homem a chegar ao Polo Norte.

---

*N.T.: Equivale a cerca de 160 quilômetros.

Essa obsessão tinha também seu lado negro: quando soube do sucesso do explorador norueguês Fridtjof Nansen, cruzando a Groenlândia em 1888, Peary ficou enfurecido, esbravejando contra a "traição" de Nansen, e contra ele ser o "antecipador" (palavra favorita de Peary) dos seus planos, apesar de Nansen ter planejado sua expedição muito antes de Peary sequer ter ouvido falar da Groenlândia. Fergus Fleming, em seu incrível relato sobre a conquista do Polo Norte, *Ninety Degrees North* [Noventa Graus Norte], descreve Peary como "o mais impulsivo, possivelmente o que teve melhor êxito e, provavelmente, o homem mais desagradável nos anais da exploração polar", e, lendo os relatos sobre o relacionamento de Peary com seus companheiros em suas expedições, é difícil discordar desse veredito.

Embora, sem dúvida alguma, Peary fosse uma pessoa desagradável, não há como negar sua tenacidade: em sua segunda expedição em 1891, Peary se recusou a voltar para casa mesmo depois de ter quebrado a perna na viagem de ida, com teimosia insistindo que fosse carregado sobre o gelo em uma prancha. Quem também estava com Peary em sua expedição era o dr. Frederick Cook, cuja declaração em 1908 de que fora o primeiro a chegar ao Polo levaria a uma acirrada e duradoura controvérsia (atualmente existe uma Sociedade Frederick Cook, cujo objetivo é provar a conquista do Polo feita por seu herói), e Matthew Henson, o assistente afro-americano de Peary, um homem que, principalmente por causa da sua cor, tem recebido muito pouco espaço de reconhecimento nos anais da exploração ártica.

A expedição alcançou a costa norte da Groenlândia (embora não fosse seu ponto extremo ao norte, como Peary erroneamente acreditava na época) e provou que a Groenlândia era de fato uma ilha. Peary retornaria dessa expedição com dois meteoritos de ferro, considerados sagrados para os inuítes, como também seis inuítes.

Entre 1887 e 1906, Peary fez várias expedições ao Ártico, passando um total de nove dos próximos 16 anos nas regiões polares. A expedição de Peary de 1906 foi a que alcançou mais longe ao Norte de 87° 6', apenas cerca de 170 milhas* do objetivo final do Polo. *Nearest the Pole* [O mais próximo do Polo], o relato de Peary sobre a expedição, foi publicado em 1907; no entanto, nessa época, o público americano, talvez cansado de ler nas manchetes dos jornais "Peary Fracassa Novamente", estava perdendo o interesse pelo Ártico, e o livro acabou não vendendo bem. Mais preocupante ainda para Peary é que ele estava tendo mais dificuldades em levantar fundos para sua próxima expedição,

---

* N.R.: Equivale a cerca de 272 quilômetros.

embora fizesse uma série de palestras famosas ao redor do país. Nesse período, a chance de Peary de conseguir chegar ao Polo parecia nula. Ironicamente, a declaração feita por Cook de que ele estava na Groenlândia e faria uma corrida para chegar até o Polo parece ter mexido com a imaginação pública uma vez mais, e os financiamentos começaram a aparecer, entre outros da viúva do senador Morris Jesup, uma pessoa que há muito tempo apoiava Peary e que ele havia homenageado, nomeando o cabo ao norte da Groenlândia.

Em 6 de julho de 1908, Peary partiu mais uma vez para a Groenlândia, a bordo do *Roosevelt*, um navio construído de acordo com suas especificações e nomeado em homenagem ao presidente dos Estados Unidos, que foi pessoalmente às docas desejar uma boa viagem a Peary. Com uma breve parada no porto de Etah, na Groenlândia, a expedição rumou rapidamente pelo mar até o Cabo Sheridan, na Ilha Ellesmere, e de lá seguiram de trenó até o Cabo de Columbia, uma jornada de 90 milhas* aproximadamente. Foi a partir desse ponto que Peary montou sua última "corrida para o Polo". Quatro dias e 120 milhas* depois, de acordo com o relato de Peary, ele e seu pequeno grupo fincaram o pé no ponto mais extremo ao norte do planeta: 90° norte. Ele havia vencido a corrida.

UMA POSIÇÃO CONTROVERSA

Embora a declaração de Peary de ter sido o primeiro no Polo Norte fosse aceita naquela época, inconsistências em seu relato sobre o feito, desde então, têm gerado dúvidas se Peary de fato chegou até o Polo. O fato de ter viajado uma média de 30 milhas por dia é um feito que jamais foi repetido, nem mesmo pelas expedições modernas e equipadas com motos de neve. Quando obstáculos naturais tais como trilhas – trechos de água no gelo – e formações de sulcos sinuosos de gelo são fatores a se considerar, o relato de Peary começa a parecer um pouco fantástico. O fato de Peary não ter feito leituras de longitude, tornando impossível para ele determinar se estava se dirigindo devidamente ao norte do Cabo de Columbia, também sugere que ele não tinha como saber se tinha alcançado o Polo Norte ou não.

A questão se Peary realmente alcançou o Polo Norte permanece aberta. Parece claro que, se ele não o fez, chegou muito perto do seu objetivo; mais próximo do que qualquer um, até a expedição de Kusnetsov, em 1948.

---

* N.T.: Equivale a cerca de 145 quilômetros.
* N.T.: Equivale a cerca de 192 quilômetros.

ROALD AMUNDSEN

Roald Amundsen (1872-1928) foi um explorador norueguês que liderou a primeira expedição com êxito ao Polo Sul. Ele também foi o primeiro a fazer uma viagem marítima pela Passagem do Noroeste e um dos pioneiros da aviação ártica.

Ao saber que Peary havia reivindicado o Polo Norte, Amundsen decidiu rumar ao sul.

CRONOLOGIA

1872: Nasce em Borge, próximo a Oslo, em 16 de julho.
1897: Inverna na Antártica a bordo do *Belgica*.
1903-1905: Atravessa a Passagem Noroeste a bordo do *Gjöa*.
1911: Chega ao Polo Sul, em 14 de dezembro.
1920: Completa a Passagem Noroeste.
1926: Torna-se possivelmente o primeiro homem a ver o Polo Norte.
1928: Morre em um acidente de avião, perto de Spitsbergen.

FILHO DE UM ARMADOR, Amundsen estudou Medicina por um curto período, mas a aventura estava em suas veias e desistiu de uma carreira convencional e foi para o mar ainda jovem. Em 1897, ele se juntou a uma expedição belga, no *Belgica*, que ficou encalhado no gelo durante 13 meses e tornou-se o primeiro barco a passar o inverno na Antártica. A tripulação sobreviveu se alimentando de foca. Seis anos depois, em 1903, Amundsen adquiriu seu próprio barco, uma corveta de 47 toneladas, *Gjöa*, e com uma tripulação de sete homens tornou-se o primeiro a navegar pela Passagem Noroeste. Cruzando rotas traiçoeiras e atravessando o gelo entre o Canadá e as ilhas árticas, a viagem levou quase três anos e terminou em 1905, em San Francisco, onde Amundsen apresentou a *Gjöa* para a cidade.

Os desertos gélidos da Passagem Noroeste estimularam o apetite de Amundsen para uma exploração polar e isso fez com que se tornasse famoso no mundo todo. Agora ele colocaria sua mente na conquista do Polo Norte, mas desistiu de seus planos de cruzar a calota polar no *Fram*, quando recebeu a notícia de que o explorador norte-americano Robert Peary reivindicou que havia chegado primeiro ao Polo Norte. Amundsen decidiu então navegar ao sul. Ciente de que o explorador britânico Robert Falcon Scott já estava à sua frente no que se tornaria uma corrida para chegar primeiro ao Polo Sul, ele partiu mantendo o maior sigilo. Nem sequer havia informado sua tripulação do *Fram*, que acreditava que se dirigiam ao Polo Norte, enquanto não estivessem bem adiantados no caminho. De qualquer forma, Amundsen enviou um telegrama para Scott anunciando suas intenções – certificando-se de que o telegrama somente fosse enviado depois que estivesse além do ponto de retorno.

Amundsen já era um viajante polar altamente experiente. Ele estabeleceu uma base de inverno na Baía das Baleias, à margem da plataforma Ross e a 60 milhas (96 quilômetros) mais próxima do Polo Sul que a base de Scott, na Enseada McMurdo. Ele se preparou para essa futura expedição estocando pacotes de alimento; diferentemente de Scott, ele usou cães de trenó da Groenlândia para carregar sua carga. Scott contou com trenós tratorizados e pôneis, sendo que ambos fracassaram.

Depois de invernar na sua base, Amundsen partiu em setembro – início da estação – e foi forçado a retornar por causa do mau tempo. Ele tentou novamente no mês seguinte, deixando o acampamento em 20 de outubro com quatro companheiros, 52 cães e quatro trenós. Eles chegaram ao Polo Sul na sexta-feira, às 15h, de 14 de dezembro, passaram três dias por lá e retornaram com segurança à base, em 25 de janeiro. Enquanto isso, Scott e sua equipe chegariam ao Polo Sul em 17 de janeiro; forçados a puxar seus trenós e enfrentando um tempo atroz, todos morreram na viagem de retorno.

Amundsen foi mais afortunado com o tempo que encontrou pela frente, mas no final ele prevaleceu por causa do seu conhecimento das condições polares, sua atenção meticulosa pelos detalhes e sua extrema resistência física. Um gigante com mais de 1,80 metro de altura, era duro com ele mesmo e era um líder exigente. Ele também estava cheio de dívidas, outra motivação convincente para alcançar um sucesso espetacular.

Depois do Polo Sul, Amundsen embarcou em uma última jornada polar, quando navegou no *Maud*, atravessando do topo da Sibéria para o Alaska, entre 1918 e 1920, para se tornar apenas a segunda pessoa a navegar pela Passagem Noroeste.

Mais tarde, Amundsen assumiria a aviação ártica e, em maio de 1926, voou em um avião italiano, o *Norge*, pelo Polo Norte em um voo de 70 horas, o primeiro voo da Europa à América do Norte via Polo Norte. Ele dividiu o voo com o projetista italiano do *Norge*, Umberto Nobile, e com um aviador norte-americano, Lincoln Ellsworth. Nobile e Amundsen brigaram sobre quem deveria receber as honrarias pelo primeiro voo transpolar. Em uma virada do destino, Amundsen saiu de seu retiro dois anos depois, em 1928, para ajudar na busca por Nobile, quando seu novo avião, *Italia*, havia caído durante um voo polar. Nobile foi finalmente resgatado, mas a última vez que conseguiram se comunicar com Amundsen foi no dia 28 de junho. "Se você apenas soubesse como é esplêndido estar aqui em cima, é onde eu gostaria de morrer", havia dito. Ele realizou seu desejo.

UMA VIDA DE CÃO

Amundsen disse que seus 97 huskies da Groenlândia foram cruciais para seu sucesso. "Os cães são as coisas mais importantes para nós", disse ele. "Todo o resultado da expedição depende deles."

Durante a expedição, eles tiveram de sistematicamente destruir os mais fracos para fornecer comida para a matilha sobrevivente. Cerca de 24 cães foram mortos, no que se tornou conhecido como o Açougue, no topo da geleira de Axel Heiberg, antes da puxada final ao Polo Sul, onde seis mais foram mortos. Um total de 11 cães retornou à base.

O telegrama para Scott estava correto, mas resumido: "Imploro que informe se segue à Antártica, Amundsen".

ERNEST SHACKLETON

Sir Ernest Shackleton (1874-1922) foi um explorador polar irlandês que chegou a 97 milhas de ser o primeiro no Polo Sul e que cruzou o Oceano Atlântico em um barco aberto, conduzindo todos os seus tripulantes com segurança de volta para casa depois de ter perdido seu navio.

"As dificuldades são apenas coisas que devem ser superadas, no final das contas."

CRONOLOGIA

1874: Nasce em Kilkea, condado de Kildare, em 15 de fevereiro.
1890: Ingressa na Marinha mercante.
1901-1903: Membro da expedição *Discovery*, de Robert Scott.
1907-1908: Lidera a expedição antártica *Nimrod*.
1914-1916: Lidera a expedição antártica *Endurance*.
1922: Morre em Grytviken, Geórgia do Sul, em 5 de janeiro.

N ASCIDO EM KILKEA, condado de Kildare, e educado na Faculdade Dulwich em Londres, Shackleton se alistou na Marinha mercante em 1890, e navegou ida e volta ao Extremo Oriente e à América para ganhar seu certificado de mestre em 1898. Ele então se tornaria oficial da Union Star e também se alistaria na Reserva da Marinha Real Britânica. Juntou-se à expedição *Discovery*, de Roberto Falcon Scott, como terceiro tenente, em 1901-1903, e participou com Scott e Edward Wilson na viagem de trenó, passando pela plataforma Ross até a latitude 82º16'S – o ponto mais extremo ao sul onde ninguém havia ainda chegado. Retornou para casa mais cedo e doente, mas decidido a se tornar o primeiro homem a chegar ao Polo Sul.

Shackleton voltou à Antártica em 1907-1909, dessa vez como líder da expedição *Nimrod*, e, acompanhado de uma equipe de trenó liderada por ele, alcançou a latitude 88º23'S, apenas 97 milhas (156 quilômetros) faltando para chegar ao Polo Sul. Outra equipe da expedição conseguiu alcançar o Polo Sul magnético. Ambas as equipes sobreviveriam sob condições extremas, acima de tudo fome. "As dificuldades são apenas coisas que devem ser superadas, no final das contas", Shackleton escreveu em seu diário. Sempre pronto para compartilhar as dificuldades, ele era muito estimado pela sua tripulação, que o chamava carinhosamente de "o Patrão". Ele foi um herói em seu país e recebeu o título de cavaleiro quando retornou à Inglaterra.

Depois de meses de insistentes arrecadações de fundos e escolha dos 56 voluntários, Shackleton partiu novamente para o sul em agosto de 1914, durante o início da guerra mundial. O plano era fazer a primeira travessia da Antártica, saindo da base no Mar de Weddell via Polo Sul até a Enseada McMurdo, mas o navio *Endurance* da expedição colidiu com uma grossa camada de gelo e ficou à deriva por dez meses antes de se chocar em um banco de gelo. O navio desapareceu debaixo do gelo, deixando Shackleton e seus tripulantes no "fim" do mundo à deriva sobre blocos de gelo flutuantes com tudo o que conseguiram salvar. Depois de cinco meses sobre os blocos de gelo, enquanto o gelo debaixo deles começou a trincar, Shackleton liderou sua tripulação para os barcos que haviam salvado do *Endurance*, e o grupo finalmente conseguiu desembarcar com segurança na Ilha Elefante, ao sul das Ilhas Shetland.

De lá, Shackleton embarcou em uma das mais perigosas e ousadas travessias marítimas. Junto com cinco outros tripulantes, navegou com o mais rigoroso dos barcos de salvamento que havia restado, o

James Caird, mais de 800 milhas* em águas gélidas e tempestuosas até a Geórgia do Sul. Assim que desembarcou, o grupo fez a primeira travessia da montanhosa ilha coberta de gelo para buscar ajuda na estação de salvamento situada na costa norte. Shackleton então liderou quatro expedições de salvamento até que conseguiu resgatar o resto da sua tripulação na Ilha Elefante. Sua última e grande realização foi levar todos de volta vivos.

---

* N.T.: Equivale a cerca de 1.280 quilômetros.

UM BARCO ABERTO

A jornada com o barco aberto levou 14 dias; eles tiveram de enfrentar icebergs e furacões, superando a fome, o frio e a sede, em um redemoinho de ondas do Atlântico Sul, que Shackleton descreveu como o maior que havia visto em 26 anos no mar.

Eles desembarcaram a 17 milhas da estação de salvamento de Stromness. Shackleton deixou para trás dois membros de sua tripulação e com outros dois atravessou os glaciais, as paredes de gelo e as montanhas da Geórgia do Sul em busca de ajuda.

Depois de três tentativas fracassadas, Shackleton saiu com o barco a vapor chileno Yelcho *para resgatar seus homens na Ilha Elefante. Todos eles estavam vivos, depois de terem sobrevivido por 105 dias.*

ANDREW CARNEGIE

Andrew Carnegie (1836-1919) era um industrial escocês que se tornou "o homem mais rico do mundo". Ele construiu e dominou a indústria metalúrgica americana, mas doou 90% de sua fortuna, afirmando que um homem que morre rico, morre na desgraça.

"É a mente que faz o corpo rico."

CRONOLOGIA

1836: Nasce em Dunfermline, Escócia, em 25 de novembro.

1848: A família se muda para Allegheny, Pensilvânia, Estados Unidos.

1853: Torna-se assistente pessoal de Thomas Scott na Pennsylvania Railroad Co.

1859: Substitui Scott como superintendente da Pennsylvania Railroad Co.

1860: Faz investimentos certeiros em indústrias; sonda a indústria metalúrgica.

1865: Administra a Keystone Bridge Company.

1872-1873: Funda a metalúrgica J. Edgar Thomson Steel Works.

1889: Consolida os negócios na Carnegie Steel Co.

1900: O lucro da Carnegie Steel atinge 40 milhões de dólares. Sua parte, 25 milhões.

1901: Aposenta-se e dedica-se a interesses filantrópicos.

1919: Morre em Lenox, Massachusetts, em 11 de agosto.

ANDREW CARNEGIE

ANDREW CARNEGIE nasceu em Dunfermline, Escócia, em uma família humilde. Seu pai, um tecelão de lã, havia sido afetado pela introdução da máquina de tecelagem e pelo declínio econômico generalizado que assolava a Escócia e, em 1848, a família imigrou para Allegheny, Pensilvânia (hoje parte de Pittsburgh).

Carnegie começou a trabalhar ainda garoto carregando bobinas da fábrica de algodão, mas já aos 12 anos valorizava a importância da educação. Aprendeu a ler e escrever sozinho e frequentava a escola noturna. Ele se tornou mensageiro aos 14 anos na agência telegráfica, mas graças à sua memória apurada foi logo promovido a telegrafista. Por volta de 1853, foi escolhido por Thomas Scott, o superintendente da Companhia Ferroviária da Pensilvânia, como seu assistente pessoal e telegrafista, e logo demonstrou iniciativa e uma criatividade natural.

Em 1856, ele faria seus primeiros investimentos, usando um empréstimo bancário, na empresa de vagões-leito Woodruff. Isso teve tanto sucesso que, dentro de dois anos, Carnegie já estava ganhando três vezes mais que seu salário. Ele continuou obtendo êxito com outros investimentos industriais na Keystone Bridge Company, na Union Iron Mills, na Pittsburgh Locomotive Works e em um campo petrolífero. Durante a Guerra Civil, ele supervisionou as comunicações para o Exército da União, em seguida viajou à Europa para vender títulos ferroviários e, aos 30 anos, já era um homem rico.

Carnegie reconheceu a importância comercial das indústrias metalúrgicas e visitou as usinas metalúrgicas na Europa. Em 1865, desistiu da ferrovia, da qual havia se tornado superintendente, e tornou-se administrador dos seus próprios investimentos, a Keystone Bridge Company. Em 1872, fundou a metalúrgica J. Edgar Thomson Steel Works, que mais tarde se tornaria a Carnegie Steel Company. Carnegie introduziu

inovações tecnológicas, tais como o processo Bressemer de fabricação de aço que ele havia visto na Inglaterra, assim como a redução de custos e melhoria na eficiência.

Era criativo e foi o pioneiro da integração vertical. Isso significa que sua empresa controlava todas as etapas da fabricação: comprando a matéria-prima (campos de carvão e depósitos de minério de ferro), como também os meios de transporte (ferrovias e navios). Ele encorajava a promoção de seus empregados, comentando em certa ocasião que o J. P. Morgan, outro empresário de negócios, "compra seus parceiros, eu cultivo os meus". Carnegie era visto como um empregador dedicado até que reprimiu uma greve com os guardas armados da agência nacional Pinkerton, resultando nas mortes de 20 de seus homens.

Por volta de 1889, sua Carnegie Steel Company dominava o mercado metalúrgico americano. Mesmo durante uma depressão e greve em 1892, a empresa de Carnegie continuou lucrativa. Ele a vendeu a J. P. Morgan por 480 milhões de dólares, em 1901, e dedicou o resto de sua vida a causas filantrópicas. Montou fundações de caridade para beneficiar sua cidade natal, Dunfermline, como também distribuiu dinheiro para a expansão das universidades escocesas, na construção de bibliotecas, teatros e centros de bem-estar infantil. Os institutos, fundações e corporações de Carnegie foram fundados em Pittsburgh, Washington e Nova York. O atual edifício do Tribunal Internacional de Justiça, em Haia, foi construído como sendo Palácio da Paz, com fundos doados por Carnegie. Esse multimilionário com uma consciência social extraordinária doou 62 milhões de dólares às instituições britânicas e coloniais e a maior parte da sua fortuna – 350 milhões de dólares – a beneficiários nos Estados Unidos.

O VALOR DA EDUCAÇÃO

Carnegie desfrutava promover suas ideias de forma impressa. Em um livro de ensaios, O Evangelho da Riqueza (1900), ele escreveu: "Conheci milionários passando fome por falta dos nutrientes que sozinhos poderiam sustentar tudo aquilo que o homem tem de humano, e conheço trabalhadores, e muitos considerados pobres, que desfrutam de luxúrias que vão além do poder que aqueles milionários conseguem alcançar. É a mente que faz o corpo rico".

Ele acreditava que a educação era vital. Nunca se esqueceu da liberdade de poder usar uma pequena biblioteca doada em Pittsburgh, e isso motivou sua campanha mundial de construção de bibliotecas. Mais de 1.700 bibliotecas devem sua existência a Carnegie.

Quando o negócio foi fechado, J. P. Morgan parabenizou Carnegie por ser "o homem mais rico do mundo".

Carnegie e sua esposa, Louise Whitfield, tinham residências em Nova York e Lenox em Massachusetts. Até a Primeira Guerra Mundial, eles visitavam com frequência sua residência escocesa, o castelo Skibo, que haviam comprado em 1897.

O Carnegie Hall - a histórica sala de concerto em Nova York, inaugurado em 1891 e antiga casa da Orquestra Filarmônica de Nova York, - foi assim chamado como uma homenagem a ele.

JOHN D. ROCKEFELLER

John D. Rockefeller (1839-1937) foi o primeiro magnata do petróleo americano. Ele criou um monopólio e fez uma fortuna com sua Standard Oil Company, fornecendo combustível barato para as massas e, em seguida, doou milhões à caridade.

"Eu sempre considerei isso como uma obrigação religiosa, conseguir tudo o que eu puder e dar tudo o que puder."

CRONOLOGIA

1839: Nasce em Richford, Nova York, em 8 de julho.

1853: A família se muda para Cleveland.

1859: Primeiro negócio baseado em comissões.

1863: Constrói a primeira refinaria de petróleo, perto de Cleveland.

1870: Assume a liderança da Standard Oil Company.

1871: A Standard Oil controla a maioria das refinarias em Cleveland.

1881: Estabelece o primeiro negócio "trust" sob um conselho de nove fiduciários.

1882: A Standard Oil controla 90% do negócio americano de petróleo.

1890: O Congresso dos Estados Unidos sanciona a lei antimonopólio, a Lei Antitruste Sherman.

1891: A sociedade é dissolvida, mas o conselho dos nove continua no controle das operações das empresas afiliadas.

1896: Começa a doar seu dinheiro e tempo às instituições de caridade.

1899: Reúne as empresas afiliadas em uma empresa *holding*, Standard Oil Company (Nova Jersey).

1911: A empresa *holding* é declarada ilegal sob os termos da Lei Antitruste Sherman; Rockefeller se aposenta.

1937: Morre em Ormond Beach, Flórida, em 23 de maio.

JOHN D. (DAVISON) ROCKEFELLER nasceu em 1839, em Richford, Estado de Nova York, em uma família de descendentes alemães. A família se mudou para Cleveland, uma cidade em crescimento no meio-oeste americano, quando Rockefeller estava com 13 anos. Ele abandonou a escola aos 16 anos e, depois de três meses em um curso de negócios, começou a trabalhar como contador, em Cleveland. Em 1859, montou seu primeiro negócio como comerciante por comissão de grãos e outras mercadorias. Ele trabalhou duro, viveu de forma simples e economizou dinheiro, seguindo os passos de sua mãe devota, que o ensinou a amar profundamente a Deus, em vez de copiar seu pai nada confiável, apelidado de "Diabo Bill", e assim se tornou um membro ativo da Igreja Batista.

Enquanto isso, em 1859, o primeiro poço de petróleo havia sido perfurado em Titusville, a oeste da Pensilvânia, gerando o nascimento da indústria petrolífera. Cleveland se tornaria um importante centro de refinaria e Rockefeller logo reconheceria o potencial. O petróleo se tornou seu negócio. Em 1863, ele construiu uma refinaria em Cleveland e em menos de dois anos já era a maior da região. Comprou a parte de seus sócios e sua parte na indústria passou a se expandir rapidamente, ao passo que a demanda por querosene para iluminação aumentava. O petróleo precisava ser transportado e Rockefeller superou seus rivais ao obter taxas competitivas das companhias ferroviárias rivais e, em seguida, juntou as diferentes empresas e montou a Southern Improvement Company em uma jogada agressiva para minar seus concorrentes restantes.

Por volta de 1872, era poderoso e rico o suficiente para se lançar sobre eles, e engoliu 22 dos 26 concorrentes no que ficou conhecido como o "Massacre de Cleveland". Por meio de sua sociedade de participações, a Standard Oil, Rockefeller gradualmente conquistou o controle de toda a indústria – produção, refinaria, armazenagem e distribuição. Ele pensou alto e jogou alto, além de ser perspicaz. Em 1881, os títulos de ações da Standard Oil e seus afiliados formaram o primeiro "monopólio" dos Estados Unidos, com conselho de nove fiduciários. Em 1883, a Standard Oil tinha quase todo o monopólio do mercado petrolífero americano – dona de 75% dele e controlando 90%. Alarmado, o Congresso iniciou uma investigação e, em 1890, sansionou a Lei Antitruste Sherman para lidar especificamente com monopólios como o de Rockefeller, mas seu monopólio não estava documentado e, portanto, sua ilegalidade não pôde ser comprovada.

Onde o Congresso fracassou, o Estado de Ohio obteve êxito de forma parcial. Os fiduciários da Standard Oil (Ohio) foram ordenados a se dissolverem e a se reinventarem como uma "holding", mudando de nome para Standard Oil (Nova Jersey), em 1898. Com o carro motorizado gerando lucros cada vez maiores, em 1911, a Suprema Corte finalmente ordenou a divisão da matriz de Nova Jersey. As 38 empresas que ela controlava foram separadas em firmas individuais.

Rockefeller continuou como presidente da Standard Oil até 1911, mas havia se aposentado da administração diária da empresa em 1896, e dedicou o resto da vida a doar seu dinheiro. Evitando publicidade, como ocorria nos negócios, ele montou o Instituto Rockefeller para Pesquisas Médicas, o Conselho Geral da Educação e a Fundação Rockefeller. Ele também contribuiu com fundos para ajudar a fundar a Universidade de

Chicago e, em 1928, montou um fundo de auxílio infantil em memória à sua esposa. Rockefeller morreu na Flórida aos 97 anos.

UM CAPITALISTA MONOPOLISTA

Rockefeller era bem claro quanto à sua intenção: "matar o capitalismo competitivo em prol de um novo capitalismo monopolista".

Rockefeller se casou com Laura Spelman em 1864. Eles tiveram cinco filhos: quatro filhas e um filho, John, nascido em 1874, que assumiu os interesses filantrópicos do pai.

Disse ele: "Eu sempre considerei isso como uma obrigação religiosa, conseguir tudo o que eu puder e dar tudo o que puder".

Ele tinha residências no Rio Hudson, em Nova York, e na Flórida; quando estava aposentado, jogava golfe diariamente e dava moedas novas de dez centavos às crianças que encontrava.

Rockefeller admirava seu contemporâneo Andrew Carnegie, o magnata do aço, a quem escreveu, "Você tem doado mais dinheiro que qualquer homem vivo". O mesmo podia ser dito sobre Rockefeller, cujo nome se tornaria sinônimo de uma riqueza enorme.

HENRY FORD

Henry Ford (1863-1947) foi uma das forças impulsionadoras por trás do nascimento da indústria do carro motorizado e da sociedade consumista. Ele foi o criador da produção em massa de veículos e fundou uma empresa que fez com que carros, vans e caminhões rodassem ao redor do globo por mais de 100 anos.

"As pessoas podem ter o Modelo T em qualquer cor, contanto que seja preto."

FILHO DE UM PRÓSPERO fazendeiro imigrante irlandês, perto de Dearborn, em Michigan, Ford abandonou a escola aos 16 anos. Habilidoso com maquinário, foi trabalhar como aprendiz de usinagem na cidade vizinha de Detroit. Depois de três anos em vários trabalhos, retornou à fazenda de seu pai. Ele continuou mexendo e consertando máquinas, construiu uma locomotiva agrícola e também trabalhou meio período na Westinghouse Engine Company.

Em 1891, ele retornou a Detroit com sua jovem esposa, Clara Bryant, e começou a trabalhar como engenheiro na Edison Light Company. Seu trabalho era manter funcionando o serviço de eletricidade da cidade e isso lhe dava tempo para que frequentasse as aulas de desenho mecânico, contabilidade e administração na universidade local e também construísse um motor a gasolina, em 1893, e seu primeiro carro – o Quadriciclo – em 1896. O carro impressionou tanto o amigo de seu pai, W. C. Maybury, o prefeito de Detroit, que ele patrocinou um segundo e encorajou seus apoiadores a financiar a Detroit Automobile Company. Fracassou em menos de um ano, mas os mesmos patrocinadores financiaram uma empresa sucessora, a Henry Ford Company, com a qual Ford construiu vários carros de corrida de sucesso. A empresa recebeu o novo nome de Cadillac Automobile Company, usando os desenhos de Ford, mas com um motor diferente – ou seja, na realidade, o primeiro Cadillac era um Ford.

Com a ajuda de investidores locais de Detroit, Ford fundou a Ford Motor Company, em 1903. Ele estava determinado a fazer produção em massa de carros que fossem de preço acessível, em vez de servirem como meros brinquedos dos ricos, e começou a produção do Ford modelo T, em 1908, proclamando: "Construirei um carro motorizado para o grande público". Embora não fosse o primeiro a usar peças padronizadas e técnicas de linha de montagem, Ford foi de longe o mais bem-sucedido na produção automatizada e, por volta de 1914, sua fábrica em Highland Park, em Michigan, havia incorporado a primeira linha de montagem móvel. A primeira esteira transportadora automática do mundo conseguia montar um carro a cada 93 minutos, uma incrível melhoria comparada aos 728 minutos que levava uma montadora manual. Eventualmente, com o desenvolvimento da produção em massa, a fabricação de um modelo T caiu para apenas 24 segundos – reduzindo significativamente o custo de cada veículo.

A demanda levantou voo e, por volta de 1927, ele já havia vendido 15 milhões de "Tin Lizzies".* As pessoas podiam escolher "qualquer cor, contanto que fosse preto". Os lucros também alçaram voo, e, por trás deles, no início Ford teve de travar batalhas nas cortes para comprar suas ações originais a fim de que pudesse controlar sua vasta empresa automotiva sozinho. Ford não teve apenas sucesso como inovador no ramo da fabricação, foi também um pioneiro em termos de *marketing*. Ele inventou o sistema de vendas em concessionária para vender e consertar seus carros. Por volta de 1912, havia 7 mil concessionárias da Ford ao redor do país. Postos de gasolina e melhoria das estradas vieram logo em seguida e os subúrbios cresceram; o simples carro de Ford transformou o modo de vida americano.

Ele revolucionou a indústria automotiva pagando salários elevados – introduziu o salário mínimo de 5 dólares por dia, em 1914, e diminuiu o turno diário para oito horas –, mas era totalmente contrário a organizações trabalhistas. Um mandato judicial e uma greve em sua nova fábrica especializada em River Rouge, Michigan, no entanto, por fim forçaram-no a reconhecer os sindicatos trabalhistas, em 1941. Na época, River Rouge era uma fábrica gigantesca, produzindo tudo, desde o aço e pisos de madeira até a borracha para os pneus. Essa mesma falta de flexibilidade fez com que ele não gerasse um novo modelo até 1927, um atraso que custaria muito a Ford, naquilo que estava se tornando um crescente mercado competitivo.

---

* N.T.: No Brasil, o apelido era Ford Bigode.

Usando sua posição como líder industrial, Ford liderou uma missão de paz na Europa durante a Primeira Guerra Mundial. Depois da guerra, concorreu a uma vaga no Senado, sem obter êxito algum. Além de fabricar carros, Ford também comprou uma estrada de ferro, construiu aviões, foi proprietário de minas de carvão e plantações de madeira para abastecer suas fábricas, publicou um jornal e construiu um hospital, em Detroit. Ele se aposentou em 1945 e morreu dois anos depois, deixando grande parte das suas ações na Ford Motor Company para a Fundação Ford.

FORD E O ANTISSEMITISMO

Ford raramente ficava fora das manchetes de jornal e parecia disposto a gerar controvérsias. "A história é mais ou menos cheia de besteiras", disse ele em um caso de difamação contra o jornal Chicago Tribune, *que o havia chamado de "um ignorante idealista" por causa do seu pacifismo.*

Além do seu pacifismo, Ford era também um antissemita convicto. Em 1918, comprou um jornal, o Dearborn Independent, *no qual ele fazia ataques sarcásticos contra os judeus, artigos que mais tarde foram publicados como* O Judeu Internacional: O Maior Problema do Mundo. *Ele mantinha uma foto de Adolf Hitler à sua mesa nos últimos anos e foi o único americano citado no* Mein Kampf, *de Hitler. Foi condecorado com a Grã-Cruz da Ordem Alemã por Hitler.*

AKIO MORITA

Akio Morita (1921-1999) criou a corporação global, tornando-se bilionário e ícone da administração moderna, mas, de forma irônica, reivindicou como sendo sua maior realização a invenção da palavra em inglês – walkman.

"Nós não acreditamos em pesquisa de mercado para um novo produto desconhecido do público. Então não fazemos nenhuma."

CRONOLOGIA

1921: Nasce na industrial Nagoia, a terceira maior cidade do Japão.

1944: Forma-se em Física pela Universidade Imperial de Osaka.

1946: Funda a Tokyo Tsushin Kogyo (Corporação de Engenharia de Telecomunicação de Tóquio).

1957: Apresenta o primeiro rádio de bolso do mundo produzido em massa.

1958: Muda o nome da empresa para Sony.

1963: Muda-se para os Estados Unidos.

1971: A Sony se torna a primeira empresa japonesa a entrar na Bolsa de Valores de Nova York.

1979: Lança o walkman.

1989: Lança o disquete de 3,5 polegadas.

1992: Serve na Comissão Trilateral para facilitar os atritos comerciais.

1993: Confinado a uma cadeira de rodas depois de um derrame.

1999: Morre de pneumonia.

PARA MUITOS FORA DO JAPÃO, Morita é reconhecido pela incrível recuperação econômica do pós-guerra, um elogio implicitamente confirmado em seu livro autobiográfico – *Made in Japan* (1986). Mas Morita era qualquer coisa, menos um típico executivo assalariado japonês. Os executivos japoneses são cautelosos, consensuais e famosos por se comunicarem pouco com os estrangeiros. Morita não tinha nada disso – embora ele fosse um "viciado em trabalho".

Destinado desde a infância a cuidar do negócio de saquê de 14 gerações da família, em vez disso, Morita seguiu seu próprio caminho. Distinguindo-se em Física, ele serviu brevemente no Comitê de Pesquisa de Guerra da Marinha japonesa, onde conheceu Masaru Ibuka. Em maio de 1946, eles montaram um negócio em uma antiga oficina de conserto de rádios bombardeada e com capital emprestado de menos de 500 dólares. Ibuka, aos 38 anos, concentrava-se em pesquisa e desenvolvimento de produto, enquanto Morita, aos 25 anos, cuidava de finanças, pessoal e *marketing*. Sua primeira tarefa, alinhada com a maioria da indústria japonesa, era reverter a imagem do seu país como sendo um produtor de produtos baratos e baseados em imitações e construir uma reputação por excelência e inovação.

Em 1950, eles produziram a primeira fita magnética e um gravador de fitas. Em 1957, lançaram o primeiro rádio transístor de bolso do mundo produzido em massa. Ele era vendido por vendedores vestidos com camisas especiais com os bolsos levemente maiores.

O rádio de bolso, fundamental para a estratégia de Morita, revertia a lógica normal de fazer negócios. Em vez de descobrir o que o público precisava e inventar, ele fez produtos que ninguém imaginava, tais como o tocador de fitas sem a função de gravação. Morita via as pessoas carregando rádios domésticos pesados para fora de casa e intuiu o nicho para um aparelho de tocar música e que deixasse o ouvinte livre para fazer outras coisas – o walkman.

A ambição global de Morita ganhou maior relevo ao mudar o nome já reconhecido e respeitado da empresa para outro que soasse fácil nos ouvidos dos estrangeiros. Sony, criado da combinação do latim *sonus* (som) e da gíria *sonny* (meu garoto), era para significar juventude e informalidade. Para enfatizar esse ponto domesticamente, Morita escreveu Sony na escrita japonesa katakaná, normalmente usada para escrever palavras e nomes estrangeiros. Ao excluir Kogyo (Engenharia) do nome, ele preparou o caminho para a diversificação na música, entretenimento e finanças.

Em 1960, a Sony Corporation of America foi estabelecida nos Estados Unidos e Morita se mudou para lá para montar sua própria rede de vendas. No mesmo ano, a Sony lançaria a primeira TV totalmente transistorizada do mundo. Em 1961, Morita se tornaria o primeiro empresário japonês a juntar capital no exterior em vez de contar apenas com os bancos japoneses.

Seu livro de 1966, *Never Mind School Records* (Não se preocupe com as notas escolares), desafiou a ortodoxia japonesa, dependente dos feitos educacionais convencionais e da mentalidade flexível estressada.

A Sony continuou lançando produtos inovadores, incluindo o rádio de carro removível, a TV em miniatura, o primeiro videocassete para uso doméstico, o sistema Trinitron de TV a cores e o disquete de 3,5 polegadas. Houve fracassos: o sistema Betamax tecnicamente superior da Sony perdeu espaço para o VHS e a compra, em 1989, da Columbia Pictures, decepcionou as expectativas. A coautoria do livro *The Japan That Can Say No* [O Japão que sabe dizer não], de 1989, foi um ato embaraçoso, quando sua crítica sobre a lentidão do corporativismo americano saiu pela culatra. Em 1993, no dia em que a indicação de Morita como presidente da Keidanren (Federação Japonesa das Organizações Econômicas) seria anunciada, ele sofreu um derrame que pôs fim à sua carreira empresarial.

ACLAMAÇÃO INTERNACIONAL

Enumerando Kissinger e Zubin Mehta entre seus amigos, homenageado em dezenas de países, Morita se tornou um modelo do japonês internacionalizado. A revista Time o indicou como uma das 100 pessoas mais importantes do século XX e o único não americano entre seus líderes de negócios.

Nas palavras do guru japonês da administração, Kenichi Ohmae, Morita "fez da Sony um nome confiável em todo lugar, porque uma empresa sem fronteiras, é uma empresa sem limites".

"Curiosidade é a chave para a criatividade."

"Nós não acreditamos em pesquisa de mercado para um novo produto desconhecido do público. Então não fazemos nenhuma."

BILL GATES

Bill Gates (1955-), mago do computador e um dos homens mais ricos do mundo, transformou a Microsoft Corporation em um império de software *que fornece sistemas operacionais em praticamente quase todos os computadores pessoais do mundo.*

A Microsoft chegou mais tarde à revolução da Internet, mas alcançou e destruiu seus concorrentes.

CRONOLOGIA

1955: Nasce em Seattle, em 28 de outubro.
1973: Entra em Harvard; abandona dois anos depois.
1975: Funda a Microsoft em parceria com Paul Allen.
1980: Desenvolve o MS-DOS.
1986: Coloca a Microsoft na NASDAQ.
1994: Casa-se com Melinda French.
2000: Renuncia como chefe executivo da Microsoft, continua como presidente e arquiteto-chefe de *software*.

NASCIDO WILLIAM Henry Gates no confortável subúrbio de Seattle, em 1955, filho de um advogado e de uma professora, Gates adquiriu um interesse por computadores em uma idade comparativamente tardia, aos 13 anos, quando começou a programar em uma unidade teletipo ASR primitiva, enquanto frequentava a escola preparatória de Lakeside. Por volta dos 17 anos, ele vendeu seu primeiro programa de tabela de horários para a escola por 4.200 dólares. Foi em Lakeside que Gates conheceu Paul Allen, um estudante dois anos à sua frente, que dividia o mesmo interesse por computação. "É claro, naquela época a gente só estava brincando ou é o que pensávamos", Gates escreveu em seu livro, *The Road Ahead* [A Estrada do Futuro].

Em 1973, entrou em Harvard, onde, entre as sessões noturnas de pôquer, desenvolveu uma versão da linguagem de programação BASIC, mas abandonou os estudos para se dedicar a uma empresa que ele e Allen haviam fundado. A empresa era a Microsoft.

Os dois compraram um programa de *software* de microcomputador, reescreveram o programa e o licenciaram com uma gigante da computação, a IBM. Com uma tacada de genialidade ou pura sorte, a Microsoft manteve os direitos do *software* – o sistema MS-DOS, que fica no centro de quase todos os computadores – e Gates, reconhecendo o potencial do *software* para a próxima geração dos computadores pessoais, lançou a Microsoft em grande escala logo em seguida.

Em 1986, Gates de forma bem-sucedida colocou sua empresa na bolsa de valores NASDAQ e, quando o preço das ações subiu, ele se viu, aos 31 anos, como sendo um dos mais jovens bilionários do mundo. O Microsoft Windows veio em seguida e Gates tornou-o padrão da indústria para os computadores pessoais ao redor do mundo.

Seu patrimônio líquido, baseado principalmente em suas ações na Microsoft, atingiu os 144 bilhões de dólares no auge das empresas e atingiu a quantia mais baixa em 30 bilhões; há *sites* que acompanham tais flutuações diárias. Os primeiros investidores, que compraram 100 ações ao preço inicial de oferta de 21 dólares, viram seus lucros crescerem acima de 500 mil dólares.

A Microsoft chegou mais tarde à revolução da Internet, mas alcançou e destruiu seus concorrentes. No início ficava atrás da Netscape no desenvolvimento de um *browser* para acessar a rede mundial de computadores, mas rapidamente criou o Internet Explorer, que agora domina o mercado.

Como os "titãs" do início da era industrial da América, como o magnata do petróleo, John D. Rockefeller, Gates enfrentou dificuldades com o governo americano no final da década de 1990, em uma prolongada batalha antitruste. A luta de três anos e meio fez com que Gates renunciasse como chefe executivo, mas permaneceu como arquiteto de *software* e presidente da Microsoft. Durante o julgamento antitruste, Gates se recusou a responder diretamente às questões dos promotores, incitando o juiz no caso a rotulá-lo de "Napoleão". Críticos dizem que Gates é um tirano corporativista e que a Microsoft é um "império do mal", que explora seu poder de monopólio, mas ele cultiva a imagem de um visionário corporativista e filantropo. Sua fundação de caridade é atualmente a maior do mundo. Um ávido leitor, joga *bridge*, xadrez e golfe. Ele sente prazer em pular sobre cadeiras e tem o hábito de se balançar nelas para a frente e para trás.

"Acho que estou me divertindo mais do que qualquer pessoa que conheço", diz Gates. "Meu trabalho me força a assumir riscos e aprender coisas novas o tempo todo. É um sonho que se tornou realidade."

Em 1994, o bilionário de óculos e de cabelos louros casou-se com uma de suas diretoras de *marketing*, Melinda French. Eles têm três filhos e moram às margens do Lago Washington, próximo a Seattle, em uma mansão de seus sonhos com piscina, cinema e estacionamento para 30 veículos. A mansão com alta tecnologia levou sete anos para ser construída e custou cerca de 100 milhões de dólares.

A FUNDAÇÃO GATES

A Fundação Bill e Melinda Gates financia projetos e programas de saúde ao redor do mundo na redução da pobreza, analfabetismo e aprendizagem. Criada em 2000, já doou cerca de 26 bilhões de dólares.

Além de computadores e software, *Gates se interessa por biotecnologia. Ele faz parte do conselho do ICOS, uma empresa que se especializa em terapias à base de pequenas moléculas e proteínas, e investe em várias outras empresas de biotecnologia.*

Paul Allen deixou a administração da Microsoft em 1983 quando foi diagnosticado com o mal de Hodgkin, mas continuou com sua parte da empresa.

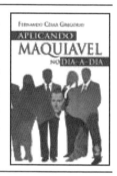

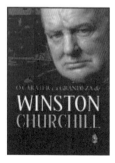

MADRAS® Editora

CADASTRO/MALA DIRETA

Envie este cadastro preenchido e passará a receber informações dos nossos lançamentos, nas áreas que determinar.

Nome_____

RG_____ CPF_____

Endereço Residencial _____

Bairro _____Cidade_____ Estado_____

CEP _____Fone_____

E-mail _____

Sexo ❑ Fem. ❑ Masc.   Nascimento_____

Profissão _____ Escolaridade (Nível/Curso) _____

Você compra livros:

❑ livrarias   ❑ feiras   ❑ telefone   ❑ Sedex livro (reembolso postal mais rápido)

❑ outros:_____

Quais os tipos de literatura que você lê:

❑ Jurídicos   ❑ Pedagogia   ❑ Business   ❑ Romances/espíritas

❑ Esoterismo   ❑ Psicologia   ❑ Saúde   ❑ Espíritas/doutrinas

❑ Bruxaria   ❑ Autoajuda   ❑ Maçonaria   ❑ Outros:

Qual a sua opinião a respeito desta obra?_____

_____

Indique amigos que gostariam de receber MALA DIRETA:

Nome_____

Endereço Residencial _____

Bairro _____Cidade_____ CEP _____

Nome do livro adquirido: <u>100 Grandes Líderes</u>

Para receber catálogos, lista de preços e outras informações, escreva para:

MADRAS EDITORA LTDA.
Rua Paulo Gonçalves, 88 – Santana – 02403-020 – São Paulo/SP
Caixa Postal 12183 – CEP 02013-970 – SP
Tel.: (11) 2281-5555 – Fax.:(11) 2959-3090
www.madras.com.br

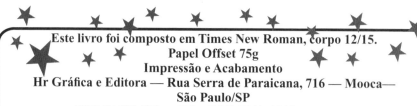

Este livro foi composto em Times New Roman, corpo 12/15.
Papel Offset 75g
Impressão e Acabamento
Hr Gráfica e Editora — Rua Serra de Paraicana, 716 — Mooca—
São Paulo/SP
CEP 03107-020 — Tel.: (011) 3341-6444 — e-mail:
vendas@hrgrafica.com.br